La planification économique

5-7, rue de l'École polytechnique, 75005 Paris

www.harmattan.fr

ISBN : 978-2-14-026031-5
EAN : 9782140260315

Ahmed Sékou Touré

LA PLANIFICATION ÉCONOMIQUE

TOME V

L'Harmattan

OUVERTE dix-huit mois, jour pour jour, après l'historique proclamation de l'indépendance guinéenne, la Conférence Nationale des Cadres du P.D.G. consacrée au plan triennal de développement économique et social, devait marquer une nouvelle et importante phase de la révolution guinéenne.

Il n'est pas superflu de rappeler qu'au cours de ces dix-huit mois écoulés des transformations radicales furent opérées, lesquelles tendaient à consolider l'unité politique et, par conséquent, à renforcer l'indépendance de la Nation ; mais encore et surtout à accélérer la décolonisation grâce à une reconversion fondamentale des structures, des mentalités et des comportements.

Il s'agissait en réalité de créer les conditions d'un rapide développement économique et social qui, pensé et dirigé vers un mieux-être général, soit conçu et réalisé par et pour le peuple.

Le haut degré de conscience politique des populations, la détermination consciente et conséquente des masses laborieuses de développer le dynamisme révolutionnaire dans chaque secteur des activités nationales, une volonté commune d'assurer la totalité des responsabilités qui lui incombaient en tant qu'instrument historique de la réhabilitation humaine et de la reconstruction politique de l'Afrique firent de la Conférence Nationale des Cadres du P.D.G., réunie à Kankan du 2 au 5 avril 1960, le lieu d'une nouvelle mobilisation de l'ensemble des énergies nationales qui entendent faire la démonstration que la voie ouverte en Afrique par le peuple de Guinée assure le triomphe de la cause morale et matérielle des populations africaines.

La bataille des idées et les conflits nés de théories divergentes succombent vite en face des résultats acquis tant il est vrai qu'il ne suffit pas de concevoir pour réaliser. La valeur de la pensée et la validité des théories s'apprécient uniquement selon leur pouvoir d'application et leurs capacités concrètes de mise en œuvre et d'aboutissement.

L'ambition abstraite des formules. l'attachante magie des mots ne suffisent pas au développement de l'action révolutionnaire qui nécessite une continuelle analyse des faits, une juste appréciation des conséquences qu'ils engendrent, une constante vigilance intellectuelle devant empêcher que l'objet se substitue à l'objectif. les moyens aux buts et les effets aux causes: telles sont les caractéristiques majeures de la révolution guinéenne.

Il n'y a pas de révolution fragmentaire. Par sa nature et par les objectifs qu'elle s'assigne la révolution intervient directement dans les divers secteurs des activités humaines.

Un peuple conscient de ses insufficances et qui s'est automobilisé pour en détruire les motifs, la nature et les conséquences. s'établit devant l'histoire pour en accélérer. dans une voie perspective qu'il a déterminée de plein gré. l'évolution et le développement.

C'est ici qu'apparaissent les inestimables capacités d'emploi de la liberté d'un peuple. Capacités positives de la liberté active.

Car si la liberté est essentiellement le droit d'agir et la faculté de réagir. l'emploi positif de la liberté consiste bien à utiliser concrètement l'action et à convertir les forces motrices de la réaction en énergie participante.

Cette notion s'oppose autant à la liberté anarchique où la réaction domine l'action qu'à la liberté passive qui consiste à penser sans agir et à subir sans réagir.

« Freedom » n'est pas le cri d'un continent humilié sans motif et qui. uniquement, refuse l'humiliation. c'est l'expression de la volonté consciente et cohérente des 200 millions d'hommes et de femmes d'Afrique d'accéder à la dignité humaine par le progrès et la démocratie. pour la paix et la solidarité universelles.

La Tribune
pendant
l'exécution
de l'hymne
national
à l'ouverture
de la Conférence

RAPPORT

D'INFORMATION

ET

D'ORIENTATION

PRESENTE PAR LE PRESIDENT SEKOU TOURE

Mesdames, Messieurs,

Chers Compagnons et Camarades,

Par l'article 16 des Statuts du P.D.G. est définie ainsi qu'il suit la composition de la Conférence Nationale :

Elle comprend :

1° Les membres du Bureau Politique National ;

2° Quatre responsables de chacune des quarante trois sections dont le Secrétaire Général, le Secrétaire Politique, une Responsable Féminine et un responsable de la Jeunesse.

Ont été autorisés par le Bureau Politique à assister à l'actuelle session de la Conférence Nationale :

1°. Les membres du Gouvernement ;

2°. Les membres de l'Assemblée Nationale ;

3°. Les Commandants des Régions Administratives ;

4°. Les Présidents des Conseils Généraux ;

5° Le Président de la Cour d'Appel et le Procureur général de la République ;

6°. Les Ambassadeurs de la République de Guinée ;

7°. Le Secrétaire Général du Gouvernement et les Inspecteurs des Affaires Administratives et Financières ;

8°. Le Chef d'Etat-Major et douze officiers de l'Armée Guinéenne ;

9°. Une délégation du Bureau Fédéral de l'U.G. T.A.N. ;

10°. Une délégation du Bureau National de l'U.S.T.G.;

11°. Une délégation du Conseil National de la J.R.D.A.;

12°. Les Présidents de la Chambre de Commerce et de la Chambre d'Agriculture;

13°. Vingt membres du Corps Diplomatique accrédités auprès du Gouvernement Guinéen;

14°. Les Chefs des Services Centraux.

Comme il est facile de le constater, la Conférence Nationale qui est, entre les Congrès du Parti, l'Instance de décision, est le rassemblement de tous les cadres responsables du Parti, du Gouvernement, de l'Assemblée Nationale et des différentes institutions ou collectivités régionales et nationales.

L'ordre du jour de la session porte sur deux points importants :

a) Information sur les activités nationales depuis le Congrès de septembre 1959;

b) Etablissement d'un plan de développement économique et social national.

A – LES ACTIVITÉS NATIONALES

Camarades,

Depuis le Ve Congrès du P.D.G., congrès dont le grand mérite est d'avoir précisé la doctrine politique de notre parti, le rôle dirigeant dévolu à notre Bureau Politique National s'est incontestablement renforcé et dans le contrôle des activités des sections et comités du P.D.G. et dans le contrôle du fonctionnement des organes de notre Etat.

En plus des journées d'études, des tournées ou missions auprès des sections, des nombreuses conférences organisées dans le cadre des départements ministériels, le Bureau Politique National a saisi les sections de trente-six circulaires traitant, entre autres questions :

— De la prééminence du Parti ;

— Du respect de la hiérarchie administrative et du rôle des autorités administratives dans le peuple et pour le peuple ;

— De l'investissement humain, de son caractère de liberté individuelle et de son but d'intérêt public ;

— Des raisons et des conditions des souscriptions ;

— Du rôle de la J.R.D.A. et de sa dépendance organique des sections du P.D.G. ;

— Du fonctionnement démocratique des comités directeurs des sections ;

— Du respect dû aux religions et de la lutte contre toute action de mystification des masses, contre l'escroquerie et toutes formes d'exploitation sous le couvert d'une religion ;

— Des prestations familiales et de leurs bénéficiaires ;

— Du rôle des forces publiques : gardes républicains, agents de police, gendarmes, gardes forestiers et douaniers en tant que citoyens chargés de protéger les populations et leurs biens ;

— Des responsabilités des syndicats dans la Nation ;

— Des conditions à créer pour faire du peuple le moteur réel de la vie de la Nation, conditions permettant l'application des principes d'égalité, de démocratie et de solidarité à tous les secteurs de la Nation et le renforcement continu de ces principes.

— De l'action éducative populaire, de son contenu révolutionnaire pour maintenir et renforcer l'état de mobilisation des masses laborieuses, l'atmosphère de confiance permanente dans l'avenir du pays, dans l'action positive du Parti Démocratique de Guinée et celle de son Gouvernement.

Le souci constant du Bureau Politique National du P.D.G. a été de clarifier, de populariser et surtout de faire respecter par tous la ligne démocratique de masse qui a été approuvée unanimement par les responsables et les militants du Parti.

Un contact permanent a été à cet effet maintenu entre le Bureau Politique et les responsables des sections du Parti.

Les succès remportés au profit du peuple par le Parti et le Gouvernement dans leurs rôles respectifs sont essentiellement dûs à la conformité de leurs activités avec l'orientation politique et le programme du Parti.

C'est aussi pour assurer de nouvelles victoires à notre Parti que nous soumettons à la présente Conférence Nationale un certain nombre de problèmes dont une compréhension collective facilitera la solution heureuse.

Il s'agira donc d'analyser collectivement la situation générale du pays et de dégager pour nos actions futures les leçons et les principes directeurs dont l'application doit nous conduire rapidement à nos buts.

Les activités communes du Parti et du Gouvernement ont été dans le cadre de notre programme africain de plus en plus dynamiques et diverses.

Elles ont porté sur les problèmes algérien, kamerunais et malgache, sur le Mali et le Conseil de l'Entente, sur les luttes d'indépendance du Congo Belge, sur la situation dans le Sud-Ouest Africain, dans les Colonies Portugaises et Anglaises en Afrique et sur l'explosion atomique de Reggane. La participation des représentants guinéens aux Conférences de Tanger, de Tunis, d'Addis-Abeba, de Tananarive, etc..., a été unanimement appréciée comme étant un élément de qualité dans la précision de l'orientation du combat des Peuples Africains, de leurs Partis et Syndicats vers un avenir de liberté.

Sur le plan syndical comme sur celui de l'action des jeunesses ou des femmes d'Afrique, notre Nation s'est fait un devoir d'être présente à toutes les manifestations.

Des brochures spéciales distribuées par le Bureau Politique vous apporteront des informations sur ces différentes conférences tout en vous indiquant les résultats qu'elles ont permis d'obtenir.

Aussi dans le fonctionnement de notre ETAT, de nombreuses transformations qualitatives ont été opérées par le Gouvernement qui, conformément à la ligne démocratique et populaire du P.D.G., a procédé sans hésitation à une profonde décentralisation de notre appareil administratif pour le rendre toujours plus efficace.

En effet,

1°) Le Ministère de la Justice a adapté les différents codes aux impératifs d'une justice rapide, humaine et peu coûteuse.

Des Justices de Paix seront bientôt créées au niveau des Régions administratives qui en sont actuellement dépourvues.

Les Avocats, Huissiers et Notaires sont incorporés à la Fonction Publique.

2°) Un Ministère de la Défense Nationale et de la Sécurité est créé dans le but de rationaliser l'emploi des forces publiques.

3°) Le Ministère de l'Intérieur et des Collectivités publiques devra désormais suivre plus directement l'évolution de toutes les collectivités, village, région et Nation.

4°) Le Ministère de l'Economie Générale est remanié de manière que le but d'unicité fonctionnelle de ce département ne nuise plus à l'action autonome et au contrôle effectif et régulier des différents secteurs qui le composent.

Quant à la marche du Comptoir du Commerce Intérieur et Extérieur, les dispositions prises vont lui permettre de satisfaire dans le délai le plus rapide les besoins des populations, producteurs et consommateurs.

5°) Le Ministère des Finances, par une large décentralisation, a transformé les agences spéciales en Trésoreries régionales compétentes dans l'appréciation en première instance des pièces comptables tant dans leur moralité que dans leur régularité.

La Direction Générale de la Comptabilité Publique est constituée et chargée du contrôle effectif des actes de tous les comptables publics.

6°) Le Ministère de l'Education Nationale a suivi les directives du Parti dans la nouvelle orientation donnée à l'Enseignement.

Le contenu de l'Enseignement s'est maintenant africanisé. Le nombre des inspections primaires a été porté de six à dix.

Nous devons vous rappeler que 32.000 nouveaux élèves ont été recrutés cette année, ce qui a fait passer de 52.000 à 84.000 l'effectif des jeunes fréquentant les établissements d'enseignement primaire.

Aussi l'effectif des jeunes bénéficiant de l'enseignement secondaire **est passé de 2.200 boursiers à 4.020.**

Les efforts du pays ne se limitent pas au seul développement de l'enseignement des masses car le nombre de bourses extérieures a été porté de 300 à 794, bien que leur montant ait été doublé.

La République de Guinée compte actuellement :

356	étudiants	et stagiaires	en France
4	»	»	en Allemagne de l'Ouest
6	»	»	en Italie
5	»	»	en Royaume-Uni de Grande-Bretagne
3	»	»	en Belgique
6	»	»	en Suisse
3	»	»	au compte de l'O.N.U.
8	»	»	en Amérique (U.S.A.)
186	»	»	en Union Soviétique (U.R.S.S.)
56	»	»	en Allemagne de l'Est
36	»	»	en Tchécoslovaquie
7	»	»	en République Populaire de Bulgarie
7	»	»	en République Populaire de Hongrie
14	»	»	en République Populaire de Pologne
74	»	»	au Sénégal
23	»	»	au Soudan

Soit pour :

les Lettres	34
Médecine et Pharmacie	48
Droit, Sciences Economiques et Politiques	47
Faculté des Sciences	33
Enseignement Technique	560
Grandes Ecoles	72
Total	794

Enfin, nous vous rappelons ci-après l'objet des principaux actes du pouvoir central depuis le 14 Septembre 1959.

I. — LES ORDONNANCES

Ordonnance n° 45 du 17-9-59 : Amnistiant les faits commis antérieurement au 14 septembre ayant entraîné ou étant susceptibles d'entraîner une condamnation soit à des peines afflictives ou infamantes, soit à des peines correctionnelles.

Ordonnance n° 46 du 29-9-59 : Portant organisation administrative de la République.

Ordonnance n° 47 du 1-10-59 : Portant institution d'une décoration dénommée Croix de Compagnon de l'Indépendance.

Ordonnance n° 48 du 8-10-59 : Relative au statut général de la Fonction Publiqe.

Ordonnance n° 50 du 15-10-59 : Erigeant en cours spéciales les Tribunaux de Première Instance et les Justices de Paix pour l'application de l'ordonnance n° 14 du 14 Février 1959 sur les vols qualifiés et compétentes pour prononcer la peine capitale.

Ordonnance n° 52 du 23-10-59 : Règlementant le service militaire dans la République de Guinée.

Ordonnance n° 62 du 31-12-59 : Fixant le taux du minimum fiscal à 400 francs et celui de la taxe de région à 300 francs.

Ordonnance n° 63 du 31-12-59 : Instituant un Budget Régional pour chaque Région.

Ordonnance n° 1 du 16-1-60 : Instituant une taxe spéciale sur les réserves et bénéfices des Sociétés, Compagnies et Entreprises.

Ordonnance n° 5 du 28-1-60 : Transformant la commune de moyen exercice de Conakry en Région Administrative.

Ordonnance n° 7 du 20-2-60 : Portant organisation et fonctionnement de l'Office National de la Main-d'Œuvre.

Ordonnance n° 8 du 20-2-60 : Portant organisation et fonctionnement de la Caisse Nationale de Sécurité Sociale.

Ordonnances n° 9 et 10 du 29-2-60 : Portant création d'une monnaie guinéenne et d'une Banque de la République de Guinée.

Ordonnance n° 11 du 1-3-60 : Sur la Nationalité Guinéenne.

Ordonnance n° 12 du 7-3-60 : Portant création d'une Ecole d'Infirmières et d'Infirmiers.

III. — LES DECRETS

Décret n° 208 du 20-9-59 : Portant le taux annuel des bourses attribuées aux étudiants guinéens à l'Université de Fann (Dakar) à 240.000 francs. Le même décret alloue une indemnité annuelle de 30.000 francs à chaque élève pour entretien du trousseau, achat de livres, fournitures scolaires et frais de scolarité.

Décret n° 209 du 20-9-59 : Portant institution d'un Baccalauréat Guinéen.

Décrets n° 210 du 20-9-59 et n 95 du 18-3-60 : Fixant le taux annuel des bourses attribuées aux étudiants guinéens en France. Portant les taux des bourses de l'année 1959 qui étaient de 12-15-20 et 30.000 francs au taux uniforme de 50.000 francs pour les étudiants guinéens poursuivant leurs études en France et à 70.000 et 80.000 francs pour les étudiants des Grandes Ecoles. Supplément en vue des vacances de Noël : Catégories A et B : 20.000 francs. Supplément en vue des vacances de Pâques : Catégories A et B : 20.000 francs. Supplément pour les grandes vacances scolaires. Toutes catégories : 30.000 francs. Allocation pour renouvellement et entretien du trousseau, achat de livres, fournitures scolaires, frais de scolarité : 60.000 francs. Premier équipement : 25.000 francs.

En vertu du même décret, ces étudiants bénéficient :

1°) du paiement des frais médicaux et pharmaceutiques à la limite du tarif 100 % de la Sécurité Sociale Française.

2°) du paiement des frais d'hospitalisation dans les établissements agréés par la Sécurité Sociale Française.

3°) du paiement des frais d'inscription de scolarité et de travaux pratiques.

4°) d'une allocation d'argent de poche de 300 fr. par jour en cas d'hospitalisation dans un établissement hospitalier. En cas de séjour dans un établissement de postcure, cette allocation est portée à 400 francs par jour.

Décret n° 230 du 7-10-59 : Soumettant à l'autorisation du Ministre de la Défense Nationale l'intervention de l'Armée en cas de troubles de l'ordre public.

Décret n° 231 du 7-10-59 : Créant au siège de chaque Circonscription d'enseignement primaire un stage pédagogique destiné à assurer la formation professionnelle des instituteurs adjoints auxiliaires et moniteurs auxiliaires.

Décret n° 233 du 9-10-59 : Instituant auprès du Ministère de la Fonction Publique un Comité Consultatif de la Fonction Publique.

Décret n° 234 du 13-10-59 : Portant le salaire horaire minimum interprofessionnel garanti dans les exploitations agricoles de 18 à 28 francs pour l'ensemble du Territoire de la République.

Décret n° 237 du 15-10-59 : Dispensant de la retenue pour logement les Médecins et sages-femmes dans toutes les localités du Territoire de la République autres que Conakry.

Décret n° 242 du 20-10-59 : Règlementant l'annulation des concessions et des terrains dans la République de Guinée.

Décret n° 289 du 10-12-59 : Exonérant les traitements et salaires des retenues instituées par les divers régimes de prévoyance et retraite et modifiant le taux de la contribution patronale.

Décret n° 5 du 15-1-60 : Portant création d'un Comité National des prix et de surveillance de la Commercialisation des produits du cru.

Décret n° 8 du 1er janvier 1960 : Accordant une subvention de 1.400.000 francs à l'Union Syndicale des Travailleurs Guinéens (UGTAN).

Décret n° 36 du 5 février 1960 : Renouvelant, pour l'année scolaire 59-60, 206 bourses d'enseignement secondaire accordées aux élèves du Lycée de Labé.

Décret n° 40 du 8-2-60 : Renouvelant 78 bourses d'enseignement secondaire, technique, moderne ou classique accordées aux élèves guinéens poursuivant leurs études dans les écoles de la Communauté.

Décret n° 57 du 20-2-60 : Portant création d'une Ecole Nationale d'Administration.

Décret n° 55 du 20-2-60 : Portant création d'une Enpreprise Nationale du Bâtiment.

Décret n° 63 du 1-3-60 : Portant remaniement ministériel.

Décret n° 70 du 4-3-60 : Portant organisation de la Direction de la Comptabilité publique et supprimant la Trésorerie Générale.

Décret n° 77 du 8-3-60 : Portant création au sein du Ministère de l'Economie Générale, d'une Direction Générale de la Production groupant les services de l'Agriculture, de l'Elevage, des Eaux et Forêts, du Conditionnement et de la Coopération.

Décret n° 78 du 8-3-60 : Créant un Ministère du Plan.

Décret n° 88 du 17-3-60 : Règlementant l'exportation des marchandises, articles et matériel autres que les produits du cru hors du Territoire de la République de Guinée etc... etc...

L'avenir économique de la République de Guinée est désormais entre nos mains

POLITIQUE EXTERIEURE

Notre politique extérieure fait l'objet de nombreux commentaires. Elle repose sur le neutralisme que d'aucuns voudraient confondre avec l'indifférence devant les phénomènes de la vie, l'indifférence à l'égard de ce qui conditionne même notre existence en tant que pays libre et souverain.

L'opinion mondiale s'est partiellement émue des relations qui existaient entre la Guinée et certains pays, tels que la Chine Populaire, l'Allemagne Orientale, le Viet-Nam et Israël.

Ces derniers jours, la presse internationale tentait par chantage et menaces de nous amener à rompre nos relations avec tel ou tel pays, comme si nous ne connaissions pas suffisamment le sens des intérêts de notre Peuple.

A l'occasion de cette Conférence Nationale des Cadres Politiques et Administratifs, le Bureau Politique National se fait un agréable devoir de rappeler à l'opinion internationale que notre Gouvernement, suivant la volonté populaire, a un mandat précis : celui de poursuivre la voie conduisant à une coopération amicale entre la République de Guinée et tous les pays qui la considèrent comme un partenaire valable.

En faisant son entrée dans le concert des Nations, notre pays se devait d'indiquer les grandes lignes de la conduite qu'il comptait adopter dans ses relations avec les autres pays.

La Guinée, comme le reste de l'Afrique, est une portion sous-développée de l'humanité. Ses besoins sont énormes dans tous les domaines, et ses moyens relativement limités. Pour parvenir rapidement à un stade supérieur pouvant la mettre en position valable en face des pays anciennement développés, la Guinée doit pouvoir compter sur tous les concours. Notre politique extérieure s'inspire de ces données essentiellement pratiques. Et, en toute logique, la Guinée doit conserver une liberté pleine et entière dans son évolution.

Le monde étant ce qu'il est, c'est-à-dire théoriquement divisé par certains intérêts en deux blocs, notre pays a décidé d'observer une attitude positive à l'égard des deux formations dont les antagonismes idéologiques ou autres sont souvent très loin de la réalité africaine.

Cette attitude que l'on peut, en langage politique moderne, qualifier de « neutralisme positif » a, bien entendu, ses règles que nous comptons observer scrupuleusement :

— **Amitié égale pour tous les Peuples**

— **Respect de tous les Pays**

— **Non-ingérence dans les affaires intérieures des autres Pays**

— **Coopération active avec les pays et les hommes désireux d'aider à l'évolution de l'Afrique sur la base de la justice, de la solidarité effective et du respect de la dignité humaine.**

Ainsi notre ligne apparaît claire lorsque nous condamnons le colonialisme et l'impérialisme de toutes origines, de toutes couleurs et sous toutes leurs formes.

Cet énoncé de la politique étrangère de la République de Guinée doit suffire pour éviter toute équivoque dans l'interprétation de nos positions à l'égard des problèmes qui préoccupent actuellement le monde et plus particulièrement l'Europe.

Consciente de la nécessité de fonder les rapports entre Peuples sur la loyauté absolue, **la Guinée souhaiterait que ses interlocuteurs jugent sa politique extérieure en fonction d'une ligne établie depuis le 2 Oct. 1958, et non en fonction de leurs problèmes intérieurs que la Guinée peut comprendre mais dans lesquels elle se refuse à intervenir.**

Nous savons que l'attitude politique que nous avons choisie comporte des inconvénients qui découlent surtout des nombreux soupçons dont les uns et les autres ne manqueront pas de nous entourer. En effet, chaque bloc, chaque clan essaiera subjectivement d'attribuer telle ou telle signification à chacun de nos actes, de nous démontrer l'impossibilité, dans un monde fortement cloisonné, de maintenir un équilibre entre les forces centrifuges qui se choquent autour de tout problème et à tout propos.

Nous savons que les procès d'intention ne cesseront pas ; mais c'est justement parce que notre régime repose essentiellement sur l'adhésion profonde et sur l'intérêt réel de notre Peuple que nous ne croyons pas à ce genre de procès auquel nous sommes d'ailleurs bien habitués.

Nous voulons rester nous-mêmes, devenir un élément décisif dans l'amélioration de la situation internationale, en défendant notre personnalité et notre doctrine politique qui ne visent autre chose que l'amitié et la coopération fraternelle entre les Nations et les Peuples.

Nous combattons l'impérialisme, le colonialisme, l'injustice et l'oppression, mais nous sommes pour la coopération avec tous les Peuples du monde, car, au fond, tous les Peuples ont les mêmes aspirations prononcées pour la PAIX et la LIBERTE. C'est dans ces seules dispositions d'esprit que nous agissons, en dépit, bien entendu, des frontières établies arbitrairement entre les pays, les races et les peuples.

Nous nous sommes engagés dans le combat libérateur de l'humanité contre les forces du mal qui la divisent et l'exploitent. Ce faisant, nous gardons confiance en notre force morale, notre maturité politique, et par conséquent dans la justesse de notre ligne politique basée sur le neutralisme positif.

La preuve de la justesse d'une telle doctrine en matière de politique étrangère est fournie amplement par l'éventail des relations créées entre notre jeune Etat et les pays et organismes étrangers.

Tout d'abord, nous nous réjouissons bien sincèrement de l'arrivée prochaine de Grandes Personnalités qui ont bien voulu répondre favorablement à notre invitation à visiter la Guinée.

Leur acceptation est pour nous un signe concret de la confiance qu'elles et leurs peuples placent dans le destin de notre Pays.

Ainsi, successivement, la République de Guinée recevra avec enthousiasme le Président de la République d'Indonésie, Son Excellence M. SOEKARNO ; le Président de la République du Libéria, Son Excellence M. William TUBMAN et le très rayonnant Chef du Gouvernement de l'U.R.S.S., Son Excellence M. Nikita KHROUCHTCHEV.

Et voici par ailleurs la liste, par pays, des Délégations arrivées en République de Guinée, en mission de Bonne Volonté, entre le 28 septembre 1958 et le 28 mars 1960.

Malgré les différents recoupements, cette liste n'est qu'approximative et se trouve en conséquence incomplète quant au nombre exact de ces Délégations ou Missions Etrangères.

Nous devons également signaler que la liste ci-après représente le nombre des Délégations et non celui des Délégués. En effet, vous pourrez constater par exemple qu'il est arrivé 15 Délégations de journalistes Américains alors qu'une de ces Délégations comprenait à elle seule 42 journalistes.

ETAT DES DELEGATIONS ET MISSIONS ARRIVEES EN GUINEE ENTRE LE 28 SEPTEMBRE 1958 ET LE 22 MARS 1960

O.N.U.	25	Cuba	2	R.A.U.	7	Gambie	1
B.I.T.	2	Danemark	2	Roumanie	1	Ghana	20
O.M.S.	2	Equateur	1	Somalie	1	Hte-Volta	2
O.I.T.	1	France	40	Soudan	2	Libéria	20
U.N.E.S.C.O.	1	Gde-Bretagne.	11	Suède	1	Maroc	5
C.C.T.A.	4	Haiti	2	Suisse	4	Mauritanie	2
	35	Hollande	3	Tchécoslov.	27	Nyassaland.	4
		Hongrie	10	U.S.A.	23	Rép. Niger	10
Allem. Est.	15	Inde	3	U.R.S.S.	15	Nigeria	6
		Israël	11	Yougoslavie	4	Ouganda	1
Allem. Fédé.	9	Italie	3	Afrique Sud.	2	Rhodésie Sud.	2
Argentine.	1	Japon	2	Algérie	3	Sénégal	20
Australie	3	Pays-Bas	4	Cameroun	20	Rép. Soudan.	17
Autriche	1	Pologne	8	Congo dit B.	4	Togo	4
Belgique	4	Portugal	2	Congo dit Fr.	5	Tunisie	3
Brésil	1	Liban	4	Dahomey	6	Sierra-Léone.	10
Bulgarie	5	Libye	1	Gabon	1		
Chine Natio.	3						
Chine Pop.	1						
	43						
Total	78	Total	109	Total	126	Total	127

ORGANISMES DIVERS

Groupe afro-asiatique	2
F. M. J. D.	1
Conférence enseignants	1
Total	4

JOURNALISTES ETRANGERS

Afrique du Sud	1
Allemagne de l'Est	2
Allemagne Fédérale	4
Belgique	1
Chine Nationaliste	1
France	22
Ghana	2
Grande-Bretagne	8
Haïti	1
U.R.S.S.	5
U.S.A.	15
R.A.U.	1
Suède	1
Suisse	1
Tchécoslovaquie	2
Tunisie	1
Total	68

RECAPITULATION

Organisations internationales	35
Europe	133
Amérique	23
Asie	9
Continent Africain	168
Organismes divers	4
Presse et information............	68
Total général	440

Les responsables nationaux trouveront dans cet autre tableau la liste des ambassadeurs auprès du Gouvernement de la République de Guinée :

0 - Ghana	S.E. J.H. Allassani, ministre résident.
1 - Bulgarie	S.E. Tanev Gueorgui, ambassadeur.
2 - Libéria	S.E. Peal Edward, ambassadeur.
3 - U.R.S.S.	S.E. Daniel Solode, ambassadeur.
4 - Grande-Bretagne	S.E. Guy Hamilton Clarke, ambassadeur en résidence à Monrovia. M. W.N. Hugh-Jones, chargé d'affaires.
5 - Tchécoslovaquie	S.E. Vladimir Knap, ambassadeur.
6 - Pays-Bas	S.E. Louis Noe, ambassadeur en résidence à Monrovia.
7 - République Arabe Unie ..	S.E. Moustapha Kamel Hassan, ambassadeur.
8 - Etats-Unis d'Amérique ..	S.E. John Morrow, ambassadeur.
9 - Israël	S.E. Shlomo Hillel, ambassadeur.
10 - République Féd. d'Allemagne	S.E. Schroeder Herbert, ambassadeur.
11 - République Démocratique du Viet-Nam ..	S.E. N'Guyen Thiong, ambassadeur.

12 - République Populaire de Chine ...... S. E. Ko-Hua, ambassadeur.

13 - France .... M. Pierre Siraud, chargé d'affaires.

14 - Italie .... M. Montanari F., chargé d'affaires avec résidence à Monrovia.

15 - République Populaire Féd. de Yougoslavie M. Marko Drobac, chargé d'affaires.

CONSULATS

1 - Pays-Bas ...... M. Guy Bruno, directeur Peyrissac.

2 - Grèce .... M. Tombros.

3 - Suisse .... M. Albrecht.

4 - Grande-Bretagne

5 - France .... M. Antoine Dargent, consul général.

6 - Finlande ...... M. Parfait, directeur de la B.A.O.

REPRESENTATION COMMERCIALE

République Démocratique Allemande.. M. Kirschei Wilhelm, consul général.

DELEGATIONS COMMERCIALES

République Populaire Hongroise ...... M. Joseph Schreiber, chef de délégation.

République Populaire de Pologne .... M. Roman Bogusz, chef de délégation.

COMPTE RENDU DE MISSION
DU 25 OCTOBRE AU 5 DECEMBRE 1959

Avant de nous rendre à l'étranger, nous avons tenu à faire deux escales, l'une à Monrovia, pour y rencontrer le Président Tubman, et l'autre à Accra, pour y rencontrer le Premier Ministre Kwame N'Krumah.

Le 27 octobre 1959, lendemain de notre arrivée à New-York, a débuté officiellement la mission qui nous a conduits à Washington, capitale administrative des U.S.A.

De là, avec l'avion personnel du Président Eisenhower, nous nous sommes rendus dans plusieurs des plus grandes villes des Etats-Unis. C'est ainsi que nous avons visité Chicago, Los Angeles, Durham, Wheeling, où se trouve une importante usine d'aluminium qui est en rapport avec l'économie guinéenne puisqu'elle assure le traitement de notre bauxite. Nous avons encore visité plusieurs autres villes américaines avant de revenir sur New-York où devait prendre fin notre voyage officiel aux Etats-Unis. Il est inutile que je vous parle des différents lieux que nous avons visités puisque, quotidiennement relayés par Radio-Conakry, les Services officiels de la Radio Américaine assuraient le reportage de tous nos déplacements.

C'est à New-York, siège de l'Organisation des Nations-Unies, que, pendant cinq jours, nous avons eu de nombreux contacts avec les organismes internationaux.

Dans le cadre de ces contacts, se situent non seulement la réception qui nous a été réservée par l'Assemblée Générale des Nations-Unies mais encore les entretiens, les réunions et les réceptions qui avaient été prévus ou qui furent organisés en notre honneur par le Groupe Afro-Asiatique, les Ambassadeurs, et les

Représentants de tous les pays indépendants d'Afrique. Nous avons eu enfin de nombreux contacts avec les organisations syndicales ou de jeunesse, les organisations culturelles et les principaux représentants des secteurs économiques, politiques et diplomatiques des Etats-Unis.

Que pouvons-nous dire de cette première visite aux Etats-Unis ?

Tout d'abord, nous devons souligner tout particulièrement le souci qu'avait le Gouvernement des Etats-Unis de donner à la réception de la Délégation Guinéenne une grande solennité. Il est aussi inutile de vous parler des détails de cette réception. **Ce que nous devons retenir, c'est que partout et à tout moment nous avons été entourés des marques du plus grand respect et de la plus grande déférence.** La participation massive de la population, l'intérêt que notre présence a suscité dans la Presse, à la Radio et à la Télévision, dénotaient de la part du Gouvernement et du Peuple Américains une prise de conscience particulièrement favorable à l'émancipation de l'Afrique. Notre délégation a fait l'objet, de la part de la Presse américaine, des articles les plus élogieux.

C'est là un des aspects positifs de notre Mission, car ce qui nous intéresse ici, c'est l'aspect politique, la portée morale et politique de cette mission. Dans toutes nos déclarations, nous avons précisé que nous n'étions pas venus pour mendier telle aide ou quémander tel appui, mais que nous avions entrepris ce voyage dans le but essentiel d'affirmer la volonté farouche de l'Afrique d'aller rapidement à son Indépendance et à son Unité. Partout, nous avons indiqué que nous étions venus non pas en solliciteurs, mais avec la qualité d'Africains libres, pour expliquer les profondes aspirations et les légitimes revendications d'indépendance et de dignité d'une Afrique encore dominée en de nombreux territoires.

Ici, je ne dois pas vous cacher que le Gouvernement français, décidément incapable de donner une signification juste et objective au contenu politique de l'indépendance guinéenne, a exercé toutes sortes de pressions, tant auprès du Gouvernement Américain qu'auprès des Gouvernements d'Europe Occidentale qui nous avaient invités, dans le but mesquin de réduire la portée et l'éclat de nos visites.

Nous ne vous cacherons point non plus que, tandis que la Presse américaine, la Presse britannique, la Presse allemande consacraient à notre délégation leurs principaux articles, la Presse française, par la médisance, le dénigrement et aussi par la médiocrité et le truquage manifestait dépit et rancœur tant à l'égard de notre délégation qu'à l'égard des pays et des gouvernements qui nous recevaient. Ces manifestations maladroites de la Presse française auraient pu nous choquer : elles nous ont simplement avertis. Car, en réalité, quelle importance avaient-elles à côté de la parfaite correction dont nous avons continuellement été entourés ? Quelle importance avaient-elles à côté de l'enthousiasme avec lequel nous avons été, partout, accueillis ? Quelle importance enfin à côté de l'intérêt que nous ont manifesté tous les Chefs de Gouvernements et les responsables politiques avec lesquels nous nous sommes entretenus ?

Il n'en demeure pas moins que, exaspéré par l'incontestable succès diplomatique de notre mission, le Gouvernement français a employé de nouvelles méthodes que nous examinerons tout à l'heure.

Avant de clore le compte rendu de notre visite aux Etats-Unis, nous voulons vous informer rapidement du caractère qu'a revêtu notre réception par l'Assemblée Générale des Nations-Unies.

Après le dîner officiel que précédait la visite protocolaire du Siège de l'O.N.U., l'Assemblée Générale devait recevoir notre délégation dans la grande salle des séances. Elle l'a fait avec une remarquable unanimité, et aussi dans un enthousiasme que l'on peut difficilement décrire. Nous avons été reçus par tous les délégués debout, qui nous ont longuement et chaleureusement applaudis. C'est encore par des applaudissements ininterrompus que les membres de l'Assemblée des Nations-Unies ont marqué leur approbation et aussi leur enthousiasme pour les idées essentielles que, au nom de l'Afrique, nous avons exposées le 5 novembre 1959 devant l'instance internationale. Nous vous avons communiqué ce document en son temps et vous en connaissez le contenu qui est une synthèse de notre politique étrangère dominée par trois idées-force, qui sont très objectivement liées les unes aux autres :

— **Liberté totale et inconditionnelle de l'Afrique,** c'est-à-dire opposition à toute ingérence étrangère, opposition à toute structure politique ou économique qui ferait d'une partie de l'Afrique ou de l'ensemble de l'Afrique le prolongement ou la succursale d'un pays quelconque ou d'un quelconque groupe de pays ;

— **Unité réelle et effective de l'Afrique toute entière ;**

— **Participation active de l'Afrique à la vie universelle** non pas en tant qu'alliée de tel groupe de pays opposé à tel autre groupe, mais en tant que collectivité humaine indépendante dont les objectifs de politique internationales sont : la Paix, la Liberté, la Justice et le Progrès dans la démocratie.

Si nous avons tenu à expliquer largement nos idées, c'est pour réduire toutes les manœuvres politiques de diversion que le colonialisme dirige contre l'indépendance africaine. **Nous avons voulu faire comprendre que le choix de notre action n'était entravé par aucun système, aucune philosophie, qu'il n'était conditionné par aucun privilège, mais uniquement dicté par notre volonté de totale émancipation, notre détermination inébranlable d'accéder à la dignité, de détenir et de régler nous-mêmes notre destin propre.**

Nous avons voulu démontrer que, pour nous, les choix sont d'autant plus clairs que les objectifs vers lesquels nous tendons sont simples et légitimes. Nous considérons en effet qu'à chaque étape historique de l'évolution humaine il y a un faisceau d'impératifs fondamentaux dont l'exacte connaissance permet seule d'employer les efforts, la volonté, les possibilités des Nations et des Peuples de manière heureuse et efficace en faveur d'une plus grande promotion de l'humanité, des nations et des peuples.

La phase actuelle nous impose de combattre résolument le colonialisme, de démontrer sans aucune compromission sa cruauté, son illégitimité, ses influences néfastes pour l'évolution humaine, son caractère négatif pour la promotion de l'homme, le danger qu'il constitue pour la paix et le progrès.

Voilà quels étaient nos objectifs et la mission que nous nous étions fixés.

D'aucuns, pour minimiser la signification de l'action de notre délégation, ont essayé de faire croire que nous avions entrepris cette vaste tournée dans les plus grandes capitales du monde parce que nous étions pressés par le besoin, et que le seul but de cette délégation était de récolter le maximum d'aide financière et économique. Nous avons effectivement trouvé aux Etats-Unis une volonté réelle de nous venir en aide mais, là comme partout où nous avons été, nous nous sommes refusés à présenter des demandes de cette nature. **Chacun connaît parfaitement les différents besoins des différents peuples réputés pauvres.** Ce n'est pas la nature raciale qui détermine la qualité des besoins, c'est l'état économique. Par conséquent, les nations qui veulent réellement aider la Guinée ou tout autre peuple sous-développé n'ont pas à attendre d'être sollicitées. Ce n'est pas nous qui allons nous déguiser en mendiants pour expliquer notre indigence que tout le monde connaît, que tout le monde peut apprécier, et à laquelle chacun peut, loyalement et dans le strict respect de notre souveraineté, porter remède. Si nous avons placé si haut la dignité africaine, ce n'est pas pour la monnayer demain contre quelques subsides qui ne pourraient, en tout état de cause, supprimer radicalement les effets des spoliations, de l'exploitation, de l'oppression et de la dépersonnalisation que nous a fait subir le colonialisme.

Voilà quel a été, partout où nous sommes allés, l'esprit qui nous a animés.

Au cours de notre séjour aux Etats-Unis, nous avons pu être informés de l'activité des organisations profascistes qui empoisonnent aujourd'hui l'atmosphère de plusieurs capitales. Une de ces organisations, dans l'espoir sans doute de nous détourner de notre mission, n'hésitait pas à nous faire connaître de Londres qu'elle était prête à nous abattre. La Presse internationale s'est saisie de cette affaire. Notre délégation, de son côté, a néanmoins exécuté strictement son programme. Au moment où nous touchions la capitale de Grande-Bretagne, une Conférence des Ministres des Affaires Etrangères de Grande-Bretagne et de France se tenait à Paris et il va sans dire que la Guinée était à l'ordre du jour.

Pour lever toute équivoque, nous avons informé le Gouvernement Britannique de notre attitude ; nous lui avons fait l'historique du développement des rapports franco-guinéens, et nous lui avons affirmé que nous ne confondions pas la France et son Peuple, avec un Gouvernement qui fait de la Guinée un épouvantail pour mieux masquer son incapacité à pénétrer le sens et la signification de la Révolution Guinéenne. Nous avons précisé que, quant à nous, nous n'avions lancé aucune prophétie le concernant, et surtout, nous ne faisions à son égard aucun complexe.

La Grande-Bretagne, elle aussi, s'est fait un honneur de nous recevoir avec la plus grande déférence et de nous manifester son entière estime. Partout, nous avons été accueillis et honorés avec chaleur et amitié.

De Londres, nous avons gagné la capitale de l'Allemagne Fédérale. Comme vous le savez, là encore, le Gouvernement et la Presse de France avaient exercé des pressions pour limiter l'importance de notre visite.

Le Gouvernement Fédéral Allemand était disposé, lui aussi, à accorder une aide à la jeune République de Guinée, mais, là également, et bien que la Presse d'Allemagne Fédérale l'ait annoncé comme un fait acquis, nous avons décliné cette offre en précisant bien que notre souci réel était non de recueillir des subsides mais de coopérer loyalement avec tous les pays.

De Bonn, nous avons gagné Moscou.

A Moscou, malgré un froid extrêmement vif et pénible, une foule immense nous attendait à l'aérogare, les trottoirs étaient couverts de monde, et la chaleur de la réception que nous a réservé le Peuple de Moscou nous a fait oublier le climat rigoureux de ces régions, auquel nous étions pourtant peu préparés.

En Union Soviétique, comme en Allemagne Fédérale, comme en Grande-Bretagne, comme aux Etats-Unis, nous avons visité de nombreuses villes, des usines, des hôpitaux, des chantiers, des écoles ; nous avons pris contact avec le Chef du Gouvernement Soviétique ; nous avons discuté avec les Représentants de syndicats, d'organisations culturelles et de jeunesse.

De Moscou, nous avons gagné la capitale de la Tchécoslovaquie, et il faut encore que je me répète. Notre réception a été marquée d'enthousiasme, de chaleur et d'amitié, tant à Prague que dans les diverses villes de la République Populaire Tchécoslovaque que nous avons visitées. Là encore, nous avons eu de nombreux et fructueux contacts avec le Chef du Gouvernement, les Ministres, les Organisations ouvrières, culturelles et de jeunesse. Partout, nous avons rencontré un désir sincère de coopération et de franche amitié.

Enfin, de Prague, nous avons gagné Rabat.

Le Maroc nous a réservé un accueil extraordinaire. Les travailleurs de Casablanca avaient fait grève pour venir nous recevoir en masse, toute la population était mobilisée, ainsi que toutes les organisations.

A Rabat comme à Casablanca ou à Marrakech, c'est le Peuple Marocain qui nous encadrait et qui nous escortait.

Non seulement à travers son accueil d'un exceptionnel enthousiasme, mais encore à travers les contacts que nous avons eus avec les milieux dirigeants, avec les syndicats et avec les diverses organisations des activités nationales, le Maroc nous a fait prendre conscience de sa vitalité mais encore il a marqué sa volonté de s'orienter dans le sens de l'Afrique, d'être avec nous dans le combat de libération et d'unité, d'être avec nous dans la lutte anti-colonialiste et anti-impérialiste, de participer pleinement au combat pour l'émancipation africaine.

Pour terminer cette relation de notre voyage, nous devons indiquer que, dans tous les pays que nous avons visités, les ambassadeurs des pays d'Asie et d'Afrique, tous les étudiants d'Afrique, nous ont réservé des réceptions inoubliables. Ceci marque bien la place que tient la République de Guinée dans l'Afrique nouvelle, et la place qu'elle occupe parmi les pays sous-développés du monde.

En conclusion, notre mission, par l'ampleur qu'elle a revêtue, par l'importance que les Gouvernements dont nous étions les hôtes lui ont attachée, par l'intérêt profond qu'elle a suscité à travers le monde, doit enregistrer deux résultats extrêmement positifs.

Primo : Vis-à-vis de notre pays, notre délégation a mis fin réellement à une certaine politique d'isolement, à une certaine politique de diversion ou de dénigrement. Certes, nous ne devons pas nous attendre à des miracles dans ce domaine, il y aura encore des notes discordantes, il y aura encore des erreurs d'appréciation, des incompréhensions, des oppositions tacites, mais pour l'essentiel, la situation est éclairée.

A aucun moment, nous n'avons voulu tromper nos interlocuteurs ; à aucun moment, nous n'avons employé le langage de la flatterie ou de la servitude ; nulle part, nous n'avons joué de finesse avec nos partenaires. Partout, nous avons clairement exposé ce que nous étions, ce que nous voulions, et pourquoi nous le voulions. Nous n'avons jamais refusé d'indiquer pourquoi nous agissions de telle sorte plutôt que de telle autre, nous avons constamment expliqué, par l'exposé de nos réalités et la logique qui en découle, quelle était notre action. et pourquoi nous l'avions choisie telle.

Secondo : Nous avons pu replacer le problème africain dans son véritable cadre, dans le cadre de l'intérêt humain auquel est étroitement lié l'intérêt des masses africaines.

Notre délégation — et c'était un des motifs de sa mission — a établi le dialogue entre l'Afrique et les Grandes Nations des autres Continents.

Ces résultats constituent une éclatante justification de notre ligne politique et la démonstration la moins contestable de la justesse de notre action.

Certes, ce n'est pas sans une certaine tristesse qu'à la réception qui avait été organisée en notre honneur par l'Assemblée des Nations-Unies, nous avons vu notre frère Houphouet-Boigny, revêtu du titre de Chef de la délégation française, essayer d'adapter son attitude à celle de la délégation française : tristesse de le voir s'enfermer dans un dilemme sans issue, tristesse aussi de constater qu'au moment où l'Afrique unanime s'affirme, vibre et vit, prend fermement en mains les rênes de son destin, le Président Houphouet renonce à l'action, et avec elle renonce aux engagements solennels que nous avions pris, les uns et les autres, au nom de l'Afrique, il y a treize ans, à Bamako, lors de la création du mouvement anticolonialiste, le R.D.A. Nous disons bien « tristesse », car si notre action triomphe, nous ne considérons pas cela comme une victoire remportée sur tel ou tel autre de nos frères ; nous considérons cela comme une victoire de l'Afrique, victoire à laquelle a refusé de prendre part tel ou tel autre de nos frères.

Tristesse, car s'il est vrai qu'il y a d'une part victoire de l'Afrique, il y a d'autre part échec d'un groupe d'hommes qui avaient pourtant les capacités et les moyens de servir réellement l'Afrique.

LES REACTIONS FRANÇAISES ET LES RAPPORTS FRANCO-GUINEENS

Dans le prochain tome de l'action politique du P.D.G. que nous consacrerons au voyage de la Délégation Guinéenne, nous publierons les commentaires les plus significatifs de la Presse française à côté des articles que la Presse étrangère a consacré à la Délégation. Ceci vous permettra de juger l'esprit qui les a inspirés. De mémoire, nous vous citons quelques titres :

> Dans PARIS-PRESSE :Sékou TOURE reçu comme un Blanc aux U.S.A. — Dans CARREFOUR : Groupes d'intérêts privés et communisme se conjuguent pour nous évincer d'Afrique. — Des ECOUTES : Sékou TOURE dans le lit de KHROUCHTCHEV. — De L'AURORE : Bien accueilli, mais seulement comme un Noir.

Voilà le ton, voilà aussi l'esprit. Nous verrons tout à l'heure quelques faits complémentaires qui replaceront tout cela dans un contexte d'ensemble.

Mais nous voulons profiter de ces informations pour aborder le problème de fond des rapports franco-guinéens. Tout d'abord, le Bureau Politique National tient encore à réaffirmer que le P.D.G. dissocie d'une façon très nette le Peuple de France de ces manifestations de la presse française.

LES RAPPORTS FRANCO - GUINEENS

Nous précisons une fois encore qu'autant nous sommes disposés à lier le plus de relations amicales possibles, autant nous nous refusons à intégrer la Guinée dans quelque forme de communauté que ce soit, en dehors de la seule communauté africaine ; autant nous sommes prêts à conclure tous les accords économiques, financiers ou culturels que nous pourrons, autant nous nous refusons à nous placer dans l'orbite politique de tel ou tel autre Etat étranger ; autant nous sommes prêts à coopérer loyalement, efficacement avec tous, autant nous refusons toute forme d'intégration ou d'alignement. **Nos accords, nous les ferons sur la base de contrats librement négociés, et aucun d'eux n'affectera l'absolue souveraineté de la Guinée qui, nous nous plaisons à le rappeler, ne sera ni une nouvelle proie possible, ni un élément de discorde entre tel ou tel pays ou entre tel ou tel groupe de pays.**

C'est parce que nous nous refusons à hypothéquer l'avenir, c'est parce que nous nous interdisons farouchement d'entraver l'unification de l'Afrique et ses droits de libre arbitre, que nous demeurons, en matière de politique étrangère, dans la plus stricte neutralité.

Nous n'avons qu'une seule exigence dans nos relations extérieures : le respect. Respect de notre souveraineté, respect de notre personnalité. Les alliances nous n'en voulons pas. Notre amitié est à tous, notre désir de coopération s'adresse également à tous. Il n'y a donc aucune raison pour que, par des traités d'alliance ou des accords d'association, nous marquions des préférences qui seraient en définitive contraires à l'intérêt de l'Afrique.

Car c'est l'Afrique qui nous occupe, c'est l'Afrique que nous voulons construire, non pas avec des traités d'alliance ou des pactes d'association, mais par la voie de l'unité librement conçue, librement acceptée, exclusivement africaine.

Nous devons veiller, dans l'analyse de nos rapports avec la France, à ne pas nous laisser dominer par des considérations subjectives ou des tendances affectives. Notre véritable milieu humain, notre véritable berceau national, c'est ce Continent-ci, et aucun autre.

La vérité, c'est que plus nous affirmerons notre personnalité, plus nous ferons respecter notre souveraineté, et plus nos amitiés seront solides et saines, durables et sincères.

Il y a des étreintes qui étouffent et des embrassades qui tuent. Notre souci est de respirer largement et de vivre.

Nous avons une tâche immense à accomplir et, dans le contexte où nous devons l'accomplir, rien ne doit entraver notre action, rien non plus ne doit limiter nos moyens.

Tandis que l'indépendance s'affirme de plus en plus comme la seule voie possible à notre totale émancipation, on entend parler d'indépendance-association, d'alliance-naturelle, et de je ne sais quelles formules encore, comme si les formules les moins rationnelles étaient en mesure de transcender les réalités actuelles de l'Afrique.

Il n'est que de relire le tome II de l'Action Politique du P.D.G. pour apprécier ce que nous avons fait en vue de sauvegarder l'amitié franco-guinéenne et d'établir des liens d'égalité entre la République Française et notre pays.

Nous savons, les uns et les autres, comme il fut répondu à nos appels à la compréhension française et, encore actuellement, dans quel esprit sont envisagés par les dirigeants français leurs rapports avec notre Gouvernement.

Si nous sommes prêts, à tout instant, à examiner la nature de nos rapports avec la France, comme d'ailleurs avec tout autre pays étranger, nous ne pouvons pas dissocier cet examen du contexte réel qui existe de part et d'autre.

L'amitié et la coopération ne sont pas des données abstraites, elles doivent avoir un contenu positif et des mobiles en rapport avec leur nature. C'est donc à partir des réalités, à partir des conditions véritables, que nous avons à nous déterminer, et non pas à partir de conditions subjectives, et selon des motifs politiquement irrationnels.

LES PRINCIPES FONDAMENTAUX DE NOTRE POLITIQUE INTERIEURE

Un principe fondamental de l'action du P.D.G. **repose sur l'étude globale de tous les phénomènes, en vue de dégager une ligne politique qui doit être scrupuleusement respectée dans tous les domaines.** Quelle que soit la diversité des activités, les militants se doivent de participer à cette action du Parti. Dans notre Parti, il n'y a pas de principe d'isolement entre les secteurs, entre les problèmes : le dénominateur commun suivant lequel sont analysés tous les problèmes est le bien du Peuple.

On sait que les paysans constituent une partie du peuple, que les travailleurs constituent une autre partie du peuple, que les artisans eux aussi en constituent une autre partie, etc... Malgré cela, quel que soit le problème particulier que nous aurons à traiter, ce problème devra être étudié en fonction de l'intérêt général de la Société.

En rappelant cette méthode, il est facile de saisir la parfaite harmonie qui doit forcément exister dans la définition de notre politique intérieure, comme dans celle de notre politique extérieure. En un mot, pour un Etat engagé qui n'ignore rien de la situation meilleure vers laquelle il s'achemine, la politique extérieure ne peut être autre chose que le reflet exact des principes de sa doctrine en matière de politique intérieure.

Or, quelles sont les considérations essentielles qui ont déterminé notre politique intérieure ?

Nous avons lutté contre le régime colonial pour devenir un pays indépendant, après avoir compris que le régime colonial était incompatible avec notre dignité, incompatible avec toute réelle émancipation, avec tout développement déterminé par notre volonté et conduit dans le cadre de nos intérêts nationaux.

Notre lutte contre le régime colonial était parfaitement juste pour autant qu'elle devait avoir comme couronnement, comme finalité, de nous rendre responsables de notre propre destin.

C'est bien en toute conscience que le 2 Octobre 58, pour la proclamation de notre République, nous avons déclaré que l'indépendance n'était pas un fin en soi, qu'elle devait devenir pour tous un moyen de progrès par le travail, dans la justice et la solidarité.

Examinant la situation objective de notre pays sortant du régime colonial, nous avons reconnu que toutes les structures économiques, administratives, politiques, judiciaires ou militaires n'étaient pas conformes aux

meilleures conditions de développement de notre société nationale, et nous avons décidé de les transformer en les adaptant aux nécessités de notre propre évolution.

En nous prononçant résolument pour la démocratie, nous nous sommes prononcés pour l'égalité absolue de tous les êtres, hommes et femmes vivant en Guinée. En reconnaissant au Peuple le droit d'exercer effectivement la souveraineté reconquise au niveau de la Nation, nous avons voulu par là ne plus admettre que cette souveraineté soit confisquée au niveau d'un gouvernement, au niveau d'une administration, au niveau d'une famille, au niveau d'un clan ou d'une quelconque catégorie sociale.

Ainsi, en menant l'action de décolonisation des esprits et des cultures, nous avons compris que le régime colonial ne signifiait pas seulement la domination étrangère, mais qu'il était présent dans les structures qui avaient été établies pour mieux nous exploiter et nous oppresser ; par conséquent, nous avons pris conscience que la décolonisation devait se poursuivre au-delà même de la suppression de l'autorité réelle du régime colonial.

On peut plus aisément changer un costume qu'on ne peut, dans le même laps de temps, obtenir que l'esprit façonné par soixante ans de colonisation soit transformé. Il faut donc une action consciente et constante de décolonisation pour dégager les nouveaux responsables du pays, selon la qualité de leur apport à la Révolution Nationale Guinéenne.

Aussi bien dans la marche de notre Etat que dans celle de notre Parti, de nos syndicats, de nos mouvements de jeunesse ou de femmes, nous avons fait le

La Section P.D.G. de Télimélé à la Conférence de Kankan

choix d'un certain nombre de principes et de méthodes de travail qui se prolongent sur le plan de notre politique extérieure, et qui doivent être scrupuleusement respectés.

Le régime colonial avait tenté de nous assimiler à un civilisation qui, même si elle était positive et humaine, n'était pas pensée par nous, n'était pas du tout le fruit de nos pratiques, une civilisation qui n'exprimait pas nos valeurs propres et, par conséquent, n'était pas conforme au contexte de notre Nation.

Nous avons opposé une volonté farouche d'affirmation de la personnalité africaine à la volonté d'assimilation colonialiste.

A l'affirmation colonialiste sur l'absence de toute valeur morale, culturelle, positive, dans l'Histoire des peuples africains, nous avons opposé notre personnalité, et nous avons affirmé avoir notre civilisation, notre culture, nos valeurs propres. Nous avons démontré, sur le plan pratique comme sur le plan idéologique, le caractère arbitraire et la conception contre nature de toute occupation étrangère. C'est pour ces raisons que nous voulons nous servir de notre indépendance, grâce au plein exercice des attributs de notre souveraineté, pour refaire notre pays dans le cadre de son originalité, dans le sens de sa civilisation, en vue de développer toutes les facultés, toutes les richesses, tous les moyens que nous détenons au niveau national.

Evidemment, nous savons que, jusqu'à cette prise de conscience politique, les conditions historiques qui existaient dans notre pays obligeaient nos divers Partis politiques et nos Organisations Syndicales à être des prolongements organiques des Partis Politiques, ou des Organisations Syndicales situés dans les « métropoles ».

Il est vrai par ailleurs que, par une coopération horizontale, les Peuples ou les différentes couches sociales peuvent participer à leur évolution générale en s'entraidant. Mais, *ce qui est plus vrai encore, c'est que* le progrès réel n'est jamais importé, n'est jamais commandé de l'extérieur : il s'opère verticalement, compte tenu des conditions objectives réalisées par l'action de chaque Peuple. Ainsi, si nous voulons le progrès, il doit être défini dans notre contexte Guinéen. Sans minimiser l'importance heureuse des progrès réalisés par les autres Peuples, notre sort ne saurait être résolu par le progrès des autres Peuples ; il dépendra directement de notre propre action progressive, de notre propre détermination d'évoluer, de notre unité et de notre conscience.

Ainsi, chaque citoyen doit savoir que le P.D.G. notre Parti, a des tâches concrètes à réaliser dans les divers domaines économique, politique, social, humain ; que quelle que soit l'idéologie d'un militant, ce qui lui est demandé en priorité, c'est sa fidélité au bien populaire, son esprit patriotique, son dévouement, son action consciente et constante pour l'édification d'une Nation prospère. La différenciation entre nous doit donc se situer dans l'apport de chacun à la solution rapide et concrète des problèmes conditionnant l'évolution de la Guinée et de l'Afrique.

Il n'existe nulle part deux Peuples présentant des conditions identiques dans chacun des domaines de leur vie nationale ; il n'existe pas deux Peuples au monde ayant les mêmes caractéristiques, des moyens semblables, des comportements similaires.

C'est en fonction de ces diversités qu'il y a lieu, pour chaque Peuple, d'entreprendre l'étude objective de ses propres conditions afin de dégager les lignes et le sens de la transformation à opérer.

Voilà les principes qui règlent la définition et les méthodes d'action de notre politique intérieure et de notre politique étrangère.

Voilà pourquoi notre politique étrangère ne saurait être conforme à la politique étrangère de telle Nation ou de telle autre, de tel groupe de Nations ou de tel autre groupe.

Voilà pourquoi nous refusons d'adapter notre comportement politique au comportement politique occidental ou oriental, voilà pourquoi nous refusons de prendre parti dans les conflits idéologiques qui s'établissent au niveau des pays de plein développpement.

Notre neutralisme positif constitue, pour les hommes de bonne foi, le témoignage de notre volonté de ne rien sacrifier à l'avenir de l'Afrique.

Pour conclure cet exposé, voyons maintenant les moyens dont nous disposons pour réduire les intentions d'action subversive et faire efficacement obstacle aux tentatives de désorganisation qui pourraient être faites dans l'un ou l'autre secteur des activités guinéennes.

CHAQUE PAS EN AVANT OU EN ARRIERE DOIT ÊTRE SUIVI D'UNE ANALYSE DES MÉTHODES ET DES BUTS DE L'ACTION

C'est à la lumière de l'action quotidienne que nous pouvons constater la carence et les insuffisances de notre travail, apprécier et distinguer les côtés positifs et les côtés négatifs de notre action, mettre en relief certaines erreurs. Et c'est au cours de Conférences de Cadres du Parti comme celle-ci que l'on peut remédier à des situations qui ont pu échapper à la vigilance de certaines sections du Parti, et qui risquent, si l'on n'y met résolument un terme, de devenir des foyers de pourrissement. Une autre raison enfin, c'est qu'au fur et à mesure que nous améliorons les conditions politiques, économiques ou sociales dans le pays, nous devons repenser notre action en fonction des situations nouvelles créées.

En effet, notre action, si nous la voulons continuellement et foncièrement à la fois dynamique et harmonieuse, doit résolument faire corps avec la réalité, tandis que nos moyens d'évolution doivent constamment être adaptés au contexte réel dans lequel et sur lequel nous devons agir, ce qui implique nécessairement que nos objectifs soient déterminés en fonction d'une perpétuelle transformation qualitative des éléments de base concrets qui caractérisent les conditions du moment.

Il est évident que si nous poursuivions aveuglément notre action sans tenir compte des modifications que nous avons pu obtenir et sans y adapter nos moyens, il arriverait rapidement un moment où il y aurait divorce entre le sens de notre action et le milieu physique, social et moral dans lequel nous la conduirions.

Il peut y avoir deux formes de modifications des conditions : la première progressive, c'est-à-dire qui marque une amélioration sur la situation antérieure ; la seconde régressive, c'est-à-dire qui marque un recul sur la situation antérieure.

Dans le premier cas, nous devons, en partant de cette situation nouvelle, nous fixer de nouveaux objectifs conformes à notre orientation politique, conformes à la ligne politique arrêtée par les instances du Parti.

Dans cette action progressive, on doit constamment repenser l'utilisation des moyens et adapter les méthodes de travail selon les nouvelles conditions que nous avons su créer, et les nouveaux objectifs que nous nous sommes assignés.

Prenons l'exemple de la Section de Gueckédou qui, par des efforts soutenus et un travail courageux, est parvenue à modifier les conditions politiques et économiques des masses paysannes de sa Région.

En 1957-1958, la situation politique de cette Région était tendue en raison des agissements réactionnaires des ex-chefs de canton ou de village. Profondément compromise par de nombreux conflits de famille ou de race, la vie politique de la Région de Gueckédou était caractérisée par une instabilité permanente. Les capacités de mobilisation de la section se limitaient à quelque 5.000 à 6.000 militants détenteurs de la carte du P.D.G.

Après une année de travail, les responsables politiques sont parvenus à changer complètement cette situation. Par l'autorité de ces responsables, les réactionnaires qui espéraient prendre leur revanche ont été remis au pas. Grâce aux nombreux contacts directs avec les masses, grâce surtout à leur action éducatrice et à leur fermeté, les dirigeants locaux ont dénoncé et isolé du Peuple les agents provocateurs qui opposaient les familles. Les conflits ont été réglés, et les oppositions de personnes fort réduites. Au bout d'une année d'efforts, nos camarades responsables de Gueckédou sont arrivés à faire l'unité de la Région. Au lieu de 5.000 à 6.000 cartes, ils en ont placé près de 50.000. Je m'empresse d'ajouter que nous avons eu de tels exemples dans le développement d'autres Sections du P.D.G. C'est pourquoi, nous devons ajouter que la Section de Gueckédou a obtenu également les meilleurs résultats sur le plan de l'investissement humain : 14 classes construites, 300 kilomètres de routes, 180 champs collectifs, 17 plantations, 4 postes administratifs etc...

Le bilan général de Gueckédou a justifié son classement comme section pilote du P.D.G. en 1959. Il est évident que, pour se maintenir à cette première place, la section pilote devra analyser les causes de ses succès pour perfectionner ses méthodes de travail et arrêter un programme de réalisations nouvelles pour l'année 1960. Par exemple, elle se consacrera plus spécialement à l'éducation des militants et des militantes ; elle s'occupera davantage du problème de la jeunesse ; son plan d'édification économique et sociale par l'investissement humain ne devant pas être copié sur celui de l'an passé, elle se fixera de nouveaux objectifs, partant de la nouvelle situation et des moyens que cette situation dynamique comporte. Ces impératifs, une fois appréciés et résolus, constitueront un ensemble de modifications progressives à obtenir, un ensemble de nouvelles perspectives dont les militants mériteront d'être rendus parfaitement conscients.

Dans le second cas, par contre, non seulement il n'y a pas eu progrès, mais on s'aperçoit que la situation se détériore. Les conflits internes se multiplient. Les militants et les militantes désertent les réunions. Ni les méthodes de persuation, ni l'autorité des responsables ne parviennent à remédier à cette situation.

Il serait absurde, dans ce cas, de continuer le même programme de travail, et encore plus dangereux que les masses soient imperméables à la pensée, aux principes du Parti. Car une analyse objective des causes de détérioration de la situation indique bien : soit qu'il y a carence ou incompétence au niveau des responsables politiques, soit que les méthodes de travail et le programme d'action sont mauvais parce que non adaptés au contexte et à l'intérêt réel des militants du Parti.

Là aussi, seule l'analyse de la situation peut déceler tout ce qui ne va pas, afin de normaliser le fonctionnement d'une Section. Si des responsables se sentent incapables, soit parce que les responsabilités qu'ils assument sont devenues trop lourdes, soit parce qu'ils ne peuvent plus consacrer suffisamment de temps aux tâches du Parti, ils doivent le dire courageusement, loyalement. Ce sera là, de leur part, une grande marque d'honnêteté, et une preuve de fidélité au Parti plus grande encore. S'ils cherchent à se maintenir contre toute logique, non seulement ils entravent le travail et compromettent sciemment la vie du Parti, mais encore ils trahissent leurs mandants en condamnant l'action de ceux-ci à la paralysie ou à la régression.

Nous l'avons souvent affirmé : pour soi-même d'abord, c'est-à-dire pour sa conscience, et pour le Parti ensuite, il est préférable d'être un bon militant qu'un mauvais responsable, et je ne vous cacherai pas qu'au niveau du Bureau Politique National, comme au niveau des masses d'ailleurs, un bon militant est toujours beaucoup plus apprécié, beaucoup plus estimé et respecté qu'un mauvais responsable. Car nous savons bien, les uns et les autres, que ce que le bon militant apporte par son travail et son action est plus important que ce qu'un mauvais responsable peut obtenir par les autres ou par lui-même.

Tout cela, nous devons l'étudier d'une manière plus pratique au cours de la présente Conférence, afin que chaque Section puisse améliorer davantage son travail dans le sens d'une action dynamique et d'un programme révolutionnaire.

LA VIGILANCE REVOLUTIONNAIRE

A la veille et au lendemain de notre indépendance, alors qu'avaient été mis en œuvre certains moyens d'intimidation qu'il n'est pas superflu de rappeler aujourd'hui, nous avons fait appel à la conscience de chaque militant et de chaque militante pour déjouer toutes les tentatives de provocation ou de corruption, toutes les mesures d'intimidation.

Si, pendant la période critique qui a précédé et suivi le référendum, aucune action subversive n'a pu porter atteinte à la totale souveraineté de la République de Guinée, c'est bien parce que la mobilisation des consciences, la responsabilité militante, avaient été courageusement assurées par l'ensemble du Peuple de Guinée.

Cette victoire militante du Peuple, nous la devons incontestablement à la qualité de son engagement politique et à l'état de plus en plus perfectionné de ses organisations.

Or, nous constatons aujourd'hui, preuves en mains, que la volonté de faire échouer l'indépendance guinéenne demeure. Nous savons de façon certaine que l'action subversive continue. Il ne s'agit plus peut-être de patrouilles de parachutistes, de jeeps armées ; il s'agit d'une action non plus apparente mais occulte, et par là même plus dangereuse parce qu'elle revêt des formes plus subtiles et moins faciles à déceler.

Nous affirmons ici que les tentatives faites pour ruiner la Révolution Guinéenne sont actuellement plus dangereuses que l'action qui avait été menée naguère pour nous faire renoncer à l'indépendance. L'échec essuyé jusqu'ici par cette entreprise de démolition de notre indépendance, nous le devons à la vigilance politique que nos cadres, nos militants, lui ont opposée.

Nous devons prévoir les diverses actions qui seront tentées dans de nouveaux domaines, avec des moyens nouveaux et des méthodes nouvelles.

Actions moins violentes, moins directes, plus subtiles et par là même, moins facilement décelables. Ces méthodes nouvelles ne manquent pas. Nous le savons d'autant mieux que, dans les perspectives du combat national, nous avons acquis une certaine connaissance de la lutte politique tactique et pratique, nous avons appris à employer au mieux nos moyens, car en dépit de la voie juste que nous avons toujours suivie, nous nous sommes heurtés à des forces d'opposition considérables.

Ce n'est ni le lieu, ni le moment de faire le panégyrique de notre combat, mais nous devons nous rappeler, les uns et les autres, de quelles forces nous avons jusqu'alors triomphé, pour mesurer l'exacte puissance de l'activité populaire du P.D.G. et apprécier le haut niveau de la combativité et de la maturité politiques des masses guinéennes.

Après 18 mois d'indépendance, nous abordons une phase de lutte d'autant plus difficile que les motifs de l'engagement révolutionnaire sont moins apparents, l'action de sabotage moins perceptible. La réaction, dépossédée de l'autorité que lui conférait l'illégitime régime colonial, a pris un visage forcément « sympathique » et des manières « amicales », mais sa volonté destructrice demeure.

Il y a, par ailleurs, une tendance naturelle, sorte de démobilisation de la conscience militante. Nous devons étudier ici cette espèce de pathologie de la démobilisation des masses militantes du Parti.

Si les victoires révolutionnaires à caractère populaire découlent de la mobilisation des consciences, chaque victoire entraîne fatalement avec elle une tendance plus ou moins marquée, plus ou moins profonde, à la démobilisation des consciences. Si une telle démobilisation se généralise, elle amoindrit l'action révolutionnaire et retarde d'autant le triomphe de la révolution.

Or, nous avons affirmé que notre action ne se limitait pas dans le temps à l'accession à l'indépendance et, dans l'espace, à la Guinée. Nous avons dit que l'indépendance était le moyen de l'émancipation, et que le triomphe de l'action guinéenne ouvrait la voie à l'indépendance réelle et à l'unité effective de la Patrie Africaine.

L'indépendance, quelles que soient les améliorations qu'elle a pu apporter, quelles que soient les satisfactions qu'elle a engendrées, n'est qu'une étape sur la voie de l'émancipation, qu'une bataille gagnée dans le combat qui conduit vers le bien être populaire.

La mobilisation de la conscience révolutionnaire, loin d'aller en s'amenuisant doit, au contraire, aller en se développant. Notre révolution n'escompte pas, pour triompher, la faillite des forces réactionnaires, elle compte uniquement sur ses propres victoires et sur sa seule puissance.

Or, dans la phase actuelle de notre combat, en face du complot impérialiste qui, loin d'avoir désarmé, entend au contraire redoubler d'efforts, et accroître ses moyens, alors que nos obejectifs de lutte relèvent davantage de la détermination consciente que du refus et de la négation, non seulement nous devons poursuivre la mobilisation de la conscience patriotique du Peuple, mais en améliorer la qualité révolutionnaire, et le contenu progressiste et démocratique.

Lorsqu'au lendemain du référendum nous avons eu connaissance qu'une action anti-révolutionnaire puissante était engagée, qu'avons nous fait ? Nous avons fait appel à la conscience politique de chaque Guinéen, de chaque Guinéenne. A tous, jeunes et vieux, hommes et femmes, nous avons demandé d'être les défenseurs vigilants de la Nation Guinéenne. A chacun, nous avons demandé de surveiller chacun, et d'être individuellement le dépositaire et le gardien de la révolution Africaine contre les forces oppressives qui font encore de l'Afrique leur « propriété ».

Nous avons demandé de ne laisser commettre aucune action suspecte, de dénoncer tout propos subversif, et d'intervenir résolument contre tout comportement hostile au progrès Africain. Ceux qui craignent une telle rigueur ne sont pas ceux qui sont résolument engagés à nos côtés ; ce sont les individus qui, dans leur interminable aventure pour le profit et les privilèges, entendent bien se servir de la Révolution ou la détruire.

Ces consignes de vigilances, nous les lançons à nouveau aujourd'hui avec la même force et pour les mêmes raisons.

Vigilance pour ce qui se passe autour de vous, vigilance pour ce qui se passe parmi vous, vigilance à l'égard de vos propres propos ou de votre comportement social, vigilance autour de vous pour décourager toute action subversive, pour arrêter toute tentative de démobilisation de la conscience révolutionnaire.

Nous avons là encore un autre exemple à vous soumettre.

A l'issue de notre grande tournée à l'étranger, nous avons trouvé qu'à Conakry la situation s'était rapidement détériorée, non pas sur le plan politique, mais sur ce que l'on appelait à tort le problème religieux. Sur des questions de forme, s'était créé un faux problème qui divisait la collectivité musulmane de Conakry. Ce conflit relevait d'un faux problème, d'abord parce qu'il allait à l'encontre des prescriptions coraniques, et ensuite parce qu'il avait été artificiellement inspiré de l'extérieur. Pendant près de deux heures, nous avons eu à débattre ce problème au cours de la Conférence Régionale des Cadres qui s'est tenue à Conakry les 12 et 13 Décembre 59.

Au cours du débat, nous n'avons trouvé aucun fait, aucun argument religieux pouvant justifier ce conflit qui aboutissait, en fait, à la division de la communauté musulmane de Conakry. Tout reposait essentiellement sur des questions de personnes, sur des problèmes d'interprétation, ou des déclarations qui n'avaient aucun rapport avec la pratique de la religion, et encore moins avec l'intérêt de la Nation.

Eh bien, si la conscience révolutionnaire des militants musulmans de Conakry n'avait pas faibli, si leur vigilance militante n'avait pas été en défaut, jamais ce conflit alimenté par des considérations irrationnelles ne se serait produit.

Il faut ici reposer les principes politiques du P.D.G. en ce qui concerne le libre exercice des cultes.

LES COLLECTIVITES RELIGIEUSES DANS LA NATION

A ce propos, qu'avons nous dit ?

Constitutionnellement, **l'Etat Guinéen est une République laïque (Art. 1) qui assure la liberté de conscience par la laïcité de l'Ecole et de l'Etat (Art. 4).**

Nous savons bien, les uns et les autres, que la majorité du Peuple de Guinée est musulmane. Nous aurions donc pu tout aussi bien donner à notre Etat un contenu religieux ; nous nous y sommes opposés. Nous avons considéré que le domaine temporel de l'Etat ne devait pas empiéter sur le domaine spirituel des cultes. Mais, nous entendons par là aussi n'admettre aucun empiétement du pouvoir spirituel sur le pouvoir temporel. Notre Constitution est formelle :

— Nous sommes un Etat laïc, d'abord parce que c'est le Peuple de Guinée tout entier qui a conduit l'action ayant abouti à la constitution de l'Etat Guinéen non pas en fonction de préceptes religieux, mais selon une prise de conscience politique, ensuite parce que nous avons voulu que la laïcité soit la garantie de la liberté de conscience pour chaque citoyen Guinéen ou étranger.

Personne ne peut dire qu'en Guinée il y ait une discrimination religieuse ou que la confession soit, tout comme la race ou la couleur, un critère d'appréciation.

Nous avons affirmé que notre Gouvernement était un Gouvernement du Peuple, afin que la souveraineté nationale soit exercée par le Peuple et pour le Peuple.

Le Peuple de Guinée est constitué de musulmans, de catholiques, de protestants, de libres-penseurs, de fétichistes. Aucune de ces collectivités confessionnelles ne saurait imposer son comportement religieux à la collectivité nationale, ni exercer l'un quelconque des droits relevant de la souveraineté que détient solidairement le Peuple Guinéen.

Dans une circulaire diffusée aux Sections, nous avons abordé ce problème. Qu'avons-nous dit ?

Nous avons dit ceci :

« Nous respectons toutes les convictions, toutes
« les croyances, mais les convictions ne peuvent
« pas se substituer à la volonté politique des mas-

« ses. Vos convictions, vous ne sauriez les impo-
« ser, pas plus que vous n'avez à subir les convic-
« tions de celui-ci ou de celui-là. La foi, la prati-
« que religieuse, le choix du culte sont une affai-
« re entre l'homme et Dieu, c'est une détermina-
« tion interne de la conscience dont chacun est
« seul juge. C'est cela la liberté de conscience ».

Par ailleurs, qui peut citer un seul Verset du Coran ou un seul passage de la Bible, qui ne soit pas uniquement inspiré par les rapports de l'homme et de Dieu ?

Lorsque le P.D.G. a abordé la réforme de l'enseignement, il l'a pensée dans le cadre constitutionnel de la laïcité de l'Etat, et tout aussitôt on a crié à l'athéisme.

Là aussi, on a essayé de nous faire un procès d'intention.

Force nous est donc de rappeler ici que la souveraineté nationale ne s'exercera ni au profit d'une communauté religieuse, ni au profit d'une collectivité corporative ou sociale, mais qu'elle s'exercera uniquement, exclusivement au profit du Peuple de Guinée.

Du temps de l'administration coloniale, quelles étaient dans ce pays fortement islamisé les fêtes religieuses légales, sinon les seules fêtes catholiques ?

Nous avons décidé qu'il y aurait désormais dans l'année trois fêtes catholiques légales, et trois fêtes musulmanes légales. Où est la discrimination religieuse, où est l'athéïsme ?

Mais, si l'on passe allègrement du domaine divin au droit public, si pour des problèmes qui relèvent du domaine public, on invoque le droit divin, nous nous posons quant à nous la question : dans quel but ? Car voilà bien le problème de fond.

Or, ces problèmes ne se posent pas au niveau du Gouvernement, celui-ci n'étant, rappelons-le, que l'instrument d'exécution de la volonté politique des masses. Ils ne se posent pas non plus au niveau des seules communautés en cause. Ils relèvent effectivement de la conscience politique de chacun et de tous.

Si on avait analysé à ce niveau le malaise religieux qui, à un moment, divisait la collectivité musulmane de Conakry, ce malaise n'aurait pas pris les proportions que nous lui avons connues.

Si la vigilance militante ne s'était pas relâchée, non seulement ce malaise n'aurait pu subsister, mais ses imbrications politiques auraient été aussitôt mises à jour.

Nous n'avons pas à faire ici d'exégèse sacrée, mais il est certain, et chacun peut s'en assurer en relisant les versets du Coran, qu'il n'existe aucune prescription religieuse qui incite à la division, au conflit, au crime, aux oppositions, ou à la prééminence temporelle. La vertu des textes religieux réside tout au contraire dans l'exceptionnelle qualité morale qu'ils recèlent et dans leurs préceptes de concorde et d'union.

Voilà un premier argument religieux qui aurait dû retenir l'attention des musulmans qui se sont trouvés entraînés dans le conflit de Conakry.

Et ceci nous conduit à constater que non seulement il y a eu défaut de vigilance militante puisque le désaccord initial a entraîné des responsables politiques à prendre parti de manière irrationnelle, mais encore il y a eu, de la part des musulmans de Conakry, une attitude conforme ni à l'esprit de la religion, ni à celui des intérêts de la collectivité musulmane.

On peut s'étonner que ce soit à Conakry, là justement où il existe le plus grand nombre de cadres valables, que de pareils faits se produisent.

La vérité, ce n'est pas qu'il y a un manque de capacité chez les responsables ou un défaut d'esprit militant dans les Comités, la vérité, c'est qu'il y a un vice d'organisation au niveau des Sections, et au niveau des Comités.

C'est cela que nous allons examiner maintenant

CENTRALISME POLITIQUE ET DECENTRALISATION ORGANIQUE

Nous avons défini un principe de base intangible : c'est celui du **centralisme démocratique.** Nous avons dit qu'au niveau de l'exécution, les responsabilités devaient être centralisées, c'est-à-dire qu'elles devaient incomber globalement, totalement, à la plus haute instance directrice. Cela, c'est le centralisme ; nous avons dit aussi que l'étude, la conception et les décisions devaient être établies au niveau du peuple ; cela, c'est la démocratie. **Non seulement la démocratie a pour objet la souveraineté au niveau des masses, mais elle a pour effet, dans la pratique, de déterminer une entière et libre adhésion du Peuple, un engagement conscient et conséquent des masses à l'action politique.** Mais, si ce principe de base est intangible, il ne doit pas figer nos structures organiques. Nous avons vu que les structures organiques ou fonctionnelles devaient être repensées continuellement en fonction des conditions, des moyens et des objectifs. Or, ces trois éléments de détermination varient selon les transformations radicales ou progressives qui découlent de notre action. Il faut donc adapter les structures organiques à ces transformations.

En prenant l'exemple du Comité de Coronthie, nous allons voir, à travers lui, l'explication du mauvais fonctionnement que nous signalions tout à l'heure. A Coronthie, il y avait pour les élections municipales de Novembre 1956 près de 6.000 électeurs. On peut donc évaluer la population de ce quartier à 8.000 ou 9.000 personnes. Leur faire prendre part à la discussion, écouter leurs doléances, établir un programme d'éducation et l'appliquer, que de problèmes cela représente !

Où trouver seulement un lieu qui puisse réunir chaque semaine 9.000 personnes ? Dans de telles conditions, que se passe-t-il ? Le désordre, ou l'indifférence ! L'indifférence d'ailleurs succèdant invariablement au désordre. Voilà donc un Comité qui a d'excellents cadres, des militants de valeur, mais qui, par un défaut d'organisation, est politiquement inefficace et risque de devenir un foyer de discorde, de mécontentement.

Comment voulez-vous qu'aboutisse la vigilance militante, comment voulez-vous que soit rationnellement employée la conscience révolutionnaire, et que soient étudiés sérieusement les problèmes du Comité ? Imagine-t-on 8.000 ou 9.000 personnes qui se pressent, se bousculent, essayent de se faire entendre, tentent d'écouter, recueillent une bribe de phrase ici, une autre là, interprètent ce qu'elles ont cru comprendre, et quittent la réunion sans trop savoir ce qui s'y est dit, ce qu'on y a décidé ? On ne peut pas se représenter de telles réunions. On imagine mieux le militant découragé, attendant bien tranquillement chez lui qu'on vienne lui dire, si on le lui dit jamais, comment s'est déroulée la réunion à laquelle auront peut-être assisté 200 ou 300 personnes.

Nous avons dit que nous avions à favoriser continuellement la promotion politique, à favoriser la formation des cadres. Pour rationaliser le fonctionnement du Parti, dans ce quartier comme dans d'autres, nous avons multiplié les Comités en fixant comme capacité maximum à chacun l'effectif de 1.000 militants.

Il ne s'agit pas d'aller partout, répétant : « Nous sommes cinq mille, six mille, sept mille dans notre Comité » ; il s'agit de faire un travail efficace, d'entreprendre et de développer l'éducation politique, de faire une répartition des tâches rationnelle, de liquider les faux problèmes, de résoudre les vrais, de procéder à des études sérieuses, d'appliquer les directives du Parti, de renforcer la mobilisation de la conscience révolutionnaire, d'assurer une vigilance constante, de susciter l'initiative et les entreprises collectives, d'établir le bilan et de dresser le programme de l'action, d'assumer en un mot toutes ses responsabilités politiques.

Camarades, n'oublions pas le fait que, depuis l'indépendance, notre travail s'est modifié. Non seulement il s'est modifié, mais il s'est accru, et accru considérablement. Ne répétons-nous pas invariablement à chacune de nos réunions : « Emparez-vous de tous les problèmes. Prenez au niveau de vos responsabilités toutes les initiatives ».

Cela indique suffisamment l'ampleur des tâches qui reviennent à chaque échelon de l'organisation politique.

Prenons encore deux autres exemples précis :

— les jeunes délinquants,
— les voleurs.

Sur ces deux problèmes, les Sections et les Comités ont à se pencher, car ils assument une part des responsabilités sociales de la Nation en tant qu'entité politique.

Le 2 octobre 1959, nous avons libéré les délinquants c'est-à-dire que le Gouvernement a appliqué une mesure de clémence décidée par le Parti.

Qu'est-il advenu de ces prisonniers libérés ? Quelques-uns sont rentrés dans leurs villages, mais les autres sont restés dans les grandes villes. Sans ressources, la plupart sans métier, ils continuent à se fréquenter entre eux. Que pouvaient-ils faire, ces citoyens, sinon vivre à nouveau d'expédients ?

La J.R.D.A. a créé des camps de rééducation. Tout en soulignant cette initiative heureuse de la J.R.D.A., nous ne pensons pas que ce soit là la meilleure formule. Dans un camp, les délinquants se trouvent entre eux : le milieu psychologique n'est donc pas modifié, il n'est pas normalisé. Le délinquant gracié, dans un camp de rééducation, est toujours un déclassé au même titre que celui qui a échoué en ville, sans ressources et sans emploi.

Si les Sections s'étaient emparées de ce problème, il est certain que des mesures plus efficaces auraient été appliquées et que la J.R.D.A. n'aurait pas été seule à s'en préoccuper.

Ces jeunes délinquants, il fallait les réadapter à la vie normale, les remettre dans le circuit du milieu social, et les faire participer pleinement eux aussi, aux activités nationales, régionales ou villageoises.

Au niveau des Comités de quartier, il était facile de les dépister, au besoin de les prendre en charge, en attendant de les faire acheminer sur leur village d'origine. Une fois parvenus dans leur village d'origine, c'était au Comité de village de les réintroduire dans la société de telle manière qu'ils ne se considèrent plus comme des déclassés, de telle manière qu'ils accèdent librement à leur qualification sociale d'homme, sans complexe, ni contrainte.

Examinons le cas des voleurs. Dans un Comité on connaît ces jeunes qui, sans occupation avouée, font des dépenses qu'ils ne peuvent absolument pas justifier. Il y a là un travail de contrôle et de réadaptation que les Comités devraient pouvoir assurer.

Le Gouvernement qui, dans ce domaine, n'a que des pouvoirs répressifs ne peut pas se substituer à la société qui est moralement responsable. La police ne peut pas non plus intervenir sur des apparences plus ou moins visibles, plus ou moins contrôlables.

Nous avons dit que nous prenions toutes nos responsabilités. Nous avons décidé de combattre le vol. On combat le vol par l'éducation, par la surveillance, par la réadaptation des voleurs, et non par les seules peines d'emprisonnement.

Nous pourrions évoquer le problème de l'investissement humain au niveau d'un quartier bien organisé, celui de l'émancipation de la femme ; nous pourrions évoquer les multiples problèmes économiques, commerciaux, sanitaires, sociaux qui se posent au niveau des quartiers. Or, quel est le quartier qui peut présenter un bilan de l'action menée en 1959 et le plan d'action arrêté pour 1960 ?

Nous disions, il y a un instant, que les tâches du Parti s'étaient accrues ; nous allons voir que dans les perspectives de l'action révolutionnaire, elles ne peuvent pas décroître, elles ne doivent pas décroître pour la bonne raison que notre pays est en retard sur beaucoup de pays qu'il ambitionne de rattraper en un temps record.

Nous avons déjà annoncé que l'année 1960 sera une année d'édification, une année de construction. L'année 1959 a été, plus spécialement sur le plan de l'activité politique, une année de reconversion. Nous avions à transformer les conditions coloniales en conditions nationales, notre état d'irresponsabilité en état de pleine responsabilité, les aspects négatifs de notre existence en aspects positifs etc.. C'est-à-dire que nous avons transformé les conditions de l'oppression et de l'exploitation en conditions d'édification, de liberté, de justice et de progrès.

Division du travail, répartition des tâches vont donc constituer les deux principes de nos activités, et c'est parce que l'action militante est devenue plus consciente que nos organismes de base doivent être dans les meilleures conditions de travail.

Par ailleurs, au fur et à mesure que nous élevons la définition de nos activités, il doit y avoir parallèlement une qualification plus grande de notre Parti, de ses dirigeants et de ses militants.

La qualification ne saurait se limiter au domaine théorique. Dans la phase d'édification d'une Nation prospère que nous abordons, elle doit surtout s'effectuer sur le plan pratique par des résultats concrets qui augmentent la somme de bien être et le degré de sécurité de notre Peuple.

Tous, nous connaissons des camarades remplis de bonnes intentions qui émettent perpétuellement d'excellentes idées pour renforcer l'action du Parti mais sont incapables, au niveau de leurs responsabilités, dans la sphère étroite de leurs activités quotidiennes, d'avoir une action pratique concrète satisfaisante.

Et c'est ainsi que, peu à peu, dans leurs constantes spéculations intellectuelles, indépendantes de l'action du Parti et des préoccupations majeures des masses laborieuses, ces camarades finissent par adopter une attitude de dénigrement systématique. Théoriciens stériles, ils deviennent vite des éléments nocifs, car leurs perpétuelles critiques finissent par ébranler la confiance de certains camarades ou par décourager d'autres camarades qui sacrifient à l'action concrète tout leur temps disponible.

Chacun connaît ces camarades qui assurent qu'il faut « passer aux actes de telle ou de telle autre manière » mais qui seraient incapables d'inscrire à leur propre bilan la moindre action qu'ils conseillent si généreusement aux autres.

Passer aux actes ? Mais, qu'ont donc fait pendant un an les Guinéens, les Guinéennes qui ont doté le pays dans le cadre de l'investissement humain, d'un équipement social évalué à plus de cinq milliards de francs (5.000.000.000) ? Passer aux actes ? Mais, que représente la multiplication des champs de culture qui s'est opérée d'une année à l'autre ? Sans une volonté d'action, les idées aussi bonnes, aussi géniales soient-elles, ne sont que des valeurs négatives tant qu'elles n'ont pas été mises en pratique.

Nous sommes engagés dans une révolution qui n a aucun précédent historique, et qui doit aboutir à une transformation radicale de nos conditions de vie. Mais, si la révolution est dirigée par la pensée, c'est par les actes qu'elle s'opère. C'est la mise en pratique de nos idées qui en assure le développement. Il faut dénoncer un argument que les faux théoriciens de la révolution opposent comme justification de leur inertie. Ils n'ont

A la Conférence

de Kankan

Le Travail en Commission

pas les moyens, assurent-ils, de mettre par eux-mêmes leurs théories en pratique. Si c'est cela, c'est que leurs théories sont mauvaises, c'est qu'elles sont établies sans tenir compte des réalités et ne répondent pas à nos préoccupations matérielles, morales et spirituelles.

Personne ne connaît mieux que nous-mêmes la pauvreté de nos moyens. Le paysan avec son antique daba la connaît, le chef de famille avec son maigre salaire la connaît, l'instituteur avec sa classe rustique la connaît. Prenez n'importe quel corps de métier, n'importe quelle fonction, et ce mal qui est la caractéristique profonde de notre misère apparaît tout aussitôt.

C'est justement à l'accroissement de ces moyens que nous devons consacrer nos activités militantes. Voilà les véritables données du problème.

Mais, pour créer ces moyens, **il n'y a pas d'autre solution que de partir de nos conditions actuelles.**

Est-ce que les sportifs attendent d'avoir les conditions physiques nécessaires pour faire du sport, ou font-ils du sport pour acquérir les conditions physiques qui feront d'eux, plus tard, de grands sportifs ?

L'action constructive consiste à se doter des moyens qui nous permettront d'obtenir une rapide amélioration de nos conditions de vie.

Nos moyens sont pauvres et c'est bien pour cela que nous devons n'en négliger aucun, et économiser ceux dont nous disposons. Ceux-là, nous devons en faire la meilleure utilisation possible. On néglige parfois de tenir compte de cette économie des moyens en les employant de manière désordonnée.

Il ne viendrait jamais à l'esprit d'un transporteur d'entreprendre avec son camion cinq tonnes un voyage pour aller chercher un unique sac de ciment de 50 kg. Le transporteur qui n'a que ce camion pour vivre sait très bien qu'une mauvaise utilisation de son moyen de travail est un gaspillage.

L'investissement humain doit tenir compte, lui aussi, de l'emploi rationnel des moyens dont nous disposons. Si vous demandez à un instituteur de participer au désherbage dans le quartier, vous faites un mauvais emploi de ses moyens. Demandez-lui plutôt d'assurer des cours pour adultes, ou de procéder à l'établissement des actes d'état-civil des habitants du quartier ou du village. Le Médecin qui consacre six ou sept heures par semaine à visiter un village ou un quartier apporte davantage que s'il passait dix heures à débrousser une plantation ou à blanchir les murs du dispensaire.

Pour pouvoir aborder dans les meilleures conditions la phase d'édification qui caractérise l'année 1960 et donner à la révolution guinéenne son caractère positif, nous devons, partout où cela est nécessaire, améliorer nos méthodes de travail, procéder à une judicieuse répartition des tâches, développer le sens des responsabilités collectives et individuelles, organiser une éducation plus poussée des masses afin d'accélérer la promotion politique de chaque militant, rechercher une utilisation rationnelle de nos moyens, de nos facultés et de nos connaissances, tout en tenant toujours soigneusement compte du contexte dans lequel nous nous trouvons.

Nous avons cité ces faits pour mieux faire comprendre qu'un principe ne doit en aucun cas être étranger aux conditions du milieu dans lequel il doit s'appliquer, pour faire bien comprendre qu'une méthode de travail doit être adaptée aux réalités, enfin, que nos méthodes de travail et nos principes d'action doivent être établis par nous-mêmes, en fonction des caractéristiques spécifiques de notre société et de notre pays.

Le fil conducteur de notre action, c'est la ligne politique, l'orientation que nous déterminons en commun et les objectifs fixés à notre action collective.

C'est conscients de ces impératifs et instruits de ces leçons que nous devons aborder le travail de l'actuelle Conférence pour que notre action puisse concorder parfaitement avec les objectifs précis d'édification qui seront retenus par nos assises.

B. — ETABLISSEMENT DU PLAN DE DEVELOPPEMENT

Dans le rapport adopté par le 5ᵉ Congrès du P.D.G. et dans son chapitre précisant la nature et l'orientation de l'économie nationale guinéenne, nous avons affirmé :

« L'Economie de notre pays suivra un processus « de développement qui sera évidemment fonction « de ses aspirations sociales. Telle est pour chaque « pays la nature de son système politique, telle est « ou sera obligatoirement celle de son organisation « économique.

« En effet, l'économie politique n'a pas d'autres objet que celui de régler les problèmes d'ordre éco- « nomique selon des conditions politiques données. « Notre action de décolonisation, notre volonté de « progrès démocratique et de justice sociale, notre « détermination à évoluer dans un cadre unitaire et « harmonieux, enfin notre indépendance politique et « le développement de notre personnalité exigent « que la structure de l'économie guinéenne et les « pratiques économiques de nos populations dans le « triple domaine : production, commercialisation et « consommation, suivent la même voie et respectent « les mêmes principes.

« Le fait économique est indissociable du fait poli- « tique dont il dépend étroitement en tant qu'un de

« ses divers facteurs, un aspect des conditions vitales
« et des objectifs d'évolution d'une société ou d'un
« pays donné.

« Aussi, est-il facile de comprendre que notre éco-
« nomie nationale doit recouvrer sa personnalité,
« évoluer en fonction des intérêts harmonisés des
« populations.

« Elle doit pouvoir satisfaire les besoins populaires
« dans tous les domaines.

« Notre régime politique condamne l'individualisme
« et le vol, l'oppression et l'exploitation. Aussi, notre
« économie doit-elle grâce à la planification, à l'in-
« troduction de nombreux moyens techniques, à la
« coopération et à l'équitable répartition des riches-
« ses et des biens produits, favoriser au maximum
« un progrès général, un parfait équilibre de la Na-
« tion.

« La révolution économique, pour être étudiée
« sous tous ses aspects, fera l'objet de la prochaine
« Conférence Nationale du P.D.G. Conférence qui
« étudiera et élaborera notre premier plan triennal
« (1960-1961-1962) dont le montant sera au mini-
« mum égal à dix milliards de francs CFA.

« Nous pensons pouvoir résoudre définitivement
« avant le 1er juillet 1960 les importants problèmes
« qui vont conditionner l'application parfaite du
« **PLAN GUINEEN** de développement minier, indus-
« triel, agricole, artisanal et social : Monnaie Gui-
« néenne, Banque Nationale, Institut d'Emission,
« Code des Investissements, Régime Douanier, etc...

« En attendant que les grandes décisions soient
« prises, le Parti et son Gouvernement ont déjà fixé

**« une hiérarchie de grandeur à laquelle le Plan Trien-
« nal obéira :**

« 50 % pour la production,
« 30 % pour l'équipement social,
« 20 % pour l'infrastructure administrative ».

C'est donc en conformité avec les objectifs économiques et l'esprit des résolutions adoptées par le dernier Congrès du P.D.G. que le Gouvernement de la République a engagé la phase plus que décisive de la libération économique du Pays.

C'est cette phase que nous abordons dans ce Rapport, dont la Conférence préparatoire, réunie à Dalaba du 25 au 27 février, devait arrêter les principes de base et les modalités de mise en œuvre, réservant à la présente Conférence Nationale de Planification la charge d'établir le Plan proprement dit, selon les éléments fournis par les villages, les régions administratives et les départements ministériels.

L'économie est l'élément central de la vie sociale du pays. Par les activités qu'elle engendre, les ressources qu'elle produit, les moyens qu'elle crée, les exigences qu'elle suscite, et les nécessités qu'elle fait naître, l'économie agit directement sur le milieu social dont elle dirige l'évolution. Le pouvoir économique constitue, en fait, le moyen fondamental du développement social par le fait que le niveau de vie, le degré de bien-être, l'état de confort et les éléments de la sécurité de la société dépendent de la nature et de la qualité des biens matériels produits par cette société.

Pour vivre, les hommes de la société doivent se nourrir, se vêtir, se loger ; pour mieux vivre, ils doivent se développer ; pour se développer, la société doit améliorer les conditions de la vie sociale, afin de **favoriser le**

développement et l'évolution des facultés humaines, accroître les moyens permettant de tirer de la matière le maximum de biens et de richesses, dont l'emploi **élèvera le niveau de vie de la société.** C'est ce cycle qui engendre le développement en tant qu'aspect de l'évolution.

En réalité, la production des biens matériels est une **affaire sociale.**

Une Société incapable d'assurer son développement économique n'a aucun moyen pour assurer son développement social, **et il ne saurait y avoir d'évolution humaine sans développement social.**

Une Société ayant une économie figée serait socialement immobile et refuserait à l'homme toute possibilité de mieux être, tout moyen de développement.

Le plus grand reproche que l'on puisse faire à la domination coloniale est d'avoir, par l'exploitation économique, systématiquement empêché toute espèce de développement de la société colonisée ; c'est d'avoir utilisé à son seul profit les biens produits par les colonisés, d'avoir accaparé le « travail social » de la manière la plus atroce et la plus honteuse, les biens et les hommes des sociétés humaines que le colonialisme considérait comme sa propriété.

Nous rejetons catégoriquement les arguments « humanitaires » du colonialisme, parce qu'ils masquent de la manière la plus grossière la nature et l'ampleur de l'exploitation subie par les sociétés colonisées.

Si l'on devait totaliser **les biens humains, les richesses naturelles et les forces de travail** exploités par le colonialisme et les comparer à ce qu'il nomme « ses réalisations sociales » dans les pays colonisés, on se rendrait compte de l'ampleur de la mystification que recouvre cette expression.

Nous avons par ailleurs démontré (Tome III de l'Action politique du P.D.G., page 163 et suivantes) que les « réalisations sociales » du colonialisme étaient un élément de l'exploitation coloniale, une conséquence de sa logique interne qui n'avait d'autre objet que de **maintenir en état d'exploitation les forces de travail, d'en accroître le rendement et l'emploi, pour une masse de production exploitée toujours plus grande.** Sur la masse des produits agricoles exportés, combien y a-t-il eu de charrues importées? Combien d'écoles construites en milieu rural?

Dans de telles conditions, il eût été absurde d'espérer une quelconque libération économique dans la dépendance coloniale puisque l'objet non formulé mais réel du colonialisme est l'exploitation économique, entendue en tant qu'**accaparement des richesses, exploitation** des biens, **domination** des forces de travail.

Il est clair que l'indépendance politique qui n'aurait pas pour conséquence une totale libération économique serait un leurre.

La libération économique pour être réelle et totale doit essentiellement ramener dans la «propriété sociale» ou si l'on préfère, remettre à la « disposition nationale » les richesses naturelles, la production et les forces de travail de la société considérée. Tout détournement d'une partie des richesses, de la production ou des forces de travail qui se ferait au détriment de la société constituerait une aliénation et une exploitation sociales.

Les associations économiques que les pays colonialistes tentent d'instituer avec leurs anciennes colonies ne visent rien d'autre qu'à perpétuer sous une forme nouvelle cette aliénation et cette exploitation sociales.

« Les grands ensembles économiques » ne respectent les intérêts des sociétés en présence, que si toutes ces sociétés sont parvenues à un même stade de développement économique, si elles possèdent des structures sociales semblables.

Les associations économiques groupant des sociétés ayant des natures de développement économique différentes **ne peuvent s'établir que sur l'inégalité sociale** ; c'est l'association du paddy et du pilon dans le cadre actif d'un mortier.

Ce qui distingue les différents stades économiques n'est autre que la nature des instruments de production qui détermine pour chaque stade ses capacités de production.

En conséquence, l'association d'une société de plein développement économique avec une société économiquement sous-développée livrerait fatalement la force de production la plus faible à la force de production la plus forte. Ce ne serait pas « l'intégration économique » que fait miroiter la formule de « grand ensemble », ce serait **l'assujettissement économique et la dépendance sociale.**

L'acte d'indépendance de la Guinée, pensé au niveau de l'Afrique, a été décidé dans les perspectives de la « libération sociale », laquelle comprend en premier lieu la libération économique. Dix-sept mois après son indépendance politique, le Peuple de Guinée a décidé d'engager la bataille de sa libération économique.

La lutte qu'il engage n'est pas seulement déterminante pour la Guinée, elle est déterminante pour la libération sociale de l'Afrique. C'est là encore un combat d'avant-garde, lequel sera irréversiblement gagné lorsqu'aura été gagnée la bataille de la production dont dépend désormais le développement de notre révolution.

I. — LES TRAVAUX DE LA CONFERENCE PREPARATOIRE DE DALABA (25-27 Février 1960)

La plus grande et à tous égards la plus importante décision prise par la Conférence préparatoire de Dalaba concerne le régime monétaire de la République de Guinée.

La substitution d'une monnaie nationale aux signes monétaires coloniaux fait suite aux Assises du 5e Congrès National du P.D.G. (14-17 Septembre 1959) qui avait assigné aux instances du P.D.G. d'engager la bataille économique, et l'avait chargé d'établir un plan triennal comme premier cadre de la révolution économique. (Rapport de doctrine et de Politique générale, page 96 et suivantes du Tome IV consacré au 5e Congrès).

En dotant la Nation d'une monnaie propre, le P.D.G. a rompu avec les liens de la dépendance financière qui n'avaient cessé de peser sur l'orientation de notre économie depuis l'indépendance.

Il est opportun de rappeler ici qu'au lendemain de notre indépendance nous avions affirmé notre volonté de demeurer dans la zone franc. Il allait de soi que notre appartenance à la zone franc ne pouvait être conçue dans sa forme ancienne et qu'elle devait refléter, sur le plan financier, la souveraineté de notre Etat.

Les échanges de correspondances qui ont eu lieu au lendemain de l'indépendance entre le Gouvernement de la République de Guinée et le Gouvernement français (Tome II de l'Action Politique du P.D.G., page 159 et suivantes), témoignent de l'esprit dans lequel fut interprétée notre volonté de demeurer dans la zone franc.

A défaut d'un accord qui aurait tenu compte de notre souveraineté nationale au sein de la zone franc, les rapports financiers qui nous liaient à cette zone jusqu'au 1er mars 1960 découlaient du statu quo, c'est-à-dire qu'en matière financière nous étions toujours soumis au régime qui existait avant le 28 septembre 1958, à cette différence près que les dotations financières que le Gouvernement français faisait aux territoires coloniaux pour réintroduire dans leur circuit de circulation une partie des signes monétaires C.F.A. qui se thésaurisaient en France nous furent supprimées.

Nous ne pouvions en aucune façon assujettir notre révolution politique à de telles conditions. Nous ne pouvions pas davantage nous aligner sur les territoires africains de la Communauté, ni en matière financière, ni en matière économique.

Prolonger le statu quo nous aurait fatalement conduits à réintégrer la Communauté Française par la petite porte, et à renoncer à notre révolution politique, instrument de notre évolution économique et sociale et de notre émancipation.

Le Bureau Politique Natonal du P.D.G. et les membres de la Conférence préparatoire de Dalaba ont pris leurs responsabilités dans le cadre de l'action révolutionnaire dynamique qui est celle de notre Parti, qui est celle de notre Peuple.

Les résultats de la Conférence de Dalaba se situent, dans l'ordre de l'importance historique, au même niveau que les décisions de la première Conférence Nationale du P.D.G. qui, le 14 septembre 1958, rejetaient l'intégration à la Communauté et se prononçaient pour l'indépendance totale et immédiate.

Les problèmes à caractère économique évoqués à la Conférence de Dalaba trouvent, pour la plupart, leurs solutions dans la création d'une monnaie nationale (problèmes de la commercialisation, de l'évacuation, du financement, etc.).

A Dalaba, nous avons dégagé les instruments de la bataille économique qui se déroulera dans le cadre du Plan que l'actuelle Conférence Nationale Economique va établir et pour lequel chaque village, chaque région détient les éléments de base.

Il ne faut pas pourtant s'attendre à ce que ce plan, élaboré sur les seules bases que nous avons recueillies, soit parfait. Il n'existe d'ailleurs aucun plan qui ait cette qualité. D'abord parce que tout évolue, et que l'évolution elle-même crée des conditions nouvelles et des moyens supplémentaires que l'on ne peut pas qualifier et estimer exactement au cours de l'élaboration du travail de planification. Par ailleurs, les hommes et les sociétés se transforment et se modifient consciemment ou inconsciemment, en fonction même de l'évolution subie, et en fonction aussi des modifications qui interviennent dans le milieu humain ou social. La loi de l'action et de la réaction intervient dans tout ce que nous faisons et, par conséquent, nous ne pouvons qu'apprécier approximativement les résultats de nos activités ultérieures dans le domaine de l'économie.

Mais, ce qu'on peut déjà affirmer, c'est que même dans le cadre d'une approximation qui serre néanmoins les réalités au plus près, le Plan — que nous adapterons au besoin au cours de son exécution, soit pour le réduire, soit pour l'élargir, soit encore pour en modifier certains objectifs — aura des résultats économiques et sociaux concrets.

Il n'en a encore jamais été ainsi. Jusqu'à l'indépendance, les plans économiques élaborés par le pouvoir colonial étaient établis en fonction de la logique coloniale interne. C'est-à-dire qu'ils visaient exclusivement l'extention et le renforcement, on pourrait même dire le développement, des intérêts coloniaux.

Pensés par des hommes éminents, ingénieurs, économistes et financiers, les plans du régime colonial ont connu des échecs constants et abouti à des catastrophes financières souvent retentissantes (plans coopératifs du Sénégal, plans de colonisation du Sine-Saloum, plans rizicoles de l'Office du Niger, etc...). On pourrait se demander pourquoi, conçus techniquement d'une manière parfaite, ils se sont pratiquement soldés par des échecs. A vrai dire, c'est justement parce qu'ils n'abordaient que le côté technique des opérations économiques et de leur rentabilité sans qu'intervienne le facteur humain, les considérations sociales qui n'avaient aucune place dans la logique interne du profit colonialiste.

A la différence des élaborations colonialistes, **notre Plan réussira parce qu'il a le Peuple pour centre d'intérêt, parce qu'il sera conçu par le Peuple, et réalisé pour le Peuple.** Les techniciens auxquels nous pourrons recourir seront non pas les autocrates du Plan mais seulement les responsables de son exécution technique.

Il y a là une différence fondamentale qui est à elle seule une garantie de succès.

La Conférence préparatoire de Dalaba a posé le principe d'une action double : équilibrer l'économie interne développer et revaloriser l'économie d'échange.

Il faut entendre par économie interne les besoins en biens de consommations dont notre Peuple doit disposer pour se nourrir, pour se vêtir, pour se loger, pour se soigner.

A l'heure actuelle, nous devons nous procurer la plus grande part de ces biens à l'extérieur. Je prends un exemple : si, en 1958, le Sénégal a livré à l'exportation pour une valeur de 28.801 millions CFA de produits, il a importé de l'extérieur pour son alimentation et ses biens de consommation pour 29.331 millions CFA de marchandises. En Guinée, nous continuons de faire venir des fruits, de la viande, des légumes, du lait de l'étranger. Ces achats, effectués au prix fort à l'extérieur de la Guinée, amputent d'autant les moyens financiers dont nous disposons, moyens qui pourraient nous permettre d'acheter des biens d'équipement : usines, tracteurs, charrues, matériel de transport routier, ferroviaire, maritime, aérien, etc... dont nous avons besoin pour assurer notre évolution sociale.

Nous réaliserons cette économie interne par une rationalisation et une auto-consommation de la production.

Ces mesures seront complétées par une organisation nouvelle de notre commerce qui sera structuré jusqu'au niveau du village. Chaque village aura son magasin de stockage et son magasin de vente, ce qui permettra d'établir un commerce national de ravitaillement inter-régional et de développer l'auto-consommation.

Pour ce qui concerne l'économie d'échange, celle qui nous permet, par les moyens financiers qu'elle procure, d'assurer nos importations indispensables, la Conférence a arrêté les principes du développement et de la révalorisation. Développement grâce à l'introduction de moyens de production supérieurs, révalorisation par la transformation la plus poussée possible de nos produits.

Enfin, les principes de la participation des capitaux étrangers au développement économique de la Nation ont été fixés ; il reste à la Conférence de planification à en préciser les modalités d'application.

C'est donc tout un ensemble de faits nouveaux qui vont intervenir dans la vie économique de la Nation.

Afin d'en saisir toute l'importance et de situer les rapports qui existent entre les divers élémens de l'économie, nous avons fait une courte étude de ceux-ci avant d'aborder les conditions de la mobilisation nationale pour la bataille économique.

II. — DEFINITION DE L'ECONOMIE (NOTIONS SOMMAIRES)

Il n'y a pas d'économie en soi. L'économie est constituée par l'ensemble des pratiques qui règlent la production de l'ensemble d'une société, la répartition des biens matériels qui découlent de la production sociale et qui déterminent les **rapports de production.**

A la base de la production, il y a l'activité de l'homme social, son travail, qui constitue la **force de travail.** La force de travail est l'élément actif de la production. On peut considérer qu'une Société dépourvue de moyens financiers, privée d'argent, n'est pas pour cela incapable de produire. Les moyens financiers, billets de banque, réserve d'or, crédit, ne développent pas d'énergie. Ce sont des valeurs passives par opposition à la force physique, à l'énergie et aux capacités intellectuelles de l'homme qui constituent autant de forces actives capables d'agir sur la matière et les biens de la nature pour les transformer, les modifier en vue de leur utilisation pour des besoins vitaux. Les forces productives traduisent les rapports des hommes avec les objets et les forces de la nature dont ils se servent pour produire des biens matériels. Pour rétablir l'échelle des valeurs selon une hiérarchie fondamentalement logique, on peut utiliser les deux images suivantes : sur une terre inculte on dépose une fortune, un sac de riz, une daba. De cet ensemble passif, il ne sortira strictement rien. Remplaçons la fortune qui a été déposée là par un homme ou un groupe d'hommes. Au lieu d'avoir comme dans le cas précédent :

— **la nature** représentée par la terre inculte,
— **les instruments de production,** représentés par le sac de riz et la daba,
— **une valeur passive** représentée par la fortune,

nous aurons :

— **la nature,**
— **les instruments de production,**
— **une force de travail** représentée par l'homme ou le groupe d'hommes.

A la base de toute production sociale, il y a dépense d'énergie humaine, ou si l'on préfère, emploi de « force de travail » ou « forces productives ».

C'est la mise en œuvre des « forces de travail » d'un groupe d'hommes qui établit la vie sociale de l'homme. Il n'y a pas de vie humaine possible dans l'isolement. Quelles que soient les capacités d'énergie d'un homme isolé, la puissance de ses forces de travail et leur utilisation dans le temps lui permettraient à peine de se nourrir, et il serait rapidement à la merci des forces de la nature.

Ainsi, quelle que soit l'étape de développement d'une société, les forces productives de la société sont, principalement, les masses laborieuses.

Les hommes, en participant en groupe à la production sociale, entrent en relations, déterminent les uns avec les autres des rapports, et c'est dans le cadre de ces relations et de ces rapports sociaux que s'établit leur action de production. Les rapports sociaux ainsi déterminés constituent les rapports de production, et c'est à travers et selon la nature de ces rapports qu'est déterminée la répartition de la production.

La répartition est le lien qui existe entre la production et la consommation.

Prenons un exemple pour marquer les différentes natures qui peuvent exister dans les rapports de production. Au temps de la chefferie coloniale, il existait au niveau du canton un chef qui détenait les instruments de production : terre, semences, outils, etc... Détentrice arbitraire des instruments de production, la chefferie coloniale devenait détentrice de la production, et c'est elle qui établissait la nature des rapports de production, le caractère de la répartition.

Les forces de travail ou, si l'on préfère, le groupe d'hommes qui produisait, avait été dépouillé de ses rapports de production. Les masses laborieuses ne pouvaient plus échanger entre elles leurs activités ; elles étaient soumises au pouvoir discrétionnaire du chef de canton. Il y avait confiscation des rapports sociaux, exploitation, asservissement.

La mise en activité des forces de travail, l'emploi de l'énergie humaine au niveau de la production sociale comporte donc deux aspects : un aspect technique : étude et mise en pratique des techniques chimiques, physiques, agronomiques, mécaniques, etc... et un aspect social constitué par les rapports des hommes entre eux dans la **production sociale.**

Production, répartition, échange, consommation sont les éléments de l'économie. Si le rôle déterminant appartient à la production à travers les forces de travail, ce sont les formes et la qualité de répartition, d'échange et de consommation qui déterminent les réactions qui viendront freiner ou favoriser le développement de la production.

Si les rapports de production ne sont pas établis librement, s'ils sont déterminés arbitrairement, c'est-à-dire imposés aux forces de production, il est clair que les forces de production réagiront, soit de concert par l'action de la masse, soit par opposition individuelle engendrée par l'insatisfaction et le mécontentement. Dans l'un ou l'autre cas, il y a entrave au développement de la production. Par contre, si les rapports de production sont déterminés par les forces productrices, il y a adhésion, participation consciente, émulation, enthousiasme des masses laborieuses et, en définitive, action en faveur du développement de la production et, par voie de conséquence, évolution sociale sous son triple aspect : matériel, intellectuel et moral.

Nous sommes dans une phase révolutionnaire qui doit aboutir, dans les domaines social, économique et politique, à faire de notre société non développée une société de plein développement ayant sa place, à part entière, parmi les Nations du monde. Notre révolution, qui découle de l'arbitraire subi et de la force à laquelle nous a ployé l'occupation étrangères, entend faire triompher la justice et la liberté par la force de ses arguments et la démonstration de la justesse de son choix.

En matière politique, économique ou sociale, il n'est qu'un centre d'intérêt que nous considérons : c'est le Peuple, exclusivement constitué de masses laborieuses.

Dans notre société nationale, il n'y a ni féodalité, ni privilégiés de classe. L'Afrique qui est au stade de la société primaire avait jusqu'à l'occupation étrangère un régime social dans lequel il n'existait pas de classes antagonistes, parce que l'exploitation des forces productrices n'y existait pas, parce que les instruments de production appartenaient à la société, parce que tout homme était un élément de la production sociale, un travailleur, un être libre et conscient des intérêts communs, un élément socialement responsable qui participait pleinement et totalement aux rapports de production au sein de la collectivité.

Ce sont ces valeurs sociales, et ces vertus humaines propres à la personnalité africaine que nous entendons maintenir et développer à travers notre révolution émancipatrice.

La colonisation a dénaturé nos structures sociales en introduisant des rapports sociaux étrangers à notre stade de développement, en pratiquant l'exploitation de l'homme par l'homme, l'asservissement.

C'est contre ces dénaturations que nous entendons orienter notre révolution et que la Conférence préparatoire de Dalaba a déterminé l'action économique, non pas selon un stricte critère de profits et de bénéfices économiques, mais sur la base des rapports sociaux qui nous sont propres, en fonction des conditions sociales existantes, en un mot, d'après nos **structures sociales de production** qui découlent de notre stade de développement réel.

Pour conclure cet exposé, nous pouvons retracer schématiquement le processus de l'évolution des rapports sociaux dans la production :

— les forces productives sont l'élément actif de la production ;

— l'action des forces productives engendre le développement ;

— le développement suscite des « inter-réactions » qui opèrent des changements :
  a) dans les **instruments de production,**
  b) dans les **forces productives,**
  c) dans les **rapports de production ;**

— à un certain degré de leur développement, les forces productives dépassent le plan des rapports de production. Il y a contradiction entre les forces productives et les rapports de production.

— l'adaptation des rapports de production aux capacités des forces productives, « libère » ces forces et assure le plein emploi des « forces de travail ».

C'est ainsi que le changement de la base économique qui s'opère à la suite du développement entraîne une transformation de sa superstructure. A défaut de cette transformation, il y a conflit entre les forces productives et les rapports de production, conflit qui mobilise dans la réaction les forces productives et, par conséquent, entrave le développement.

III. — ASPECTS DE LA REFORME MONETAIRE

Dans le compte rendu des travaux de la Conférence préparatoire de Dalaba, une importance spéciale a été attribuée à la réforme du régime monétaire intervenue effectivement le 1er mars 1960 et à la suite de laquelle le « franc guinéen », monnaie nationale, s'est substitué au signe monétaire de la « Zone Franc », intitulé « Franc C.F.A. ».

Cette réforme revêt deux aspects distincts : l'un lié au problème financier, l'autre relevant de la politique de planification économique décidée au cours du Ve Congrès du Parti Démocratique de Guinée.

Les incidences de cette réforme sont nombreuses, et il est juste de lui attribuer une importance historique comparable, sinon supérieure, aux décisions prises en faveur de l'indépendance immédiate, au cours de la première conférence nationale des 14-17 septembre 1958.

C'est en effet à partir de cette réforme que va pouvoir s'opérer la libération économique jusqu'alors entravée par un système financier dont la nature, les caractéristiques et la définition étaient demeurées celles de l'ancien régime, qui dépendait lui-même du système économique du pays « métropole ».

Le système économique du colonialisme est caractérisé par la production marchande classique du régime capitaliste, aggravée d'une dépréciation mercantile des forces de travail de la société colonisée, d'où, dans un même régime, cette discrimination dans la détermination de valeur entre les forces de production dominées et les forces de production dominantes. Ce qui se traduit, en pays colonisé, par une discrimination dans les taux de salaires pour une même catégorie de travailleurs selon qu'il s'agit de travailleurs colonialistes ou de travailleurs colonisés. Cette différenciation fait du travailleur colonialiste un instrument du profit capitaliste puisqu'il participe inconsciemment à l'exploitation des forces de production de la société colonisée. Ceci crée, au sein de l'ensemble des forces de travail exerçant en pays colonisé, « des antagonismes raciaux ».

Combien de modestes travailleurs colonialistes, qui se situent dans leur pays parmi le prolétariat, adoptent une attitude « raciste » dès qu'ils se trouvent transférés en société colonisée?

Cette réaction du colonialiste rend pratiquement impossible « l'association des forces de travail » régies par des systèmes économiques différents.

Le Président El-Hadj Diallo Saïfoulaye Secrétaire Politique du Bureau Politique National du P.D.G.

Pour comprendre l'aspect financier de la réforme monétaire, il faut faire une rapide analyse du système financier colonialiste pour en fixer les caractéristiques et en dégager la nature.

IV. — LE SYSTEME FINANCIER COLONIALISTE

Non seulement le système colonialiste détermine les rapports de production, mais nous avons vu que les rapports de production qu'il déterminait en fonction du principe de la production marchande étaient « oppressifs ». L'oppression des forces de production est un asservissement sans condition de ces forces qui deviennent « instruments de production ». Leurs besoins vitaux sont méprisés, leurs nécessités sociales sont ignorées, leur personnalité humaine est niée. C'est la dernière forme de l'exploitation. Elle s'apparente, dans ses principes et sa nature, à la production fondée sur l'esclavage à laquelle elle s'est généralement substituée.

On peut se demander à la faveur de quelles conditions particulières l'exploitation est parvenue à un tel degré.

La réponse est claire : **en système colonialiste, la puissance coloniale détient les moyens de production et les forces de production.** Basé sur la « production marchande » le système est, en plus, maître des marchés, éliminant par là le libre jeu de la concurrence qui caractérise la production marchande. Ce n'est plus la théorie de la production marchande qui règle les rapports de production puisque son principe « marchand » est en réalité supprimé, c'est le « mercantilisme ».

La monnaie colonialiste n'est donc plus une « mesure de valeur », c'est un signe transactionnel qui favorise le règlement des « rapports de production » dans l'exploitation colonialiste.

Ses facultés opérationnelles sont régies par la puissance coloniale.

Non seulement les signes monétaires n'ont pas vocation de mesure de valeur, puisqu'ils perdent tout pouvoir de convertibilité en dehors de la zone transactionnelle que lui assigne la puissance tutrice, fluctuant en fonction des marchandises et des produits traités selon la règle du profit à spéculation, mais encore leur accumulation s'opère à l'extérieur du marché économique qui est le leur par définition.

Ils sont en réalité étrangers à leur champ économique.

Nous connaissons parfaitement ce phénomène, connu sous le nom de « fuite des signes monétaires » ; cette fuite s'opère parce que les détenteurs de capitaux sont tout à la fois maîtres des structures économiques et de leurs circuits, et étrangers (malgré leur qualité de détenteurs de capitaux) à l'économie qu'ils contrôlent et dominent.

Au caractère monopoliste découlant de la domination économique s'ajoute la spéculation financière et, pour la société colonisée, la non propriété des signes monétaires.

Maintenant qu'à la fois le corps que représente l'Economie Nationale et le Sang destiné à lui donner vie que constitue la monnaie sont désormais placés sous l'autorité et dans le cadre souverain de la Nation, il nous appartiendra de substituer au malveillant génie de l'exploitation colonialiste le Génie de la libération humaine.

V. — LES MONOPOLES ECONOMIQUES ET FINANCIERS DU REGIME COLONIAL

Ecartons l'analyse et étudions ce qui se passe.

Banques, sociétés commerciales et industrielles sont, par nature et origine, étrangères au milieu social dans lequel elles opèrent. En réalité, l'ensemble financier et les structures économiques sont des éléments de la puissance économique, dont les activités prennent pour critère d'appréciation des considérations capitalistes. Mais si le capital est considéré comme instrument de production dans le système capitaliste, il s'agit ici d'un instrument de production « étranger » au système économique qui marque la nature et le stade de développement de la société au sein de laquelle le capital colonialiste opère.

L'alliance profonde, l'association de fait qui existe, en pays colonisé, entre les monopoles économiques et les monopoles financiers, tient au fait qu'ils appartiennent les uns et les autres à une même structure sociale de production qui domine les forces de production existant dans leur champ d'action.

Le déséquilibre du rapport des forces est tel que la domination est pratiquement totale. Il a fallu l'action syndicale des forces de production des pays colonisés pour que ces forces sortent de la production fondée sur l'esclavage.

Si la réaction aux forces colonialistes ne s'est pas manifestée plus tôt — Albert CAMUS aurait dit « la force de l'esclave » — c'est que les forces de production dépendaient de l'alliance monopoliste pour les instruments de production, l'échange, la répartition.

L'alliance monopoliste couvrait en fait tous les secteurs de la vie économique : achats, circuits, ventes, ravitaillement matériel, biens de consommation etc... Pour vivre, un chien n'a jamais autant dépendu de son maître.

L'indépendance guinéenne, sa rupture avec la structure coloniale, permettait d'espérer que les forces monopolistes devenues, en droit, étrangères à la Nation Guinéenne, auraient modifié leur attitude.

C'est pour permettre leur intégration aux nouvelles structures sociales qui découlaient de la souveraineté autant que pour favoriser leur reconversion, que le Gouvernement Guinéen prenait un décret qui devait conduire les monopoles économiques et financiers à adopter une personnalité morale guinéenne : siège en Guinée, autonomie à caractère national de leurs activités, capitalisation sur place des moyens financiers. Bref, ils devaient cesser d'être des corps étrangers dans la vie économique et financière de la Nation.

C'était jeter une passerelle entre des intérêts jusqu'alors divergents afin de leur permettre de se rejoindre et d'harmoniser leurs activités vers des objectifs économiques conformes aux exigences sociales de la Nation.

C'est la voie de la coopération basée sur les avantages mutuels et le respect des intérêts réciproques.

Cette voie permettait au capital de prendre part à l'évolution sociale tout en préservant ses intérêts normaux d'emploi : rentabilité, transfert d'une part honnête des bénéfices, etc...

Nous l'avons maintes fois affirmé, ce qui nous préoccupe, ce ne sont pas les systèmes, les doctrines, ce sont nos exigences évolutives. Dans cet esprit, nous empruntons la voie révolutionnaire. Une révolution ne s'impose pas ; c'est une action qui va de l'intérieur vers l'extérieur, qui est engagée, non par le sommet, mais par la base ; c'est une affaire sociale. Ceci n'empêche pas de rencontrer des révolutionnaires en chambre. Une révolution ne s'importe pas davantage. Elle part des **conditions données** pour atteindre des **conditions déterminées.** La conception révolutionnaire de notre évolution nous a fait indiquer que nous faisions appel à tous les moyens, que nous utiliserions toutes les possibilités, que nous emprunterions à toutes les expériences.

Nous n'avons donc jamais exclu la coopération avec le capital ; nous avons seulement rejeté le capitalisme comme forme d'organisation sociale parce qu'il ne correspond pas à notre stade de développement. En réalité, nous avons rejeté l'absurde pour demeurer dans le concret et la réalité.

Mais depuis le 2 octobre 1958, quelle a été l'attitude des monopoles financiers et économiques vis-à-vis de cette coopération que nous proposions ?

VI. — LES INFLUENCES DES MONOPOLES DANS L'ECONOMIE GUINEENNE DEPUIS L'INDEPENDANCE

Il ne faut pas pousser très loin l'étude ; les faits parlent d'eux-mêmes.

Dès le mois d'octobre 1958, il fallait faire face à un étranglement financier consécutif à la masse des transferts monétaires qui avaient été effectués depuis septembre.

Dans leur grande majorité, le commerce, les entreprises industrielles évacuaient leurs disponibilités.

Le Gouvernement devait faire face à une situation financière difficile qui a heureusement été surmontée dès mars 1959, grâce au sens civique des populations qui, en l'espace de quatre mois à peine, s'acquittaient de quatre années d'arriérés d'impôts et de la presque totalité des contributions de l'année fiscale en cours.

C'est à ce moment où la circulation fiduciaire avait sérieusement baissé que le peuple de Guinée est parvenu à faire un effort financier sans précédent dans les annales fiscales.

Les difficultés financières aplanies, on pouvait espérer que les détenteurs de capitaux adopteraient une attitude conforme aux impératifs de la souveraineté. On pouvait penser qu'abandonnant la conception des surprofits du capitalisme colonial, ils s'intégreraient à l'économie guinéenne.

Il n'en a pas été ainsi.

Les entreprises qui détenaient un monopole de fait dans un secteur de l'économie refusèrent de participer à la traite des produits ; les établissements bancaires réduisirent considérablement le crédit aux producteurs et aux organismes de commercialisation, réservant leurs moyens de crédit au commerce de détail qui avait transféré la presque totalité de ses capitaux.

Il faut noter ici qu'en recourant aux moyens de crédit pour capitaliser à l'étranger leurs moyens financiers, ces commerçants introduisaient dans le prix de leurs marchandises les taux d'intérêts et les frais bancaires du crédit, opérant ainsi une hausse arbitraire sur les prix à la consommation, au moment précis où le Gouvernement prenait une série de mesures pour obtenir une baisse sérieuse sur les prix de ces mêms marchandises. En fait, en moins d'un an, la masse des signes monétaires en circulation avait, par suite des transferts et de la capitalisation hors du territoire national, baissé de plus de la moitié.

Il fallait résoudre le problème financier.

La réforme monétaire du premier mars 1960, en créant une monnaie nationale, a transféré au niveau de la Nation l'ensemble des pouvoirs financiers, considérés dans leur aspect capitaliste en tant qu'instrument de production, comme instrument de domination économique jusqu'alors détenus par la France.

VII. — ASPECT ECONOMIQUE DE LA REFORME

Nous avons dit tout à l'heure que la réforme monétaire opérée par la création d'une monnaie nationale revêtait deux aspects : un aspect financier et un aspect économique.

Nous venons d'étudier les nouvelles possibilités ouvertes par la réforme sur le plan financier.

Mais la monnaie est considérée, cette fois, non plus comme instrument de production, ainsi que dans le système colonial, mais comme « mesure de valeur ».

Nous voulons que la monnaie soit un élément de la planification des prix qui renforce la planification économique et agisse parallèlement à elle.

Il était impossible, à moins de créer un antagonisme fondamental, d'engager la planification économique en maintenant le régime financier du système capitaliste qu'appliquait le colonialisme.

Il était tout aussi dangereux de considérer la monnaie comme instrument de production fondé sur l'existence de la propriété privée dans une société dont la phase de développement a déterminé des structures sociales basées sur la collectivité et non sur l'individualité. Pour qu'il y ait existence de propriété privée, faut-il encore que les structures sociales le permettent.

La monnaie nationale a donc été considérée sur le plan financier comme une mesure de valeur et sur le plan de l'économie comme un élément de planification des prix. Elle est en définitive un moyen de contrôle des activités économiques de la société et un moyen de régulation de la valeur de la production sociale.

Elle retourne à sa véritable définition et s'intègre dans les rapports de production comme élément de mesure de valeur.

Mais pour mieux situer le terme de « mesure de valeur » employé pour la monnaie, il convient d'analyser son caractère.

VIII. — **CARACTERE ET FONCTION DE LA MONNAIE**

Dans le processus de production, le travail qui crée une marchandise établit « une valeur ». Cette valeur ne peut se manifester que par comparaison avec une autre marchandise au cours d'un **acte d'échange.**

Prenons pour exemple, le paysan DIALLO qui, par son travail, a produit du riz. Une partie du riz produit doit lui permettre, par voie d'échange, de se procurer une daba et une matchette, intruments de production. Il ira trouver le forgeron pour lui proposer d'échanger une partie de sa production contre une partie de la production du forgeron.

Admettons que pour une daba et une matchette, il échange 20 kg de riz, soit 8 kg pour la daba et 12 kg pour la matchette.

La **valeur de production** de la daba sera de 8 kg de riz.

Ici la valeur de la marchandise reçoit son expression dans la valeur d'usage d'une autre marchandise.

Les sociétés africaines ont résolu les contradictions et les difficultés de l'échange direct par une monnaie : les cauris au Sénégal et en Haute-Volta ; le guinzé en Guinée, etc...

Il y avait, pour la détermination de la capacité de mesure de valeur, un accord fondé sur la pratique et non pas déterminé selon une valeur de comparaison.

En réalité la société africaine ignorait la production marchande du système capitaliste et pratiquait la production d'échange. Ses rapports de production n'étaient pas détériorés.

La fonction de la monnaie en Afrique était de favoriser l'échange dans ses rapports de production interne

Mais à mesure qu'une société développe sa production, elle doit étendre ses échanges. Il devient alors indispensable de posséder une monnaie, c'est-à-dire une **mesure d'échange d'équivalence générale.**

A la suite du processus de développement de l'échange et des formes de la valeur, c'est en définitive l'or, par ses qualités (grande valeur sous un poids et un volume faibles, inaltérabilité, etc...) qui a été choisi comme mesure d'échange **d'équivalence générale.**

A la monnaie or s'est substituée la monnaie papier qui représentait, en fonction d'un taux déterminé, les disponibilités ou, si l'on préfère, le stock d'or de la société. Le stock d'or représente la **couverture or** du papier monnaie (ou de la monnaie en papier). On pourrait tout aussi bien y substituer l'argent, le diamant ou le platine.

Mais il y a une autre couverture qui peut être utilisée ; c'est, au niveau de la Nation, les biens nationaux.

Dans la pratique, la réserve d'or, le stock métal est utilisé dans les échanges internationaux lorsque le pays acheteur ne détient pas de devises (monnaie étrangère) qui conviennent au vendeur.

C'est ainsi qu'une marchandise achetée en Angleterre peut être payée en francs suisses avec l'accord du vendeur sur la base de la parité Franc Suisse/Livre Sterling.

IX. — LES VARIATIONS DE VALEURS DE PRODUCTION EN FONCTION DE LA NATURE DES ELEMENTS DE PRODUCTION

Si, au niveau des échanges économiques propres à une même société, la valeur des différents éléments de la production est harmonisée avec ses besoins sociaux, cette valeur varie entre deux sociétés ayant des instruments et une capacité de production différents.

Il est clair que la valeur des forces de travail, des forces productives, est bien supérieure lorsque interviennent des instruments de production appropriés. **Plus la capacité des instruments de production augmente, plus est réduite la valeur de la production.**

Plus la valeur de la production est réduite et plus la valeur des biens (d'équipement et de consommation) se trouve elle aussi réduite.

C'est la réduction croissante de la valeur de ces biens qui opère un accroissement des conditions sociales de vie.

Dans les échanges économiques qui s'opèrent entre deux sociétés ayant des instruments de production différents, la valeur des biens n'est pas harmonisée. Il y a déséquilibre de valeur, distorsion dans les prix.

Prenons un exemple : si la collectivité villageoise de Kindia décidait, avec ses seuls instruments de production, de construire un tracteur, la valeur de ce tracteur, de cette production, serait 400 à 500 fois supérieure à la valeur de production d'un tracteur fabriqué en Tchécoslovaquie ou aux Etats-Unis.

Partout où existe une différence de capacité dans les instruments de production, il y différence de valeur de la production.

La planification de la valeur de la production peut être assurée par la monnaie utilisée comme mesure de valeur. Dans ce cas la monnaie intervient comme élément de développement de la société. Elle concourt au développement planifié de l'économie.

L'intervention de la mesure de valeur (monnaie) dans le développement planifié de la société s'opère parallèlement sur deux plans.

1°. sur le plan de la valeur des instruments de production, valeur qui diminue au fur et à mesure qu'augmentent les capacités de production de ces instruments. C'est une action sur les prix.

2°. sur le plan de la valeur des forces de production qui augmente à mesure que s'accroît la production sociale. C'est une action sur les salaires.

Cette intervention peut se traduire ainsi :

— réduction des prix des biens consommables de la société,

— augmentation des salaires des masses laborieuses.

Ceci résume, en réalité, l'aspect économique de la création de la monnaie Nationale Guinéenne en tant que mesure de valeur intégrée à la planification économique.

Voyons rapidement maintenant les traits caractéristiques de la production dans la planification de l'économie guinéenne.

X. — LA PLANIFICATION ECONOMIQUE ET LES FORMES DE PRODUCTION

Selon la définition donnée à la planification économique de la Guinée par le Ve Congrès du P.D.G. et la conférence préparatoire de DALABA, on peut dire qu'il y a deux formes de production, une production de collectivité au niveau du village et de l'ensemble des villages de chaque région, et une production d'Etat, réalisée et conçue au niveau National.

Ces deux formes répondent à la nécessité d'assurer un équilibre économique interne et d'assainir les bases économiques en partant des conditions existantes et des réalités tant physiques que sociales et économiques, pour atteindre les conditions déterminées par le plan. Ensuite la production d'Etat répond à la nécessité d'augmenter la capacité des instruments de production.

La production de collectivité suppose que les éléments de la production, force productrice, instruments de production, soient détenus et gérés, dans le sens de la rentabilité, par la collectivité.

Elle doit développer la production de biens de consommation et d'articles usuels.

Elle doit être socialement et économiquement structurée sur la base collective. La structure sociale de cette organisation est la coopérative dont nous devons améliorer le fonctionnement, l'efficacité et les capacités de production en les dotant de certains instruments de production qui interviendront dans l'accroissement de la production.

La collectivité villageoise, si elle peut s'auto-organiser, ne peut pas, dans les conditions actuelles, s'équiper. Cet équipement en instruments de production ne peut être réalisé qu'au niveau le plus élevé de la société qui peut, seule, opérer la concentration des moyens (moyens de production, voire moyens financiers) pour créer directement ou par voie d'échange les instruments de production nécessaires au développement de la production.

Un village comme FARANAH, ou une ville comme KANKAN, ruineraient leur économie en voulant, par exemple, créer une cimenterie, même si cette cimenterie augmentait leurs capacités de production.

Les entreprises d'Etat auront pour objet de procurer aux collectivités productrices de nouveaux instru-

ments de production qui accroîtront leurs capacités de production.

Imaginons que l'Etat crée des salines à un endroit quelconque de la Côte. Non seulement la production de sel permettra de répondre aux besoins alimentaires de la population et de l'élevage du bétail, mais le surplus de la production nécessaire aux besoins internes permettra à l'Etat de se procurer à l'extérieur ou d'autres biens de consommation ou des biens d'équipement.

XI. — INTERET ET ROLE SOCIAL DE L'ECONOMIE PLANIFIEE

A l'inverse de ce qui se passe dans le système économique des régimes colonialistes et capitalistes où l'homme, l'individu, pris comme valeur sociale d'ensemble, est conduit à lutter contre son semblable pour améliorer ses conditions de vie, l'économie planifiée utilise l'ensemble des forces productrices et l'ensemble des instruments de production pour améliorer les conditions de vie de la société, accélérant ainsi son développement dans la mesure de la totalité des possibilités de la société.

Il est bien évident que des hommes qui s'opposent, qui agissent ou réagissent l'un contre l'autre, mettent en œuvre, non pas des forces de production, mais des forces de destruction qui sont, par définition, des forces sociales négatives.

Recourons une fois encore à une image simple. Dans la forêt deux hommes se battent pour savoir à qui reviendra une branche d'arbre que tous deux ont découverte et dont tous deux ont besoin pour consolider le toît de leur case. Si au lieu de se disputer et de se battre, ils avaient utilisé ce temps et l'énergie qu'ils ont dépensée à abattre une autre branche d'arbre, ils auraient été mutuellement satisfaits.

Ainsi, les discordes à l'intérieur d'une même société, les oppositions d'intérêts, les conflits nés d'éléments irrationnels, la médiocrité morale de la société sont autant de forces négatives qui agissent comme un frein dans le développement de la production et qui entravent par conséquent le développement et l'évolution de la société.

En s'assignant des objectifs précis dans le domaine de l'activité, la société qui se développe en économie planifiée transcende les forces sociales négatives et les transforme en force de production.

Elle crée une nouvelle mentalité qui augmentera ses capacités de production et son évolution sociale.

La planification est enfin l'harmonisation des éléments de l'économie établie sur la base du développement et de l'évolution sociale.

Mais à partir du moment où une société a assigné à ses activités des objectifs précis, l'ensemble de la société est mobilisé pour atteindre ces objectifs. Cette mobilisation, pour être la plus efficace, la plus rentable possible, doit être opérée rationnellement. Il ne s'agit pas de mettre en action des forces anarchiques et désordonnées, il s'agit d'ordonner et **d'employer pleinement** les forces de travail, les forces productrices.

Le plein emploi de ces forces se décompose en deux éléments, l'élément force et l'élément temps. Le plein empoi suppose d'abord la meilleure utilisation de l'élément force, la meilleure utilisation des instruments de production.

Il ne viendrait pas à l'esprit d'un paysan de mettre en culture un coin de terre en utilisant le manche de sa daba. De même il peut être « plus économique » de modifier le cours d'un ruisseau que de construire un pont ou au contraire, il peut être « plus économique » de construire un pont que de détourner le cours d'un ruisseau. La rationalisation dans l'utilisation des forces de travail, des instruments de production, est une forme de l'économie planifiée. Elle ordonne et coordonne les forces de travail dans le sens de la plus grande rentabilité.

Mais il n'y a pas que l'élément force ; il y a aussi l'élément temps qui intervient dans le plein emploi des forces de production, en tant qu'instrument de production.

XII. — LE TEMPS INSTRUMENT DE PRODUCTION

La force, l'énergie, l'action se déploient dans le temps. Les deux notions sont intimement liées. Cela est si vrai qu'en mécanique on emploie l'expression « tours-minute » en parlant d'un moteur. La force du moteur pour une puissance donnée est déterminée par le nombre de tours qu'il effectue en une minute. Le tour, la rotation est ici l'élément force, l'activité. La détermination de la vitesse utilise de même les deux éléments d'énergie déployée et de temps. Faire 10 kilomètres à l'heure c'est parcourir, élément d'action, 10 kilomètres, mesure de distance, à l'heure, élément de temps.

Le **plein emploi** tient compte de la force de travail et du temps de travail. Si la force physique, humaine ou mécanique, a ses limites de puissance, ses forces de production peuvent être augmentées par leur prolongation dans le temps.

Actuellement, que se passe-t-il dans nos campagnes ? Le cultivateur pendant quatre, cinq mois, met en action ses forces de travail dans des conditions extrêmement pénibles. Mais le reste du temps, ses forces de travail sont sans emploi. Si ses forces de travail disponibles étaient employées à tisser, à tanner, à construire une digue, un pont, il y aurait accroissement considérable des instruments de production et rapide développement social.

« L'investissement humain » qui a utilisé les forces de travail à des périodes de temps où ces forces de travail étaient disponibles, a été un élément important dans le développement économique et social de la Nation.

Dans un même esprit de meilleur emploi et de rationalisation des instruments de production s'inscrit l'économie des moyens.

XIII. — **L'ECONOMIE DES MOYENS, ELEMENT DE L'ACCROISSEMENT DES CAPACITES PRODUCTRICES**

Les réalités sociales des pays ayant connu l'exploitation et l'oppression coloniales sont partout les mêmes : des besoins énormes, des moyens extrêmement réduits. Il est donc clair que l'utilisation des moyens doit être pensée rationnellement, qu'ils doivent être « économisés », non pas dans le sens bourgeois du terme, mais selon une conception de plein et parfait emploi.

Dans la conduite de la bataille pour la production, le critère d'appréciation économique est la rentabilité, c'est-à-dire ce qui favorise le développement dynamique de la production, crée les conditions d'une meilleure utilisation des forces de travail.

Prenons un nouvel exemple : une collectivité paysanne cultive un champ de quatre hectares. Il serait absurde de doter cette collectivité paysanne d'un tracteur alors que deux charrues tractées feraient un meilleur emploi des forces de travail et seraient économiquement plus rentables.

Vue partielle de la salle de Conférence

La planification économique entraîne la lutte contre le gaspillage et l'incurie, mais encore elle définit les bases du développement économique dans les perspectives du développement social. C'est dans cet esprit que doit être pensée la rentabilité. Elle supprime le profit issu de l'exploitation de l'homme par l'homme et réserve aux forces productrices les profits du développement économique.

La rentabilité qui se détermine selon le profit en économie coloniale est déterminée selon les objetifs du développement social en économie planifiée.

L'économie des moyens s'interprète selon la même orientation.

Il y a donc là tout un ensemble de faits nouveaux qui doivent être étudiés au niveau de la collectivité. Il y a aussi tout un enseignement à prodiguer, toute une éducation à faire.

XIV. — L'EDUCATION ET L'INFORMATION EN MATIERE ECONOMIQUE

Nous avons dit que c'est aux forces productrices représentées par nos masses laborieuses, que reviennent les instruments de production. Mais ces forces productrices, pour s'organiser économiquement et socialement, pour intervenir efficacement dans les rapports de production, en un mot pour jouer pleinement leur rôle de développement économique et social de la Nation, doivent détenir les éléments d'appréciation qui leur permettront de procéder aux choix les plus justes dans leur action de libération économique et sociale.

L'indépendance politique de la Guinée a fait passer notre peuple à un stade historique supérieur qui doit déterminer une évolution rapide et générale dans les divers secteurs de nos activités.

Ce que nous devons avoir toujours présent à l'esprit c'est que notre action révolutionnaire engage virtuellement le destin historique de toute l'Afrique ; qu'elle déborde, par son ampleur et par son esprit, les limites de la Nation Guinéenne.

En matière économique, l'Afrique, par la nature de ses biens, l'immensité de ses richesses, l'ampleur de ses forces de travail, détient un potentiel économique énorme dont la mise en valeur, sur des bases sociales justes et saines, peut seule réhabiliter totalement et rapidement les 220 millions de nos sœurs et frères de ce continent, livrés à la misère et à la disqualification humaine.

Une révolution ne s'impose pas, elle ne s'importe pas. Elle se crée dans des conditions objectives liées à l'existence d'un homme ou d'une collectivité. Son développement doit être continuellement pensé et repensé en fonction des nouvelles conditions qu'elle engendre. Les modifications constantes du contexte dans lequel se déroule l'action révolutionnaire doivent être continuellement étudiées et réétudiées dans un esprit de totale objectivité. La détermination des éléments négatifs et positifs de l'action révolutionnaire doit intervenir périodiquement, en même temps que doivent être analysées les inter-actions et les réactions diverses liées à cette action révolutionnaire.

L'action politique fait que se développent dans chaque dirigeant et dans chaque responsable, des connaissances psychologiques profondes acquises dans la pratique du milieu social et humain. Il n'est pas possible, en effet, de diriger un groupe de personnes si l'on ne se met pas à leur place pour comprendre leurs comportements, leurs réactions intellectuelles et leurs capacités d'interprétation. C'est donc la pratique sociale, les connaissances de l'action et des réactions humaines qui constituent la base des capacités de direction militante.

Avec la bataille économique établie et décidée politiquement, nous abordons une phase importante de l'action militante de notre Parti qui doit aboutir à une réussite incontestable.

Dans ce domaine il n'est pas question d'envisager le moindre échec dans la réalisation de nos objectifs. Nous devons être assurés dès maintenant que le moindre échec dans ce domaine entraverait l'ensemble de notre entreprise révolutionnaire.

Il s'agit donc de créer les conditions les plus favorables à un rapide triomphe économique. Or, non seulement nous devons réhabiliter le travail en tant que force créatrice et instrument de libération, en tant qu'objet de notre dignité humaine et de notre fierté nationale, mais encore nous devons en faire la justification et le témoignage de notre conscience patriotique. La richesse de notre peuple, celle qui lui permettra de mettre en valeur nos immenses ressources, c'est sa force de travail, sa détermination consciente et volontaire de modifier radicalement, par lui-même et pour lui-même, ses conditions de vie. La bataille économique, la bataille que notre peuple engage pour détruire à jamais les séquelles de soixante années d'occupation et d'exploitation étrangères, c'est notre volonté de relever, par les actes et les faits, le défi qui nous a été lancé de pouvoir assurer le destin de notre Nation.

Non seulement nous assurerons ce destin dans l'honneur et la dignité, mais aussi nous lui donnerons une signification humaine en rapport avec nos valeurs et nos vertus propres.

Désormais rétabli dans sa plus entière liberté, le peuple de Guinée saura démontrer que ses capacités de création sont à la mesure des responsabilités qu'il entend assumer pour que l'Afrique vive libre, unie et prospère.

Les dirigeants et responsables politiques du P.D.G. doivent mener une vaste campagne de popularisation, un travail systématique d'éducation et d'information qui, tout en élevant le niveau de la conscience populaire, fera de nos masses laborieuses, de chaque homme et de chaque femme de Guinée, un responsable conscient et enthousiaste de cette bataille décisive que nous livrons contre la faim et l'ignorance, contre la maladie et la misère, contre la discrimination raciale et les forces de mépris qui nous combattent et nous disqualifient injustement.

Nous sommes sûrs que le P.D.G. mettra tout en œuvre pour que toutes les forces vives de la Nation prennent rapidement conscience de l'importance de notre lutte.

Aussi rapidement que possible, il faut que chaque paysan, chaque cultivateur, chaque fonctionnaire, chaque ménagère, sache comment orienter ses efforts, puisse décider vers quels objectifs majeurs engager son énergie. Il faut que dans la plus humble case, dans le village le plus isolé, chacun connaisse les raisons et les objectifs de ce nouveau combat qui est, plus que tout autre, le combat du peuple tout entier.

XV. — **LA MOBILISATION POPULAIRE**

En créant l'enthousiasme autour du plan économique par l'éducation et l'information, nous établirons la mobilisation populaire sur des bases solides et durables qui cristalliseront à son plus haut niveau la conscience de notre peuple et enrichiront considérablement son éducation en matière politique, économique et sociale.

Dès maintenant, nous devons réaliser les conditions politiques et morales de cette mobilisation, élargir le champ des connaissances de chacun afin que chacun se sente lié à l'action que nous engageons et y assure l'intégralité des responsabilités qu'il a devant la Nation et devant l'Histoire.

Si, en dix-sept mois d'exercice de notre indépendance, nous avons fait des progrès considérables qui nous permettent aujourd'hui de nous libérer de la sujétion financière qui nous liait encore au passé ; si, sur le plan national nous avons pu déjouer toutes les manœuvres, toutes les attaques ; si, sur le plan international, notre pays rayonne avec un éclat toujours plus grand, c'est bien grâce à la constante mobilisation des forces populaires et à la qualité de la prise de conscience de notre peuple.

Nous devons nous attendre à ce que les ennemis de l'indépendance guinéenne mettent tout en œuvre pour entraver cette dernière et décisive action de libération ; nous devons nous attendre à ce que tous ceux qui ont parié la faillite économique de notre Etat redoublent d'effort et de moyens pour nous faire échouer.

La vigilance populaire qui a triomphé de toutes les manœuvres, de toutes les tentatives de subversion, saura, une fois encore, faire échec aux ennemis de l'émancipation guinéenne.

Par la mobilisation populaire et l'action dynamique, nous ferons sauter le dernier verrou qui barre la route de notre avenir, nous briserons le dernier maillon de la chaîne qui nous lie à la subordination économique. Que voilà, pour la période nouvelle que le peuple de Guinée aborde, de grandes perspectives...

— **Libération économique du pays ;**

— **Renforcement constant de la sécurité et de l'équilibre harmonieux ;**

— **Poursuite dans des conditions meilleures de l'action du peuple Guinéen pour l'accession rapide à l'indépendance Nationale des Territoires Africains encore dépendants ;**

— **Développement des liens de coopération entre la République de Guinée et les autres pays d'Afrique, d'Asie, d'Amérique et d'Europe ;**

— **Enfin, pour le peuple de Guinée et les citoyens Etrangers habitant notre pays, plus de moyens matériels, moraux et culturels pour satisfaire leurs besoins et réaliser leurs aspirations à une vie de liberté, de dignité et de PAIX.**

VIVE LE P. D. G.

VIVE L'AFRIQUE INDEPENDANTE ET UNIE.

KANKAN, LE 2 AVRIL 1960

SEKOU TOURE.

BILAN ET PERSPECTIVES

DE L'ECONOMIE GUINÉENNE

Rapport économique présenté par le
Ministre de l'Economie Nationale

Du rapport économique présenté à la Conférence Nationale des Cadres réunie à Kankan des 2 au 5 avril 1960, il n'a été retenu ici que les seules études qui conservent un caractère d'actualité par rapport à l'exécution du Plan Triennal.

Les problèmes évoqués dans le rapport et auxquels la Conférence a apporté une solution n'ont pas été repris, afin de réserver au document toutes ses qualités actives.

En réalité le rapport économique, allégé des différents problèmes particuliers qui s'y trouvaient traités, constitue, outre l'inventaire économique de la Nation en fin 1959, une étude des possibilités de développement à court et moyen terme de l'économie nationale.

Ces possibilités partent des réalités économiques qui sont celles de la Guinée après 14 mois d'exercice des pouvoirs de souveraineté. On constatera que la situation en fin 1959 marque un très net progrès sur les années antérieures, puisque la masse totale des exportations accuse, en valeur, une augmentation de plus de 25 % sur l'année 1957, et de 45 % sur l'année 1958. Ceci détruit, sans commentaire inutile, toutes les informations largement diffusées au cours de l'année 1959 sur la « détérioration catastrophique » de la situation économique en République indépendante de Guinée.

Au vrai, l'économie guinéenne est en parfaite santé et ses perspectives sont infiniment prometteuses. L'inventaire des ressources existantes l'atteste. La volonté du peuple guinéen de mettre ces ressources en valeur c'est déjà pleinement manifestée au cours de l'année écoulée. La détermination consciente de l'ensemble des cadres nationaux de faire du premier plan triennal l'éclatante démonstration de la haute conscience des responsabilités qu'ils assument est illustrée quotidiennement par les initiatives qu'ils prennent afin de réaliser, avant terme, les objectifs du Plan.

La réussite du plan ce sera la première victoire du triomphe économique et social de la Révolution Guinéenne.

En dépit des tentatives de subversion et des obstacles qui seront dressés sur sa route, la Nation toute entière mobilisée, va avec certitude et confiance vers un avenir d'équité et de progrès, qui sera réalisé dans la solidarité et la démocratie.

* *
*

Air, eau, chaleur, terre et lumière, peuple, voilà ton bien. Prends des dispositions pour que ce bien fructifie pour ton propre bonheur, le bonheur de ton frère et celui de ton fils.

L. L. BEAVOGUI, membre du Bureau Politique National du P.D.G. et Ministre de l'Economie Nationale, qui présenta le rapport économique à la Conférence des Cadres de Kankan.

RAPPORT

DU MINISTRE DE L'ECONOMIE NATIONALE

Les exigences du développement de notre économie sur des bases planifiées ont conduit le Parti et le Gouvernemnt à répartir désormais les responsabilités du secteur économique entre les deux départements ministériels de l'Economie générale et du Plan.

C'est pourquoi le rapport économique d'ensemble présenté à la Conférence sera scindé en deux parties, consacrées respectivement à un bilan de l'état actuel de notre économie, en partant du point où l'avait conduit la domination coloniale déchue le 28 septembre 1958, et à l'examen des grandes lignes de son développement dans les années à venir, tel qu'il résulte du projet de Plan triennal soumis à votre discussion.

Le premier point sera traité par moi-même, et le second, par mon ami et collègue le Ministre du Plan KEITA N'Famara.

Notre Gouvernement, au lendemain de la proclamation de l'Indépendance, prenait en charge le lourd passif de la domination coloniale, et amorçait le patient effort de décolonisation des structures économiques qui s'imposait, pour donner tout son sens et son efficacité entière à la libération politique qui venait d'être conquise.

La tâche n'était pas simple, dans ce domaine complexe où tout était à faire — pire : où il fallait, non pas partir de zéro, mais partir d'une situation que caractérisaient, à la fois un sous-développement aigu, une industrie quasi-inexistante et une agriculture techniquement arriérée, mais aussi des circuits commerciaux extérieurs et intérieurs, un système monétaire et bancaire entièrement contrôlés par des intérêts étrangers auxquels la libération du 28 septembre, survenue dans des conditions heureusement pacifiques, laissait subsister sans changement leur domination sur notre économie. Durant toute une période après la proclamation de l'Indépendance, nos préoccupations ont été dominées par le double souci d'assurer la continuité de la vie économique quotidienne, afin qu'aucune perturbation majeure ne vienne troubler profondément la production et les échanges de notre pays, tout en préparant le passage à l'étape suivante : celle de l'édification d'une économie nationale réellement indépendante, construite sur des bases radicalement nouvelles parce que fondées sur la décolonisation des structures héritées de la période coloniale.

Ce travail, parfois jugé trop lent au gré de certains, se devait d'être effectué dans des conditions qui permettent de n'avancer qu'à coup sûr, afin d'éviter les risques désastreux de retraites brutales et toujours onéreuses.

Le Vme Congrès devait souligner déjà l'orientation de cette marche en avant, en définissant l'objectif d'une « économie nationale planifiée basée sur le travail collectif du peuple, et préoccupée avant tout de l'élévation progressive de son niveau de vie », selon les termes de sa résolution finale.

Mais l'épisode principal de la période qui s'est écoulée entre la proclamation de l'Indépendance et cette Conférence nationale historique de Kankan, celui qui devait marquer l'accession à une étape nouvelle, un changement qualitatif fondamental dans le processus amorcé le 2 octobre 1958, c'est la création de notre monnaie nationale, avec son corollaire direct, la création de la Banque de la République de Guinée. Les moyens indispensables à l'édification de notre économie dans un cadre authentiquement national et souverain nous étaient donnés, et l'on n'insistera jamais trop sur le caractère déterminant de ces mesures historiques.

Il est bon, avant d'aborder l'examen des projets de développement de notre économie nationale sur ces bases nouvelles, de faire le bilan de ses données actuelles et d'analyser le point où nous l'avons conduite, en 18 mois de gestion souveraine.

Tel est l'objet du présent rapport, qui dégagera les grandes lignes de ce bilan, dont vous trouverez les éléments détaillés dans les rapports d'ensemble qui vous auront été distribués au cours de la Conférence.

Ce bilan de notre économie à la veille du Plan triennal portera sur les différents chapitres de la production agricole et pastorale (agriculture, élevage, eaux et forêts, coopération), de la production minière et industrielle, ainsi que sur les structures et les circuits commerciaux intérieurs et extérieurs, la politique des prix, les bases d'établissement des échanges avec les pays étrangers et les principales mesures prévues pour la réforme de la législation économique.

PRODUCTIONS AGRICOLES

On ne repètera jamais assez que la Guinée, malgré les richesses de son sous-sol et son potentiel hydro-électrique est un pays essentiellement agricole où les 90 % de la population tirent leur revenu de la terre. L'agriculture représente par ailleurs à elle seule environ 75 % en valeur de nos exportations.

L'on voit dès lors la prépondérance de ce secteur économique dans la vie de la Nation et l'impérieuse nécessité à mettre en œuvre des moyens adéquats pour promouvoir une agriculture revalorisée et débarrassée des sequelles d'une économie de traite qui a pesé de tout son poids sur les pays durant 60 années de colonisatoin.

C'est donc selon cette nouvelle perspective, dans le cadre d'une reconversion des méthodes et d'une adaptation des moyens que les Services de la Production ont mené une action décisive pendant l'année 1959. Partout dans le Territoire de la République, les activités du personnel ont rencontré un écho favorable en raison de la prédisposition des masses qui comprennent mieux aujourd'hui, grâce à une éducation politique dispensée jusque dans les plus humbles hameaux par le Parti Démocratique de Guinée, où se trouve leur intérêt.

Sur le Plan agricole proprement dit, nous soulignerons tout d'abord que dans l'ensemble, les conditions générales sont restées inchangées dans presque tous les secteurs (conditions naturelles - humaines - techniques, etc...) Nous allons examiner ensuite la situation générale, ce qui nous amènera à procéder à un inventaire des réalisations dans les divers secteurs.

Le tonnage ci-après des différents produits contrôlés à l'exportation 1959, nous donne une idée sur les activités agricoles du pays :

	Tonnage	Valeur
Bananes fraîches	66.554.800	1.089.803.000
Café vert	14.368.800	2.243.942.000
Ananas frais	3.757.300	190.966.000
Arachides décortiquées	2.126.200	88.735.000
Palmistes	23.160.400	712.810.000
Sésame	374.100	15.774.000
Essence d'oranges	84.400	80.817.000
Jus de fruits	837.000	47.956.000
Cuirs de bœufs	394.100	47.242.000
Cire	68.200	16.813.000
Miel	43.900	3.058.000
Autres produits	7.358.800	616.261.000
Total	119.128.000	5.154.177.000

Par rapport à l'année 1958 sur ces produits exportés, il y a eu :

1°) **Augmentation :** de palmistes (+ 3.281 t.), d'ananas (+ 174 t.), de café (+ 5.398 t. 844), d'arachide de bouche (+ 30 t.), de cire et miel (+ 17 t.), d'arachides pour huilerie (+ 2.209 t. 769) — puisqu'il n'y a eu aucune exportation en 1958 au sens douanier du terme.

2°) **Diminution :** de bananes fraîches (— 18.253 t.), d'agrumes (— 31 t.), d'huiles essentielles (— 5 t.), de sésame (— 505 t.).

Le Contrôle des bananes par exemple a exigé la présence des chargés de contrôle durant 342 jours dont 251 jours au port de Conakry et 91 jours au wharf de Benty. Au cours du contrôle, les agents ont refusé l'exportation de 472.000 régimes de bananes pesant 5.344 tonnes pour divers motifs dont le plus fréquent est celui de fruits attaqués de cercosporiose.

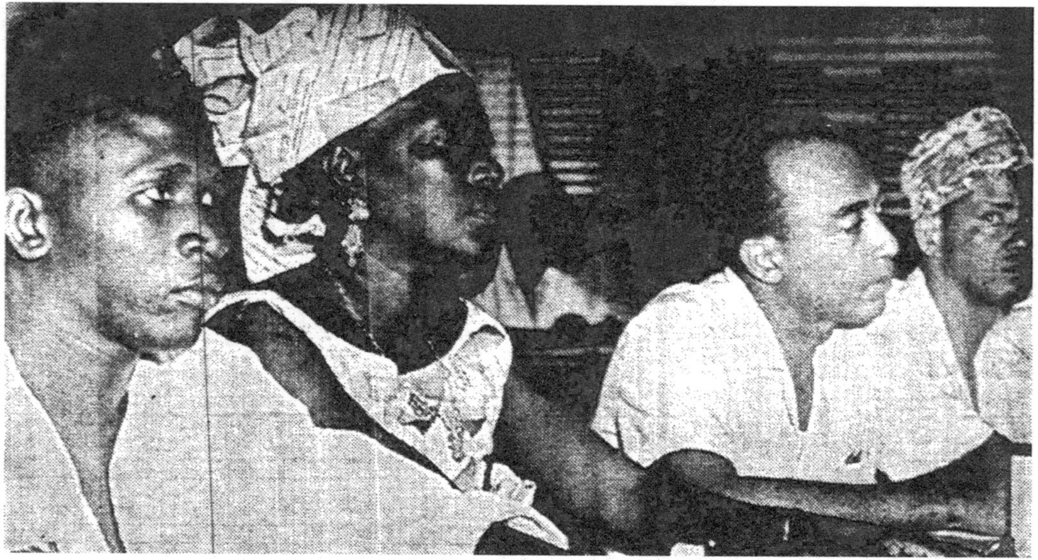

L'Avenir économique de la Nation est entre les mains des populations guinéennes, toutes entières mobilisées pour de nouvelles et décisives victoires.

Benty : 2.879 régimes pour 36 tonnes

Conakry : 468.797 régimes pour 5.308 tonnes

Jusqu'à présent, l'exportation des fruits par Benty n'est faite que par les planteurs européens de la région. Tous les africains évacuent leurs fruits sur Conakry pour le contrôle.

La lutte contre la cercosporiose devient impérieuse. A l'exécution du Plan Triennal une marge assez importante mérite d'être observée pour le secteur banane qui est en voie d'extinction.

S'agissant des agents de l'Inspection des Produits à l'intérieur de la République, leur activité a porté en 1959 sur le contrôle de 44.348 tonnes 648 de produits divers.

Pour la circulation, tous ses produits sont accompagnés de Certificats d'Inspection prouvant ainsi qu'au moment de la vérification, ils possèdent des qualités supérieures ou au moins égales aux normes limites appliquées à chacun d'eux, ce qui ne dispense pas ces produits du contrôle à l'exportation.

A) CULTURES VIVRIERES

Les cultures vivrières sont très variées et leurs procédés de culture sont presque identiques dans toutes les régions. Sans toutefois négliger les autres cultures, maïs, manioc, patate, taro, qui sont pour la plupart des cultures de tapade - fonio - etc... nous mettons un accent particulier sur le riz.

a) **Riz** - Le but à atteindre en cette matière est de promouvoir la riziculture permettant non seulement de nourrir la population, mais aussi d'envisager l'exportation du riz vers d'autres pays.

Le riz constitue en effet, la base de l'alimentation de la population guinéenne et de ce fait préoccupe constamment le cultivateur qu'il s'adresse au riz de culture sèche ou inondée.

Riz de montagne ou culture sèche

Basé sur le nomadisme agricole, ce procédé constitue encore le plus important de ce secteur (environ 60 % de la production). Méthode ancestrale néfaste, la culture sèche entraîne la destruction des forêts et la dégradation des sols.

En 1959, la culture du riz de montagne a pris une extension particulière. Partout, les populations enthousiastes par suite de leur libération du joug colonial ont redoublé d'effort et on peut affirmer que la production de riz a sinon doublé mais augmenté de la moitié.

La culture inondée a été particulièrement marquée dans deux régions (Basse et Haute-Guinée) où des travaux intéressants ont été réalisés. En Moyenne-Guinée et en Région Forestière les travaux de prospection et certaines études ont été assurées.

BASSE GUINEE

La côte de Guinée est caractérisée par une large bande de terres basses, située entre la mer et le relief continental.

Les caractères favorables à la riziculture sont :

— la composition des terres à fort pourcentage d'argile, très riches en humus et en sels minéraux. Il s'agit d'alluvions issues de la partie continentale.

— la pluviométrie, largement suffisante, pour permettre le déroulement normal du cycle végétatif du riz.

Les précipitations moyennes atteignant 4,30 m à Conakry et 3,50 m environ sur les autres parties de la côte.

— la présence d'une population assez dense composée dans l'ensemble de bons cultivateurs (principalement les Bagas) adonnés depuis longtemps à la riziculture.

En fonction de ces conditions naturelles, nous distinguons 3 zones différentes en région côtière à partir du relief continental.

1°) Zone de rizières couvertes (terres de côte relativement peu élevées soumises à la submersion du flot des grandes marées. Elles sont situées en général à l'amont des marigots).

2°) Zone de moyenne mangrove immédiatement à l'aval de la précédente. Sol couvert par une mangrove avec faible pourcentage de rhizophora.

3°) Zone de basse mangrove située entre la précédente et la mer. Présence de mangrove avec forte proportion de rhizophora.

Conditions d'interventions

Les conditions d'intervention se résument comme suit :

Stade primaire

1°) isoler le casier de la rentrée d'eau salée par des digues qui complètent en les réunissant, les obstacles naturels insubmersibles - barrage des marigots véhiculant l'eau de mer au niveau des digues qui les traversent.

2°) évacuer l'excédent des eaux de pluies dont l'accumulation provoque des submersions dangereuses pour les récoltes et les endiguements. Des ouvrages sont établis dans le lit des marigots munis de clapets s'opposant aux rentrées d'eau salée à marée haute pourvus également des vannes pour régler l'écoulement des eaux (très important en fin de végétation du riz).

Stade secondaire. - amélioration du drainage - on complète le réseau naturel des cours par des canaux permettant d'évacuer au maximum l'excès d'eau.

HAUTE GUINEE

Conditions naturelles. - terres alluviales composant la totalité des plaines, fertilité contrastant avec les parties hautes de bordure cuirassées en surface et presque stériles.

Présence quasi-constante d'un bourrelet longeant le fleuve transformant la plaine en une sorte de cuvette presque fermée. Populations de cultivateurs confirmés culture attelée.

Facteurs défavorables : 1°) **Violence des crues** - (8 m et même plus : milo - niandan) variables en date - durée et ampleur accompagnées d'un courant qui déracine les jeunes plants de riz.

2°) Pluviométrie mal répartie au long du cycle végétatif — semis tardifs par suite de la durée d'imbibition du sol (effet des crues sur les jeunes plants).

En fin de végétation : début saison sèche : abaissement rapide du plan d'eau (mauvais développement des grains).

Interventions

1°) semis hâtifs avec apport d'eau pour accélérer la croissance des plants.

2°) Submersion artificielle pour permettre la poussée des chaumes (riz pouvant alors résister aux crues et continuant son cycle).

3°) suppression de courant dans la plaine.

4°) apport d'eau en fin de végétation pour permettre au riz d'achever son cycle dans de conditions normales de submersion.

a) **Plaines possédant 1 affluent :**

— détourner tout ou partie de l'eau du marigot pour arroser la plaine (par un canal d'irrigation longeant la plaine).

— plaine divisée par des digues en casiers.

— chaque casier est irrigué à partir du canal principal par un canal arroseur.

Des vannes permettent de régler le débit dans chaque casier. Des digues obturent les brèches du bourrelet pour freiner les courants de crue sur la plaine.

Des vannes établies dans le bourrelet permettent l'évacuation d'eau en fin de végétation.

b) **Plaines non pourvues d'affluent :**

La rentrée difficile du plan d'eau est fonction des précipitations sur le bassin versant intéressé.

— Création de biefs de côtes très voisines pour bien répartir l'eau de ruissellement, en diminuant la charge entre biefs successIfs et de ce fait, les pertes par infiltrations.

— Creusement d'un canal latéral à la plaine, collecte des eaux de ruissellement et répartition des débits en fonction de la superficie de chaque casier.

Un seul aménagement rationnel de ce type a été créé : il doit servir de base d'observation pour l'extension du système (à Komandianbougou vallée du Niger).

I - TRAVAUX DE PROSPECTION

Basse-Guinée (entre la frontière de Sierra-Léone et le Nunez) : 120.000 ha environ offrant 40.000 ha aménageables dont 35.000 ha dans de conditions satisfaisantes pouvant permettre d'amorcer les travaux du plan triennal.

Haute Guinée - 78.000 ha déjà prospectés ainsi répartis :

Niger	17.000	ha
Milo	16.000	»
Fié	16.000	»
Sankarani	7.000	»
Banié-Niémé	2.500	»
Bounka Mérébi	3.500	»
Bokoro-Lélé	3.500	»
Divers	4.000	»

couvrant les vallées du Niger et ses affluents.

Moyenne Guinée - Reconnaissance sur 20.000 ha environ dont la moitié pourrait être considérée à priori comme aménageable y compris 3.000 ha de la Kolloum (Tougué).

Région Forestière : 1°) zones favorables à un aménagement d'une certaine ampleur justifiant leur étude par le Génie Rural.

2°) zones de superficie réduite (il en existe une multitude en raison de l'orographie particulière de la région) qu'une intervention locale suffit à transformer.

II - LES TRAVAUX D'ETUDES

Poursuivis à l'entreprise sous le contrôle du Génie Rural et en régie par ce dernier, ces travaux actuellement arrêtés concernent :

En Basse Guinée

Etudes entreprises :

Plaine de **Koba** (4.000 ha) - Etudes achevées : travaux à lancer.

Plaine du Bassin de **Soumbouya** (5.000 ha) études de stade primaire et secondaire en voie d'achèvement - Travaux à lancer.

Ile **Kito** (2.000 ha) études des stades primaire et secondaire achevées sur le terrain - Travaux à lancer.

Douprou (2.000 ha) études hydrologiques et topographiques presque achevées.

Mankountan (9.000 ha) études préliminaires comportant études topographiques sommaires, études hydrologiques très poussées devant permettre la détermination de l'aménagement à poursuivre.

2°) **Etudes à lancer** (2ème urgence) :

— aménagement au stade tertiaire de l'Ile Kaback,

— étude préliminaire des rizières ouvertes de Bas-Konkouré,

— aménagement au stade primaire - secondaire et tertiaire (plaine de sonfonia 500 ha),

— aménagement au stade secondaire : Koba — Mankountan - Kapatchez (7.500 ha),

— aménagement au stade tertiaire : Kakossa — Monchon, Soumbouya, Ouassou, Quito (10.000 ha).

En Haute Guinée - Début d'études sous forme de levés topographiques et de prospections agronomiques détaillées.

A) 3.000 ha d'aménagements anciens à compléter pour l'amélioration de la submersion.

Plaine de Diélibakoro et Niamina (300 ha)
Karakoro-Féréenkamas - Diéliba (1.200 ha)
Vallée de la Banié de Sareya (1.200 ha)

B) 7.000 ha d'aménagements nouveaux :
Plaines de Banko Sud (350)
Bangala (150)
Bankorokoro et Nankounkan (600)
Touguioulé, Leyba - Balandougou (500)
Balato (200)
Vaféré et Foussé (700)
Koba (400)
Vallée de Fié (3.000 ha)
Plaines intérieures de Bokoro et Djanfara (1.100 ha).

En Moyenne Guinée

En cours - Etudes hydrologiques Secteur Pilote des Timbis, 600 ha en suspens.

Etudes achevées : Moukidigué (160 ha) levé topographique et divers; Malipan (276 ha) levé topographique et divers; Kolloum (3.300 ha) levé topographique et études préliminaires.

Situation onéreuse à Kollon; seules des études agronomiques complémentaires pourront fournir la solution économique.

Wendou Yama (380 ha) levé topographique et hydrologique.

Wendou Pariessi (260 ha) levé topographique et hydrologique.

Soloya (20 ha) levé topographique.
Kébali (20 ha) levé topographique.

En région forestière

En cours - néant, hormis la reconnaissance agronomique des petites situations.

Achevées - Boyé (70 ha) levé topographique - Diéboïdou (70 ha).

III - TRAVAUX D'AMENAGEMENT

En Basse Guinée - Dans le cadre de 35.000 ha aménageables, la situation est la suivante :

— **Ile du Kaback** (1.600 ha) aménagement stade secondaire entièrement achevé (coût 80.000 frs ha).

— **Ile de Kakossa** (2.500 ha) en cours, stade primaire presque fini - secondaire à lancer - coût d'ensemble 70.000 frs ha).

— **Bassin de Monchon** (4.000 ha) et Kapatchez (7.000 ha) aménagement en cours — drainage par 1 canal unique fait avec matériel spécial de dragage (caractère primaire : coût 20.000 frs l'ha).

Pas d'empêchement de montée d'eau salée, pas d'aménagement de détail, donc impossibilité d'estimer la superficie intéressée par ces canaux actuels. Pour avoir une influence profonde, les canaux doivent être complétés par interventions secondaires et tertiaires de prix de revient plus élevé.

En Haute Guinée

Vallée du Niémé (520 ha) aménagement primaire terminé.

Vallée du Banié (280 ha) aménagement primaire terminé,

Vallée du Niger - Kobané (180 ha) en cours d'aménagement,

Manfara (80 ha) primaires terminés,

Yarakoura (200 ha),

Damissakoura (650 ha) primaires et secondaires terminés,

Siguiri - Tiguiberi (1.200 ha),

Komandianbougou (650 ha) primaires achevés ; secondaires en cours,

Faraba (170 ha) primaires et secondaires achevés,

Draguéba (660 ha) primaires et secondaires achevés

Nafadji (560 ha) primaires et secondaires achevés,

Banco (350 ha) primaires achevés ; secondaires en cours.

Vallée du Milo :

Ourembaya (75 ha) début d'exécution de l'endiguement, soit au total : 6.100 ha aménagés sur 17.000 ha aménageables.

La différence a déjà un certain aménagement sous forme d'ouvrages anciens (primaires provisoires à reprendre).

Moyenne Guinée - Terminé - 4 situations de 486 ha sur 4.426 ha étudiés soit :

Moukidigué 160 ha, Malipan 276, Soloya 30 ha, Kébali 20 ha.

Région Forestière

Boyé (70 ha) et Diéboïdou (70 ha) terminés.

Observations sur la conduite des études et des travaux :

Levés topographiques conduits en **régie** ou le plus souvent à l'entreprise avec contrôle du Génie Rural.

En Basse Guinée - entreprise.

En Haute Guinée - en **régie** par le Service d'Agriculture — Recours à l'entreprise pour accélérer les travaux (études : par Bureau spécialisé d'un type de barrage en béton armé).

Amélioration du matériel végétal - Travaux du Centre de Recherches Rizicoles (Koba) avec 1 section d'études à Kankan — et 2 annexes à Macenta et Tolo.

La mission est de fournir après études et sélections les souches de semences permettant par l'intermédiaire de centres de multiplication, une diffusion de plus en plus large de paddy amélioré, et aussi l'étude des techniques culturales, la technologie de la production, étude des parasites et aléas divers en un mot faire la normalisation biologique et technique.

Amélioration des moyens de la production

En Haute Guinée - Possède la priorité des aménagements et de la présence d'un cheptel de trait dont l'emploi est familier au cultivateur malinké. On peut faire les observations suivantes :

Préparation du sol - Préparation traditionnelle bonne (charrue-herse) - Labours de déchaumage de plus en plus pratiqués.

En culture mécanique préparation meilleure mais plus onéreuse et doit être réservée aux périmètres aménagés, donc de rendement.

Semis - En zone aménagée il faut environ 70 à 80 kg de paddy à l'hectare — on sème tôt — émigre tôt pour obtenir un allongement de la tige lui permettant de résister à la crue. Les essais entrepris ou à entreprendre détermineront la densité optima.

Amélioration des moyens de traitement de la production

Porte sur l'usinage et l'étuvage du riz.

Sur 3 rizeries qui avaient été installées bien avant l'Indépendance seule celle de Siguiri complétée avec des éléments prélevés à Kouroussa, fonctionne. Sa capacité de traitement est de 07,700 par heure.

MOTOCULTURE

Dans le cadre des investissements humains, les populations de la Région Administrative de Siguiri ont fait d'importantes réalisations en 1959, la construction de vannes, digues et canaux, la réparation de certains ouvrages existants 15 vannes de 1 m x 0,8 à 2 m x 2 m 35 ; 945 m de digues - 6.520 m de canaux, creusés ou nettoyés.

Dans la région, la situation générale des aménagements hydrauliques est la suivante :

Nafadji : 300 ha, très bonne irrigation
Draguéda : 550 ha, très bonne irrigation
Leyba : 160 ha, amélioration irrigation
Bako-Kiniéka : 200 ha, très bonne irrigation
Siguiri ville : 300 ha, très bonne irrigation
Faraba : 200 ha, très bonne irrigation
Tiguibéri Karakoro : 400 ha, très bonne irrigation
Niamina : 100 ha, très bonne irrigation

« CONSTRUIRE »

Inauguration d'un dispensaire construit par l'investissement humain.

Damissakoro et Damissakoura : 550 ha, très bonne irrigation

Falama Koumandiambougou : 500 ha, amélioration irrigation

Dankaoura : 150 ha, amélioration irrigation.

Grâce à la bonne volonté des agents (conducteurs d'engins et agents d'encadrement) la campagne 1959 a été très réussie. Malgré l'état des tracteurs, les superficies labourées ont été de 1.403 ha en 1959 contre 1.008 ha en 1958.

Dans le secteur de Kouroussa, la situation du façonnage des terres a été la suivante : 436 ha labourés et 570 ha pulvérisés.

II - CULTURES FRUITIERES

a) **Banane** - C'est la plus importante ressource d'exploitation de la Basse Guinée. Malheureusement la production fortement éprouvée par l'attaque de la Cercosporiose, depuis cinq années est en régression constante. L'avenir de la banane devient très inquiétant, inquiétude qui touche la Moyenne Guinée, de plus en plus la menace prend de l'ampleur.

La culture de la banane s'était emparée des Africains qui l'avaient considérée comme le meilleur moyen de résoudre le problème social et de faire vite fortune. Le moindre bas-fond était destiné à la banane.

A l'heure actuelle il est confirmé qu'il n'existe que peu ou pas de plantation en Basse Guinée où la maladie n'a pas causé de dégâts. De nombreuses plantations sont réduites à un lot de plants de tout acabit. Les expéditions présentent surtout chez les Africains de nombreux régimes défectueux, non conforme aux normes, ceci entraîne plusieurs refus de lots au port d'embarquement par le Service du Conditionnement.

Les planteurs africains désemparés sont à la merci du fléau, ce qui se manifeste par un découragement général et se traduit par le manque d'entretien des plantations. Le curage des canaux pour régulariser le régime d'eau, le paillage, l'œilletonnage sont négligés faute de main-d'œuvre. Comment peuvent-ils payer la main-d'œuvre, le revenu de la production étant peu ou nul ?

Cependant certains planteurs animés de courage n'ont pas perdu leur équilibre ; ils ont néanmoins procédé à la reconversion de leurs plantations une ou plusieurs fois sans aboutir aux résultats auxquels ils s'attendaient. Evidemment l'effort ne pouvait se justifier car les travaux ont été mal exécutés. Pour bien réussir par ce procédé, il faut absolument une connaissance technique. De nombreuses conditions dans la conduite des opérations entrent en vigueur.

Tant qu'existe dans le même bas-fond et sur un même périmètre d'au moins 5 km des plantations non arrachées, les travaux deviennent nuls, car la contamination ne tarde pas à se produire, le vent transportant le germe.

L'insuffisance de production entraîne des fraudes. Les trafics s'établissent entre les planteurs réduits à leur plus simple expression et ceux qui ont des moyens matériels ou financiers.

Commercialisation et conditionnement

Après avoir été longtemps en valeur, la première production agricole de Guinée, la banane continue à perdre sa place au profit du café.

En 1959, les exportations bananières s'élèvent seulement à 56.000 tonnes de sinensis et 3.136 tonnes de Poyo soit au total 60.000 tonnes environ contre 77.000 tonnes en 1958. Cette diminution provient surtout de l'attaque de plus en plus importante de la Cercosporiose. Un rapport spécial traitant la question sera fourni par ailleurs.

PROGRAMME D'ACTION POUR LA REGENERATION ET L'EXPANSION DE LA PRODUCTION BANANIERE « Plan bananier »

RAPPEL : La crise de la production bananière a pris, durant ces derniers mois, un caractère dramatique, et, sur la base des premiers embarquements de l'année, nettement inférieurs à ceux de l'an dernier à pareille époque, il faut craindre que la production exportable de la campagne en cours ne dépasse pas 40.000 tonnes.

Le présent projet propose un ensemble de mesures pratiques, d'application immédiate ou à plus ou moins long terme, formant un tout que l'on peut intituler « Plan bananier ». Ce plan a été conçu pour faire face d'urgence à la situation actuelle, tout en tenant compte des perspectives d'avenir du développement économique de la Guinée telles qu'elles sont définies par le projet du Plan triennal.

DEFINITION DES OBJECTIFS :

— **A la fin du Plan Triennal :** 100/120.000 tonnes net, a un prix de revient compétitif sur le marché mondial.

— **Pour la campagne 60/61** stopper la chute de la production et atteindre 70.000 tonnes net.

VOIES POUR ATTEINDRE CES OBJECTIFS :

— Augmentation de la productivité

— Elimination de la cercosporiose et autres maladies

— Diminution du prix de revient.

MOYENS A METTRE EN ŒUVRE :

— Amélioration sélective de la rémunération des planteurs et solution des problèmes financiers connexes.

— Aide vigoureuse de l'Etat, en particulier par sa prise en charge de la lutte contre la cercosporiose, par la réforme de structure de la production, et par des fournitures à crédit d'engrais, d'emballages et de matériel d'équipement.

— Compression des éléments du prix de revient.

— Prospection de nouveaux marchés.

La définition de deux objectifs : l'un immédiat, l'autre à plus long terme, conduit à distinguer deux plans de solutions pratiques :

I. Solutions d'ensembles,
II. Mesures d'urgences.

I - SOLUTIONS D'ENSEMBLES

Mesure préliminaire :

Création et mise en place de « l'Office National de la banane et des fruits » se substituant désormais à la Fédération Bananière.

Les grandes lignes du programme d'action proposé par le présent projet et dont la réalisation s'effectuerait dans les mois à venir sont les suivantes :

1° **Etablissement du programme de lutte contre la cercosporiose** prise en charge par l'Etat durant les 3 années du Plan Triennal. Le traitement sera pris en charge par l'Etat pour l'ensemble des plantations. Le crédit de 125 M., *dont 50 M. ont été utilisés en 1959, est pris* en compte définitivement par les Finances Publiques ; son montant prévu pour 1960 et 1961 (75 M.) est annulé et absorbé par les nouvelles mesures figurant dans le nouveau programme.

2° **Réorganisation de la production**

Classement des plantations en

A) Plantations non viables

B) Plantations marginales

C) Plantations moyennes

D) Grandes plantations

avec détermination précise, pour chaque plantation, des différentes caractéristiques conditionnant sa productivité. Le recensement des plantations sera effectué par une Commission régionale, placée directement sous la responsabilité du Directeur régional de la Production, et bénéficiant de la collaboration de l'IFAC et des coopératives de planteurs.

Reconversion des plantations du type A vers d'autres activités, et regroupement en coopératives de production de celles pour lesquelles c'est possible.

— Regroupement en coopératives de production des plantations du type B ou décision d'aider au redémarrage individuel des meilleures d'entre-elles.

— Etude de la création d'un ou plusieurs « Centres Nationaux de Production Agricole » dont la production serait centrée sur la banane, et, de façon annexe, sur la production fruitière.

3° **Etude de la compression des éléments du prix de revient.** Cette étude portera sur l'ensemble des éléments composants du prix de revient et, indépendamment de la compression recherchée dans les frais de production proprement dits, se fixera l'objectif de réduire de 5 frs par kilo les postes emballage, transport, acconage et transit, taxes diverses, à partir de 1961.

4° **Inventaire exact des besoins des plantations ainsi classées,** (en engrais, insecticides, emballages, matériel d'équipement) et négociations avec nos partenaires étrangers pour l'inclusion de certains de ces articles dans les accords à long terme. L'inventaire sera effectué dans les mêmes conditions que le recensement des plantations, sous l'égide des Commissions régionales.

5° **Rémunération des planteurs et aide financière de l'Etat**

a) **Fixation du prix de base à 120 dollars (29.600 francs FOB),** qui sera payé comptant dès embarquement. Ce prix concerne les tonnages exportés par le C.G.C.E. vers les pays de l'Est et comprend une avance compensatrice de 15 dollars ou 3.700 francs par tonne, remboursable en 5 ans à partir de la fin du Plan triennal. Il est valable pour l'année 1960 et sera revu ou reconduit chaque année selon la situation de la production et la conjoncture.

b) **Avance compensatrice de 35 dollars** par tonne pour les livraisons de 1959 aux pays de l'Est, prise en charge par l'Etat définitivement.

c) **Rappel :** Prise en charge par l'Etat des frais de traitement contre la cercosporiose.

d) **Crédits consentis par l'Etat aux planteurs : les emballages, insecticides et engrais** nécessaires au développement de la production seront chaque année mis à la disposition des planteurs sous forme de crédit de campagne ne portant pas intérêt, et fournis en nature par l'Office National. Ils seront remboursés d'une année sur l'autre par une retenue sur chaque tonne exportée par le C.G.C.E.

Le matériel d'équipement nécessaire à la poursuite du même objectif sera fourni aux planteurs sous forme d'un crédit assorti d'un taux d'intérêt minimum et remboursable sur 5 ans à partir de 1962.

e) Mise à l'étude d'un système de prime à la productivité, destinée à stimuler l'amélioration quantitative et qualitative de la production, et distribuée cumulativement aux mesures ci-dessus.

6° **Négociation sous l'égide de l'Office d'un moratoire des dettes aux Commissionnaires** jusqu'au 31-12-61 avec remboursement étalé si possible sur 5 ans à compter du 1-1-62.

7° **Réorganisation de la commercialisation**

— Extension du monopole d'importation du C.G.C.E. aux emballages,

— Conclusion de contrats de livraison entre, d'une part, le C.G.C.E. et l'Office, et d'autre part, les coopératives de planteurs,

— Etude de l'extension du rôle du C.G.C.E. aux marchés des pays non socialistes (activité du C.G.C.E. comme « Marketing Board »),

— Prospection de marchés nouveaux (Europe du Nord, Autriche, Italie, etc...),

— Etude de la reconversion des relations avec les marchés anciens (organisation de la vente directe du C.G.C.E. sur ces marchés, contrats avec nouveaux partenaires, tels coopératives de consommation, syndicats ouvriers, etc...).

8° **Etudes techniques de développement de la production bananière,** en liaison avec les instituts de recherches : reconversion de la culture en poyo, étude de la fabrication de bananes séchées, poudre de banane, etc.

II - MESURES D'URGENCE (à appliquer avant fin mars)

Annoncer la création de l'Office National et rendre publiques les grandes lignes du Plan bananier, par la plus haute autorité de l'Etat afin d'affirmer solennellement la prise en mains par le Gouvernement de la question bananière. Annoncer les premières mesures pratiques mises aussitôt en application, sans attendre la mise au point détaillée du Plan bananier, à savoir :

1° Prise en charge par l'Etat du traitement de la cercosporiose,

2° Fixation du prix de base de 29 frs 60 FOB dans les conditions définies ci-dessus,

3° Aide financière de l'Etat aux planteurs sous la forme définie ci-dessus,

4° Importation massive, dans les conditions qui viennent d'être définies, d'engrais nécessaires aux travaux du printemps et de l'automne de cette année,

5° Négociation d'un moratoire général des dettes des planteurs aux commissionnaires, dans les conditions définies ci-dessus.

N.B. — L'étude chiffrée du **coût pour l'Etat** des propositions qui précèdent, est la suivante (en millions de francs guinéens).

En dépenses de Trésorerie		1960	1961	1962
Lutte contre la cercosporiose	=	100 M.	50 M.	25 M.
Crédit/engrais (2)	=	85 M.	30 M.	20 M.
Crédit/emballage (2)	=	170 M.		
Primes productivité (chiffre choisi à titre indicatif)	=		50 M.	50 M.
Total		355 M.	130 M.	95 M.
Dont, à fonds perdus :		100 M.	100 M.	75 M.
Dont, en crédits annuels de campagne :		255 M.	30 M.	20 M.

(1) Les données détaillées de cette étude chiffrée figurent en annexe.

(2) Remboursé d'une année sur l'autre, avec un certain accroissement des engrais en 1961 et 1962 dû à la politique d'expansion de la production.

Récapitulation des investissements à fonds perdus :

— pour les 3 années du Plan Triennal :
(100 + 100 + 75) + 50 M.
(traitement cercosporiose 59) ...... = 325 M.

— Pour les 5 années **suivant** le Plan (1963/67) : remboursement de l'avance compensatrice de 35 dollars par tonne exportée en 1959 sur les pays de l'Est
35 × 25.000 t. = 875.000 dollars .. = 220 M.
(Remboursement par tranche annuelle d'environ 45 M.)

Total .... 545 M.

L'aide de l'Etat aux planteurs consiste également en la mise à la disposition de ceux-ci de matériel d'équipement dont l'avance est faite dans le cadre des accords à long terme conclus avec les pays socialistes (donc, ne pesant pas sur la trésorerie de l'Etat) soit : 400 M.

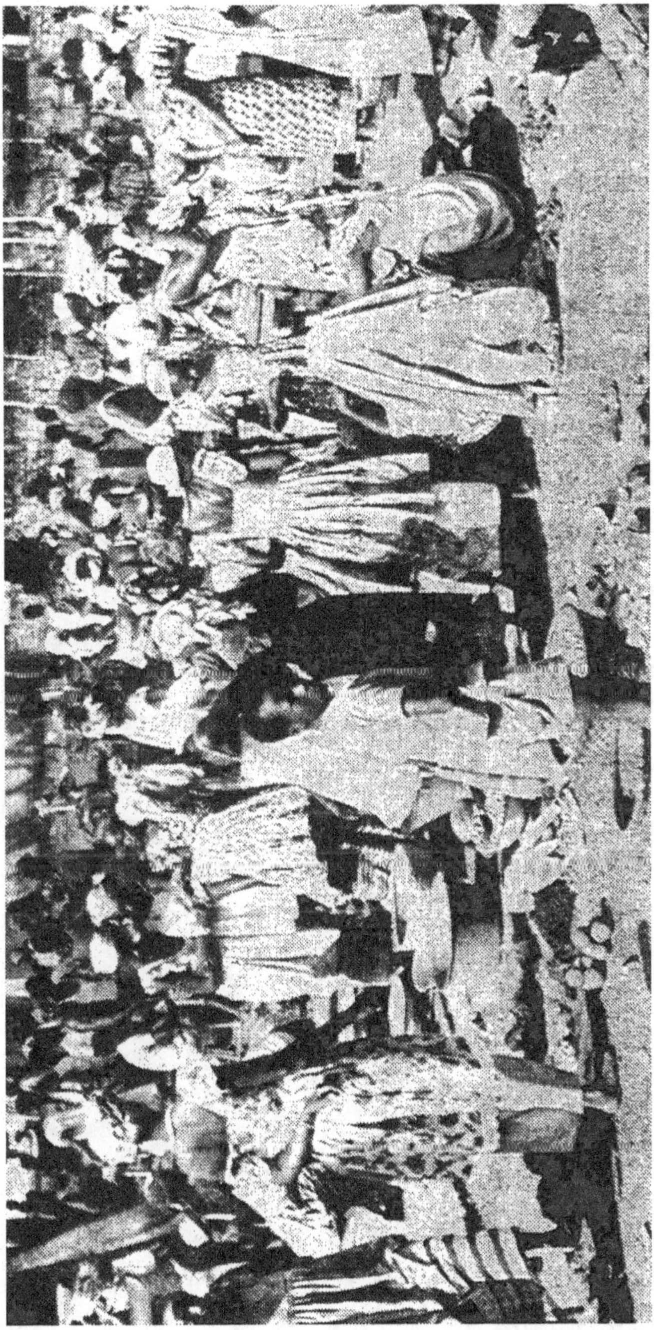

Développer l'auto-consommation.

Les propositions de la Fédération Bananière, consistant en une prime uniforme à l'exportation de 5 frs par kilo, et en un prêt à long terme de 700 millions, exigeraient l'effort suivant de l'Etat :

		1960	1961	1962
Exportation	=	60.000 T.	80.000 T.	100.000 T.
Prime	=	300 M.	400 M.	500 M.
Crédit	=	700 M.		
Total (en dépenses de trésorerie)	=	1.000 M.	400 M.	500 M.

Soit 1.200 millions à fonds perdus, de 1960 à 1962, et 700 millions en crédits à long terme.

b) **ANANAS** - Culture d'avenir pour la Guinée.

Avec les ravages de la cercosporiose, cette culture est de plus en plus pratiquée suivant les techniques mises au point par le C.G.R.F. (IFAC). Les résultats obtenus sont très intéressants dans l'ensemble. Le débouché hautement rémunérateur constitue un facteur d'encouragement.

En 1959 l'exportation d'ananas frais a été de 3.757 tonnes pour 190.966.000 francs contre 2.621 tonnes soit une augmentation de 1.136 tonnes.

Pour le moment cette culture qui demande des soins particuliers reste presque uniquement dans les mains des gros planteurs étrangers.

III - LES AGRUMES ET LES HUILES ESSENTIELLES

Sans grand changement sur les vergers établis par les exploitants européens un peu partout l'oranger est la principale culture du Foutah.

Des peuplements denses se rencontrent surtout à Porédaka (Mamou), à Yambéring (Mali), Lélouma (Labé), Kinsi-Koré (Gaoual) et Télimélé.

On estime environ à plus de 420.000 le nombre d'orangers cultivés en tapades. Il n'existe dans le milieu africain que peu de plantations rationnelles (3 : Yambéring - Lélouma - Kinsi-Koré).

Le verger du Foutah est extrêmement diffus, quelques unités seulement par tapades, très hétérogènes (âge, qualité du produit, productivité, état sanitaire et constitué surtout de sujets francs 96 %).

Les derniers recensements accusent près de 900.000 arbres.

La gommose continue ses ravages ainsi que la cochenille et les criquets puants.

Le meilleur moyen de lutte contre la gommose est de substituer le verger constitué par les francs de pieds, par des plants greffés (remplacement progressif de tous les vieux orangers sujets à parasites).

LES FRUITS FRAIS

Aucune amélioration n'est constatée dans les opérations de cueillettes, de collecte et de transport des fruits frais à destination des zones consommatrices.

Pour conserver les débouchés acquis, et aménager les débouchés futurs, un aménagement du verger s'impose.

Fautes de voies facilement praticables, certaines régions relativement chargées en oranges sont vouées à l'auto-consommation (Tougué - Yambéring - Lélouma - Sokilis) etc...

D'autres au contraire facilement accessibles sont insuffisamment pourvues de fruitiers (Gaoual).

Il est à souhaiter qu'intervienne sans retard, un programme cohérent d'aménagement du verger. Les principaux points se résumant comme suit :

— Extension de la culture pour la production du fruit frais ; points d'applications principaux : Gaoual, Ouest Mali, Labé (destination Sénégal), Télimélé, Sokilis, Mamou (destination Haute et Basse Guinée).

— Maintien et encouragement de la production d'essence de zeste de qualité.

Un tel programme suppose un effet soutenu de multiplication de plants à diffuser (plants greffés). C'est à quoi le plan triennal devra s'adonner.

Commercialisation d'huiles essentielles

(Agrumes et divers)

Essence d'orange	84.084 contre 84.151 en 1958
Essence zeste citron	7.296 contre 13.277 en 1958
Essence Bigarades	1.207 contre 0,368 en 1958
Essence de Nérolé	0,006 contre 0,004 en 1958
Essence Concrète de jasmin	0,029 contre 0,039 en 1958
Essence Caroucaroundé	0,010 contre 0,044 en 1958

Grâce à ce traitement industriel obligatoire, l'essence d'orange de Guinée a été de très bonne qualité à la sortie.

IV - CAFES

Troisième production agricole de la Guinée pour le tonnage, les cafés verts enlèvent à la banane en 1959, la première place pour la valeur.

Exportations 1959 15.662 tonnes 244 (chiffres conditionnement) contre 11.409 tonnes en 1958.

Tableau comparatif des dernières années :

1956 =	10.675 tonnes 8	1.505.735.000 francs
1957 =	9.853 tonnes 7	1.443.675.000 francs
1958 =	11.409 tonnes 6	1.747.647.000 francs
1959 =	15.662 tonnes 2	2.243.942.000 francs

Répartition des exportations en net :

	1958	1959
Par Conakry	9.732.850	13.842.018
N'Zérékoré (via Monrovia)	1.676.760	1.820.226

TONNAGE DES CAFES EXPORTES EN 1959

1er - Par variétés

Variétés	De Conakry	de N'Zérékoré (via Monrovia)	% du total exporté
	Tonnage	Tonnage	
Arabica	1.200		
Excelsa	—	—	
Robusta	13.840.818	1.820.226	
Total	13.842.018	1.820.226	

2me - Par qualités (pour Robusta)

Prima	= 10.151.335	soit	64,40	%
Supérieur	= 4.923.306	»	31,43	»
Courant	= 134.587	»	0,85	»
Limite	= 5.025	»	0,03	»
Sous limites	= 11.760	»	0,07	»
Triages Brisures	= 427.671	»	2,73	»
Hors normes	= 7.360	»	0,04	»

III - Comparaison avec les années précédentes

Année	Extra-prima	Prima	Supérieur	Courant	Limite	S/Limite	Triages brisures	Hors normes
1956	0,3 %	5,7 %	36,4 %	8,1 %	0,1 %	0,03 %	0,3 %	»
1957	0,15	26,30	70,60	2,8	»	»	0,77	»
1958	»	51,02	46,26	0,31	0,27	0,08	0,97	»
1959	»	64,4	31,88	0,85	0,03	0,07	2,73	0,04 %

Lutte contre la Trachéomycose - Maladie fusarienne dont l'agent vecteur est un champignon parasite : Fusarien Xylaroides, décelée à N'Zérékoré en mars 1958. La lutte organisée avec les moyens du bord a permis l'arrachade de 99.800 plants car tout caféier atteint est irrémédiablement perdu.

Le principe du traitement consiste donc à détruire par le feu les périthèces renfermant les agents pathogènes.

En 1959, le Gouvernement a matérialisé son souci de préserver la culture contre ce fléau en rendant obligatoire la lutte contre la Trachéomycose et en déléguant une somme de 10.000.000 pour bien mener les travaux de lutte dans les régions ou sévit la maladie, achat de véhicules, produits de matériaux de lutte, main-d'œuvre).

V - OLEAGINEUX

a) Arachides

Cultivée dans l'ensemble du Territoire pour l'autoconsommation, l'arachide n'a bénéficié d'une certaine extension que dans les régions de Youkounkoun, Gaoual ou Bissikrima. En effet dans le Kadé, Badiar, Coniagui et

Bassari cette plante trouve des conditions particulièrement favorables à son développement (sol sablonneux, pluviométrie moyenne, etc...).

Commercialisation. Nous relevons 2.209 tonnes 769 d'arachides décortiquées pour l'huilerie valant 88.735.000 francs et 40 tonnes 680 d'arachides de bouche en coques comme exportations en 1959.

Légèrement supérieure en tonnage par rapport à la campagne 1957-58, la production 1958-59 a connu la pourriture des graines issues des récoltes précoces généralement faites en temps pluvieux (septembre-octobre). Ceci a affecté presque 5 % de la production. Grâce à l'installation de 3.757 navétanes dans la région de Youkounkoun on doit s'attendre à une augmentation de production qu'on peut estimer environ à 4.500 tonnes (toutes conditions de culture favorable). Le prix de l'arachide porté à 23 francs le kilo au producteur encourage bon nombre de navétanes qui se montrent déjà enthousiastes. Il faudrait dores et déjà prévoir le stokage de semence en quantité suffisante.

Comparaison entre les diverses variétés d'arachides de Youkounkoun.

Poids spécifique hectolitre par arachide des types.

Badiar	28 kilos à 32 kilos
Coniagui	29 kilos à 30 kilos
Bassari - Pompoton	29 kilos à 30 kilos

Rapport poids coques vides - poids amandes.

Badiar	26/74 à 30/70
Coniagui	20/80 à 27/73
Pompoton	27/73 à 30/70

Qualité : Les moyennes indiquées par le Poste de contrôle de Koundara pour la campagne 1958-59 sont :

1°) **Début campagne** : (mois de janvier)

Analyse sur 4 lots d'arachides décortiquées pour huilerie (résultats moyens).

Matières étrangères	1,17 %
Graines endommagées	9 %
Brisures	9 %

2°) **Fin campagne** (mois d'avril).

Analyse sur 4 lots d'arachides décortiquées.

Matières étrangères	1.52 %
Graines endommagées	4,93 %
Brisures	8,93%

b) **Palmier à huile**

En peuplements naturels ou denses et en palmerais créées, le palmier à huile constitue en Basse-Guinée et en Guinée une importante ressource. En Moyenne-Guinée on retrouve quelques peuplements peu denses au Sud d'une ligne de démarcation allant du Mali au Badiar en passant par Sokili, Télimélé et le Sud de Gaoual.

Les populations se livrent à l'extraction de l'huile de palme et au concassage des palmistes dont la commercialisation devient de plus en plus intense. Des concasseurs sont installés dans les différents centres de production. Ce qui augmente la qualité de palmistes et en améliore la présentation.

En 1959 la commercialisation a été de 23.160 t. 500 de produits exportés valant 712.810.000 francs contre 19.371 tonnes valant 502.312.000 francs en 1958, soit une augmentation de 3.789 tonnes 400.

Les sorties se répartissent ainsi :

Par port de Conakry	15.867 t. 800
Par N'Zérékoré via Monrovia	7.292 t. 600

Le prix d'achat au producteur a été très intéressant (22 frs le kg). Cette politique de prix encourage les populations et c'est là l'une des causes de l'augmentation sensible du tonnage exporté.

Au point de vue qualité, on enregistre une nette amélioration (réduction d'amandes avariées car le produit est exporté presque au fur et à mesure de son arrivée au point de sortie sans stockage prolongé. Malheureusement, on rencontre encore des lots contenant une forte proportion de coques (palmistes des Iles de Loos surtout).

REGENERATION DES PALMERAIES

En Basse Guinée il existe deux importants secteurs de régénération des palmeraies : Boké et Boffa et des pépinières modestes dans les autres Régions Administratives.

En 1959 nous avons eu à déplorer l'incendie d'une partie des plantations en production de Boffa et Boké.

L'installation de germoirs de graines à Yogoya (Boffa) et à N'Zérékoré permet de ravitailler en plants tous les secteurs lorsque le Service de l'Agriculture reçoit des graines sélectionnées du Dahomey (Irho).

B) PRODUCTION PASTORALE

SITUATION GENERALE

La République de Guinée est un Territoire particulièrement favorisé sous le rapport de l'élevage du bétail, eu égard aux conditions fournies à ce dernier par le milieu et par l'éleveur.

Par sa physionomie toute spéciale, par la richesse qu'il représente relativement à la faible densité des populations humaines, par la valeur des transactions qu'il alimente, l'élevage est devenu au cours de ces dernières années, un des éléments les plus intéressants et les plus caractéristiques de la production économique du pays.

Il n'est pas exagéré de fonder les plus légitimes espérances sur son développement.

Les diverses espèces d'animaux se rencontrent en Guinée en des proportions très variables selon les espèces et les Régions considérées.

L'élevage des bovidés est la ressource de la majeure partie de la population.

Le dernier recensement accuse un total de 1.350.000 bovidés pour toute l'étendue de la République représentant une valeur de 13 milliards et demi de francs guinéens.

ACTIVITES DES AGENTS

a) **Effectifs visités :**

Bovins	757.908
Ovins et caprins	369.112

b) **Nombre de jours de tournées :** 7.742

SITUATION SANITAIRE

Charbon Bactéridien et Bactérien :

Les maladies telluriques ont fait comme chaque année à l'approche de l'hivernage leur apparition, mais les mortalités ont été limitées par les vaccinations préventives. 189.063 bovins et 21.638 ovins ont été immunisés contre le Charbon bactéridien et 266.623 vaccinations contre le Charbon symptomatique.

Pasteurellose bovine : Plusieurs foyers de pasteurellose ont été enregistrés dans les Circonscriptions d'Elevage de la Haute et Moyenne Guinée 9.963 vaccinations préventives.

Maladies aviaires : Fréquentes, mais surtout observées dans les Centres urbains où elles causent de nombreuses mortalités. Les vaccinations préventives ont porté sur 44.317 volailles.

Rage Canine : La rage s'est manifestée et continue à se manifester partout avec une gravité particulière. Les causes de cette recrudescence ne sont pas toujours identifiées. Le grand nombre de chiens errants, l'absence de vaccination générale, la présence de la rage chez d'autres carnivores (chacals, civettes, mangoustes) qu'on rencontre dans les villages et les villes et qui constituent des facteurs de transmission insaisissable, l'irrégularité de la période d'incubation, l'impossibilité de régler l'entrée et la sortie des chiens en Guinée et le refus des propriétaires d'abattre tout chien non vacciné mordu par un autre chien enragé, constituent les facteurs favorisant l'éclosion et la propagation de la rage.

La péripneumonie : Elle évolue en Haute Guinée et Région Forestière. Mais d'ores et déjà on peut signaler qu'il sera bientôt possible de la supprimer du Territoire de la République. La Conférence de Beyla a jeté des bases solides de la lutte rationnelle contre la maladie. Il fallait avant tout une action conjuguée à tous les niveaux des responsables politiques, techniques et administratifs. La grande difficulté était de persuader l'éleveur que le traitement employé et les mesures de Police

Sanitaire étaient sans effet dans les conditions sociales actuelles. Seul l'abattage des animaux après blanchiment en vue de la récupération de leur prix par la vente de la viande est efficace. Ceci a été répété au cours des assemblées, des Conférences de quartiers et de villages et les éleveurs ont compris. Ils se sont rendus compte aussi par l'expérience que la bête malade est souvent perdue ou dangereuse pour l'ensemble du troupeau. De ce fait ils acceptent maintenant les mesures de sauvegarde de leurs biens. Les malades d'un village sont blanchis au Novar, ils prennent souvent du poids à la suite de ce traitement (le Novar qui groupe des arsenicaux est comme on le sait, tonique). Par convois de camions ils sont dirigés au Centre urbain prévu et là sont abattus en priorité; les propriétaires récupèrent l'argent et s'en retournent chez eux. Cette somme servira à acheter d'autres bêtes pour l'élevage, qui elles, seront vaccinées avant introduction.

Il ne faut évidemment pas se hâter de conclure. Le test de l'hivernage nous fixera bientôt. En effet, pendant les grandes tornades, le refroissement et l'humidité provoquent toujours le réveil de la maladie quand elle existe à l'état latent chez un sujet. Un programme est prévu pour le contrôle. Et, partout, les agents de l'Elevage appuyés par les Commandants des Régions Administratives et les élus, continuent le programme d'assainissement des troupeaux par le système d'abattage et de vente.

Vaccination : Que ce soit dans le cas des Charbons, de Pasteurellose, des maladies aviaires ou de la Péripneumonie, les interventions vaccinales ont été faibles. Cela est dû uniquement à ce que le Laboratoire Central

Une des richesses de la Guinée.

de l'Elevage de Dakar nous a imposé des conditions vraiment pénibles et que rien ne justifie pour la livraison du vaccin.

D'abord une décision de majorer tous les prix des vaccins de 25 % nous a été notifiée. Nous avons intervenu par lettre pour signaler le caractère unilatéral de la mesure puisque la Guinée, pour les taurillons d'expérience achetés ici au compte du Laboratoire au lendemain du Référendum, n'a demandé aucune surtaxe, mieux, elle a appliqué à ces animaux l'exonération de la taxe douanière. L'ancien tarif des vaccins a été maintenu à la suite de cette intervention.

Ensuite, il a été notifié à la Guinée, toujours par ce Laboratoire, que le vaccin ne sera livré que contre-versement intégral préalable de son prix. Cela a porté un rude coup à la Guinée. Depuis le mois de mars 1958, il n'a pas été livré de vaccin. Non pas qu'on ne puisse pas payer, mais du fait des difficultés de transfert de fonds à Dakar. Il a fallu que le Gouvernement de Guinée, par un arrêté ministériel, ouvre un accréditif bancaire au profit du Service de l'Elevage à la B.A.O. Contre une somme de 500.000 frs du vaccin est commandé, mais il est loin de satisfaire les nombreuses commandes des Régions centralisées à la Direction de l'Elevage. Le renouvellement de l'accréditif demandé permet de sortir de l'impasse ; disponibilité de fonds, présence de la maladie, impossibilité d'avoir du vaccin.

C'est en prévision de tous ces petits ennuis mesquins et inévitables que la création d'un Laboratoire Vaccinogène a été vivement sollicité lors de la Conférence de Beyla. Cette solution demeure toujours valable, car on ne peut prévoir le sort du grand Laboratoire de Dakar à la suite de la liquidation du Haut-Commissariat. De toute façon il n'est pas souhaitable que nous soyons satisfaits dans les conditions actuelles, de gestion du Laboratoire.

Matériel : Le matériel de l'Elevage, véhicules à moteur et sans moteur et les instruments de travail : pinces à castrer Burdozzo, seringues pour les injections, petit matériel de chirurgie d'urgence : (trocart, bistouris, ciseaux, etc...) n'ont pas été renouvelés depuis plus d'un an. La carence commence à se faire sentir partout. La plus grande partie des véhicules servant au transport rapide de vaccin et au contrôle constant des anciens foyers d'épizootie pour un personnel insuffisant est hors d'usage. C'est le cas de Pita, Dalaba, Gaoual, Dabola, Boké et bientôt Labé, Mamou et Télimélé.

Etablissements d'Elevage : Ce sont les deux Fermes Nationales de Mamou et de Ditinn. Elles procèdent à des expériences, à des essais dont les résultats heureux sont vulgarisés dans toute la République.

Boviculture : Un lot de bovins est entretenu en vue d'étude sur les différentes maladies propres aux bovinés, leurs méthodes d'élevage et leur exploitation rationnelle.

Aviculture : Les deux Fermes de Mamou et de Ditinn sont également axées sur la production de volailles de races sélectionnées précoces, aux hauts rendements en vue de leurs cessions dans les collectivités. L'acquisition de trois couveuses de 300 œufs nous a permis de mettre en marche la batterie pour l'obtention de poussins pour la relève des pondeuses actuelles.

Productions et Cession - Pontes : 22.158 ; naissances : 1.563.

Cessions aux différentes S.M.D.R.

Boucherie : Cette année la pénurie en viande s'est fait particulièrement sentir à Conakry. La raison réside dans la réaction du Gouvernement contre toute mesure tendant à majorer le prix du kilogramme de viande. En effet, c'est là une tendance coutumière qui permet aux bouchers de faire monter d'un cran tous les ans les prix sans profit pour les consommateurs, surtout pour la masse.

Cette année, le Gouvernement a tenu plutôt à faire bénéficier les bouchers groupés en Coopérative d'un prêt fort important ayant pour effet de faire baisser le prix des bêtes au départ. A cet effet, ils ont perçu 5.000.000 de francs. Les chiffres d'abattage dans les Centres contrôlés sont les suivants :

Bovins : 30.651 ; ovins-caprins : 6.145 ; porcins : 198.

PERSONNEL

Personnel technique avant le référendum :

Du 1er janvier au 28 septembre 1958, la Guinée alors colonie française avait comme effectif :

7 Vétérinaires Inspecteurs se répartissant comme suit :

a) Direction 2
Section Technique des Pêches 1
b) Circonscription d'Elevage 4

10 Vétérinaires Africains dont 3 détachés, remplissant des rôles politiques.

13 Assistants d'Elevage

60 Infirmiers Vétérinaires

Cet effectif est réduit actuellement à :

13 Vétérinaires Africains

13 Assistants d'Elevage

81 Infirmiers Vétérinaires

MOYENS DE LUTTE CONTRE LES EPIZOOTIES

En 1947, le cheptel de la Guinée comptait environ 500.000 têtes bovines. En 1959, il compte environ 1.350.000 bêtes, soit plus du double en 12 ans. Cette augmentation ira en s'accélérant par la loi de la multiplication géométrique, cela grâce à la lutte serrée livrée par le Service de l'Elevage contre les nombreuses maladies épizootiques qui frappent habituellement le bétail en Afrique.

Avec l'Indépendance cependant, les moyens de lutte doivent nécessairement changer de forme, soit dans la production des produits biologiques, soit dans l'application des prophylaxies médicales ou sanitaires.

A l'époque de la colonisation la Guinée était comme tous les territoires de la Fédération, tributaire du Laboratoire Fédéral (de Dakar) lequel répartissait entre les pays les vaccins qu'il produisait au prorata des besoins et des acquisitions.

Un minimum de prudence obligera la République de Guinée à étudier la mise en fonctionnement rapide d'un Laboratoire de production de vaccins courants et à plus longue échéance de recherches pures en matière de pathologie animale. Il importe en effet d'éviter à tout prix de dépendre exclusivement en prophylaxie médicale, des livraisons que nous consent encore un organisme dont les intentions peuvent du jour ou lendemain changer radicalement pour devenir hostiles et dangereuses. Les effets d'une pareille évolution des intentions seraient catastrophiques pour notre économie, tant sur le plan matériel que sur le plan psychologique.

Fort heureusement les besoins de la Guinée pour assurer un minimum de protections efficaces de son cheptel ne sont pas tellement diversifiés et un Laboratoire même de modeste envergure permettrait d'assurer la production de vaccins indispensables. Mais cette production est une impérieuse nécessité et doit porter sur la préparation de vaccins :

— Antipestique bovin
— Antibactéridien bovin et ovin
— Antisymptômatique
— Antipasteurellique bovin

Ces produits sont de préparation relativement ancienne et ne nécessitent pas tellement de personnel hautement spécialisé.

Cependant il faudra nécessairement envisager sous peine de danger grave la production de vaccin antipéripneumonique.

Ce chapitre de production présente des difficultés qu'il ne faut pas minimiser et demandera un personnel de haute qualité et un matériel assez important. Or cette production est d'une nécessité absolue, car si le stamping-out a eu des résultats spectaculaires en Guinée grâce à la confiance que les éleveurs ont accordée au Parti et au Gouvernement de la République au lendemain de l'Indépendance, il n'en demeure pas moins que la péripneumonie sera longtemps encore un énorme danger, du fait de sa très longue existence en Guinée.

La préparation et la conservation des vaccins posent des problèmes à chaque cas et des problèmes d'ordre général.

Ainsi le vaccin antipestique bovin peut être préparé en très petite quantité et régulièrement renouvelé, de sorte qu'en cas d'alerte, le stock disponible peut être immédiatement utilisé avant de plus importantes préparations à partir de malades encore vivants (vaccins formulé de CURASSON au gel d'alumine).

Le vaccin lyophilisé, capripestique ou lapinisé demande des investissements considérables hors de proportion actuellement avec les besoins.

Dans le même ordre d'idées, le vaccin antipéripneumonique a besoin d'être produit ou employé dans les conditions particulières. Le vaccin Bennett modifié, encore couramment employé présente des irrégularités qui déroutent dans l'interprétation de ses critères immologiques. Il commande un emploi circonspect tant en milieu contaminé qu'en milieu neuf.

La production du vaccin antipéripneumonique, quelque soit la nature de ce vaccin demandera un effort d'investissement certain, mais indispensable, car la maladie existe en Guinée depuis bientôt 25 ans et peut donner encore des possibilités de flambés expansives.

Dans tous les cas, le pays et le Gouvernement auront à choisir devant certaines alternatives en fonction de ses possibilités et de son devenir économique :

a) Vaccinations systématiques ou

b) Vaccinations dans et autour des foyers.

c) Vaccinations gratuites ou

d) Vaccinations avec participation des éleveurs.

Le choix de l'une ou plusieurs de ces méthodes déterminera l'importance qu'il faudra accorder aux capacités productives du Laboratoire.

Si les vaccinations systématiques étaient adoptées, la productions deviendra importante. A titre d'exemple, en

Haute-Guinée en 1959, il a été vacciné systématiquement même contre la péripneumonique 133.000 bœufs.

Dans la Région Administrative de Kindia, les vaccinations antibactéridiennes systématiques se sont élevées à environ 8.000 alors que les mêmes vaccinations, mais en milieu infecté uniquement n'ont porté que sur une centaine de têtes.

L'idéal serait évidemment les vaccinations systématiques avec participation librement consentie des éleveurs.

Alors, et seulement, on peut espérer toucher l'ensemble du cheptel de la Guinée, malheureusement ce procédé recèle de nombreux facteurs contrariants, notamment la libre détermination du propriétaire en milieu indemne de maladies dans un temps donné.

II. — ACCROISSEMENT DE LA PRODUCTIVITE EN VIANDE ET EN LAIT

L'aspect le plus frappant de notre élevage en matière de production en viande ou en lait, réside surtout dans les efforts continus des éleveurs pour maintenir et accroître le nombre de têtes animales qui constituent leurs troupeaux.

Ces efforts de multiplications ajoutés à ceux du Service de l'Elevage pour combattre les épizooties ont eu pour résultat de multiplier à une cadence accélérée le nombre d'animaux constituant notre cheptel national.

Mais si les résultats obtenus sont encourageants, il existe un autre procédé en faveur de l'élevage basé sur une production quantitative et qualitative dit élevage intensif, contrairement à notre élevage coutumier dit élevage extensif en raison de l'étendue des parcours utilisés.

La comparaison des deux méthodes fait ressortir des avantages en faveur de l'Elevage intensif, qui s'il demande des efforts considérables en approvisionnement alimentaire et dans le domaine des croisements et de la sélection, permet aussi une production accélérée en qualité et en quantité.

L'Elevage intensif demande pour être rentable, à être bien conduit :

1°) Introduction de géniteurs choisis dans des domaines bien établis

a) Production de la viande - adultes et jeunes.

b) Production de lait.

2) Etude et aménagement de prairies naturelles (à l'exclusion des prairies artificielles)

3) Etude et constitution de compléments nutritifs (fourrages et oligoéléments)

4) Etude et mise en œuvre de matériel d'exploitation perfectionné.

Tel quel, l'élevage intensif rentable a besoin pour être adopté, de s'opérer dans les fermes régionales dont les Directeurs vulgariseront les procédés au cours de très nombreuses causeries éducatives.

L'Elevage extensif coutumier présente les avantages d'un bien moindre investissement financier et en heures de travail. Par contre ses inconvénients sont multiples :

1°) Perte numérique par négligence dans le gardiennage ;

2°) Fluctuation dans la production en viande et en lait par suite des variations saisonnières ;

3°) Risques plus grands de contaminations de maladies telluriques ou parasitaires ;

4°) Manque de contrôle dans les cycles de reproduction avec forte mortalité des jeunes ;

5°) Pas de critère pour déterminer l'âge des bêtes à l'abattage avec pour conséquence cette forte proportion d'animaux hors d'âge encombrant les troupeaux et n'ayant plus aucune valeur marchande.

La comparaison des deux modes d'élevage fait pencher incontestablement la balance vers l'élevage auquel des pays européens et américains sont parvenus à des productions laitières qui paraîtraient mauvaises en Afrique Noire.

La production laitière est cependant essentiellement fonction de l'alimentation : la qualité du fourrage, comme la quantité inclue d'une manière indissoluble.

Nos vaches ne produisent pas régulièrement deux litres de lait par jour. Quand les vaches d'ailleurs ont une moyenne de 20 à 30 litres journaliers.

Pour accroître notre production laitière, il faut avant tout procéder à une éducation constante, continue, inlassable de l'Eleveur.

La rentabilité en matière d'élevage ne s'obtient pas en partant uniquement de données financières. Les mœurs doivent être réservées et cela suppose une action en profondeur menée pendant un temps très long et sans hiatus.

Il faut avant tout constituer des stocks de fourrage et pour les saisons sèches et pour le supplément de nourriture. Il faut également après analyse de fourrages divers du pays, distribuer aux bêtes les éléments essentiels nécessaires à un fonctionnement organique harmonieux, qui n'existent qu'en proportion insuffisante dans les fourrages naturels du pays : Phosphore, calcium, etc...

Ces minéraux, pour être incorporés dans l'alimentation des animaux domestiques, nécessitent de la part de l'éleveur une évolution moderne qu'il faut lui donner par une très longue éducation.

III. — RAJEUNISSEMENT DU TROUPEAU

Le problème de l'heure porte sur les constituants de nos troupeaux nationaux. La tendance générale veut qu'une bête ne soit abattue pour la consommation que lorsqu'elle a atteint une extrême vieillesse et perdu 75% de sa valeur marchande.

Si après étude, on parvenait à fixer l'âge optimum d'abattage en Guinée tant chez le bœuf que chez la vache, et que l'éléveur accepte de mettre en pratique ces notions de commercialisation accélérée, nous pourrions entrevoir le temps ou l'élevage est plus qu'une source de revenu, mais un facteur d'émancipation économique et sociale.

Le Peulh est incontestablement un éleveur, depuis des siècles et des siècles, il se livre à cette fonction.

Mais les hasards de ses migrations à travers l'Afrique l'ont amené à se fixer dans la zone où précisément l'élevage peut le moins se pratiquer c'est-à-dire au Foutah Djallon.

C) PRODUCTIONS MARITIMES

Les plans de développement de l'économie guinéenne à l'étude ou déjà arrêtés par les pouvoirs publics donnent une priorité au Secteur Agricole. Ce choix est justifié par l'importance de ce Secteur dans l'économie du pays ; l'Agriculture intéresse directement la grande majorité de la population et dans ces conditions, une amélioration faible en pourcentage a déjà un effet sensible sur le niveau de vie de la production.

Bien que la pêche maritime ne présente pas la même importance elle devrait cependant bénéficier des mêmes efforts. Les résultats très rapides qu'il est possible d'atteindre dans cette voie les justifient largement. Une augmentation de la production de poisson se traduirait rapidement par une amélioration du niveau de vie à la fois par la création de nouveaux emplois et par la mise à la disposition de la population de produits alimentaires plus abondants. Indirectement, elles permettraient l'arrêt de certaines importations et même les exportations qui amélioreraient la situation extérieure du pays.

I. — SITUATION ACTUELLE

a) **Poissons de surface :** (Bonga - Sardinelles, etc...) Actuellement seul le Bonga fait l'objet d'une exploitation saisonnière par les pirogues pêchant au filet ;

b) **Poissons de fond :** Les pirogues pêchent ces poissons à la ligne en particulier le Sinapa «Daurade». Quelques chalutiers exploitant les zones chalutables entre Matakong et le Rio Pongo avec une production globale moyenne de 7 à 8 tonnes par jour, auxquelles il faut ajouter 3 à 5 tonnes de petits poissons vendus pour leur propre compte par les équipages.

c) **Poissons du large :** La Guinée ne profite aucunement jusqu'à présent des ressources considérables qu'offre le large de ses côtes en particulier pour le Thon Albacore pêché uniquement par les bateaux français, espa-

Ressource jusqu'ici exploitée dans des conditions extrêmement dures.

gnols et mêmes japonais. Une partie de ce poisson est d'ailleurs travaillé par les usines de Dakar ou congelé en frigorifique.

II. — POSSIBILITES

a) **Poissons de surface** : Les poissons de surface pourraient donner une production importante à un prix de revient relativement bas par l'emploi de méthodes actives (filets tournants, chaluts flottants) au lieu des méthodes passives actuelles. L'inconvénient de ce genre de pêche est son irrégularité qui peut poser des problèmes de stockage.

b) **Poissons de fond** : Il y a encore de la place pour de nouveaux chalutiers. D'autre part, une modification des méthodes de travail : sortie de 2 ou 3 jours au lieu des sorties journalières actuelles, permettra de prospecter les lieux de pêche plus éloignés.

c) **Poissons du large** : La pêche au Thon pourrait être pratiquée presque toute l'année par des bateaux travaillant « à l'appat vivant ». D'autre part, il semble que des bancs de sardinelles et autres petits poissons existent très au large des côtes et pourraient faire l'objet d'une prospection systématique.

III. — ORGANISATION DES DEBOUCHES

Il ne servirait à rien cependant d'augmenter le nombre de bateaux ou de mettre en œuvre d'autres engins de pêche sans organiser parallèlement le marché du poisson à l'échelle du pays. La production actuelle est absorbée pour la plus grande part par Conakry et sa banlieue. Quelques efforts isolés ont été tentés pour ravitailler les centres de l'intérieur, dans un rayon de 150 kilomètres. Le reste du pays est à peu près inaccessible dans l'état actuel des moyens de communications.

a) **Poissons frais** : L'état des routes ne permet guère de mettre en service de gros camions frigorifiques ou isothermes qui seraient nécessaires pour assurer un transport à grande distance à un prix abordable.

L'existence d'une voie ferrée devrait être mise à profit pour alimenter au moins les centres desservis par elle. Pour cela, l'O.N.C.F.G. devrait mettre à la disposition des expéditeurs des wagons frigorifiques ou des containers isothermes. Il faudrait également que les expéditeurs puissent disposer de locaux de travail pour préparer leurs expéditions et de moyen de stockage.

Pour des transports à très grande distance, il faudrait même probablement envisager la congélation à moins que le transport par voie aérienne donne une solution plus élégante du problème.

b) **Poisson traité** : Poissons fumé : son transport et sa distribution sont beaucoup plus faciles que pour le poisson frais par suite de la réduction de poids et des possibilités de conservation beaucoup plus larges. Les méthodes artisanales actuellement utilisées ne suffiraient pas et il faudrait envisager la création d'une saurisserie industrielle en particulier pour absorber les apports de poisson de surface.

Farine de poisson et engrais : fabriqués à base de poissons impropres à la consommation humaine, d'excédents de productions éventuelles et des déchets des autres fabrications. Les farines de poisson pourraient surtout être utilisées pour l'alimentation du bétail. Inutile d'insister sur l'intérêt de la production d'engrais pour l'agriculture.

IV. — ORGANISATION ADMINISTRATIVE

Cette simple énumération suffit à montrer d'une part les possibilités considérables de la Guinée sur le plan de la pêche et d'autre part qu'il faut pratiquement partir de zéro. De plus il y a une interdépendance étroite entre ces différentes branches qu'il est nécessaire de coordonner pour que chacune d'elle ait le maximum d'efficacité.

Il faut noter également que dans l'état actuel des choses, chacune de ces réalisations nécessiterait un très grand nombre d'études et de décisions à prendre par des Services d'Etat très divers. Là aussi une coordination est indispensable pour obtenir des résultats rapides, efficaces et rationnels.

L'élément à la fois moteur et coordinateur de ces activités ne pourrait être à mon sens, constitué que par un Service de pêche autonome dirigé par un Fonctionnaire spécialisé, doté de pouvoirs relativement étendus. Si une certaine technique est souhaitable pour ce Chef de Service, il serait surtout important qu'il soit dynamique (élément moteur) et... diplômate (élément coordinateur).

Il serait d'ailleurs utilement secondé par un Comité Technique consultatif dont fait partie, à côté de représentants des Services du Port et de la Marine Marchande, des Professionnels de la Pêche et des diverses activités connues.

Ce Comité deviendrait également Comité de Coordination en lui adjoignant des représentants de Ministères et Services intéressés : Economie Générale, Finances, Travail, Direction du Port, Chambre Economique, etc...

Il semble que sous cette forme, Le Service des pêches pourrait étudier et mener à bien dans les délais les plus rapides des projets techniquement valables et financièrement réalisables.

V. — PREALABLES POLITIQUES

En République de Guinée comme dans tout Etat moderne, la politique commande l'économie. Ces activités ne pourront se développer sur le Territoire Guinéen qu'à la condition que les pouvoirs publics définissent au préalable leur position sur ce sujet et prennent un certain nombre d'options. Il serait nécessaire en particulier que les autorités définissent.

1°) Les Secteurs éventuellement réservés à une activité d'Etat ;

2°) Les Secteurs laissés à l'initiative privée, dans le cadre de l'organisation ci-dessus ;

3°) Les mesures qu'elles seraient éventuellement disposées à prendre en faveur de cette initiative privée, par exemple sur le plan des garanties données à l'investissement privé, des détaxations pour l'entrée du matériel de production etc...

Si ces options pouvaient être prises d'une manière rapide et claire, il ne fait aucun doute que des réalisations concrètes pourraient voir le jour dans les meilleurs délais, au plus grand avantage de la population guinéenne et de l'Etat de Guinée.

COMMERCIALISATION DES PRODUITS DE LA PECHE

a) **Pêche artisanale** : Le contrôle de cette exploitation à Conakry donne les résultats suivants : 875.402 kgs 500 à 50 francs soit pour une valeur de 43.770.125 francs guinéens.

b) **Pêche industrielle** : C'est la pêche au chalut dont le développement est handicapé par le manque de moyens de stockage à terre. Tant que saurisserie et chambres froides prévues à Conakry ne seront pas réalisées tant qu'une organisation du pays au point de vue moyens d'évacuation rapide et chaînes de froid secondaires ne seront pas réalisés, la pêche maritime restera toujours étranglée alors que dans l'économie du pays, c'est le secteur le plus facile à exploiter et le plus immédiatement rentable.

Les captures faites à Conakry donnent les résultats suivants : 2.273.520 kgs soit une valeur de 115.676.000 francs guinéens.

Il est à noter que nous sommes sollicités par différentes Sociétés privées (Israël, Allemagne, etc...) qui nous ont soumis divers projets d'exploitation des produits de la mer.

La première urgence qui se pose à nous est le recrutement d'un spécialiste des pêches.

D) PRODUCTIONS FORESTIERES

Le Service des Eaux et Forêts est chargé tel que le définit le Décret n° 54-89 du 22 janvier 1954, modifié par celui du 22 septembre 1954 :

De la constitution, de la délimitation, de la conservation, de l'aménagement, du reboisement ou de l'enrichissement, de l'exploitation du domaine forestier de l'Etat et de toutes les collectivités, soit publiques, soit coutumières locales.

De la détermination des périmètres de reboisement ou de restauration végétale et des travaux à y effectuer.

De l'application des mesures de protection et de restauration des sols non cultivés, dans le cadre de la politique générale de la conservation des sols.

Du classement et de la surveillance des Parcs Nationaux, Réserves Naturelles intégrales et toutes autres Réserves des Flores et Faunes autochtones ;

De la protection de la Faune ;

De la régularisation ou de l'amélioration générale du régime des Eaux. En liaison avec d'autres Services, notamment celui des Travaux Publics et du Génie Rural, il devra étudier et réaliser les mesures de défense ou d'amélioration reconnues nécessaires ;

De l'organisation, de la surveillance de la chasse, ainsi que la pêche fluviale ou lacustre ;

De la pisciculture ;

De la repression des infractions en matière de forêt, de chasse, de pêche, de protection de la faune et de conservation des sols.

L'effectif du personnel des Eaux et Forêts groupé en cadres supérieurs et locaux comprend :

— 8 Ingénieurs des Travaux des Eaux et Forêts,

— 10 Contrôleurs et Contrôleurs adjoints,

— 44 Préposés,

— 71 Gardes et Gardes Auxiliaires,

— 1 Contractuel affecté à la gérance de la Régie de Bois d'œuvre de Kissidougou participe avec quelques auxiliaires (commis et dactylographes) à la marche de cette entreprise.

Les activités du Service des Eaux et Forêts ont porté sur :

I - La protection du domaine classé

L'ensemble des Forêts Classées d'un Etat constitue son domaine classé soumis à des mesures restrictives de tous droits autres que ceux indispensables à la satisfaction de certains besoins familiaux ou collectifs.

Les classements des Forêts sont effectués pour divers buts :

1°) La lutte contre l'érosion des sols et le tarissement des sources au Fouta par exemple ;

2°) La création des forêts de production de bois d'œuvre, de bois de service et de chauffage ;

3°) Pour recréer une ambiance forestière favorable au développement de l'agriculture.

En outre il est admis que pour l'équilibre bioclimatique des pays tropicaux le taux de boisement doit atteindre 30 % de la superficie totale du Territoire considéré.

Le classement des forêts apparaît ainsi comme une mesure de sauvegarde prise par la génération présente au bénéfice des générations actuelles et futures et comme le gage d'une meilleure utilisation des terres et d'un développement harmonieux des ressources végétales.

Le domaine classé de l'Etat Guinée couvre une superficie de 1.046.452 ha.

La superficie totale de la République est estimée à 260.000 km2 avec une densité moyenne de population de 11,5 habitants au km2.

Le taux de classement est d'environ 4,02 %, les derniers classements datant de 1956.

Mais devant une poussée démographique se faisant de plus en plus forte autour des forêts classées est vite apparue la nécessité de donner une orientation à la politique forestière.

Cette nouvelle politique amorcée depuis 1957 et poursuivie plus activement depuis 1958 cherche autant à défendre les intérêts des collectivités communales que l'intérêt général de l'Etat : un plan d'aménagement rationnel des forêts classées pour leur transformation en réserves agricole et forestière est actuellement poursuivi activement.

Ainsi en 1959 une superficie totale de forêts classées de 42.000 hectares a été ouverte aux cultures intervenant dans la proportion de 15 % de la production nationale en riz produit en 1958 ou encore la totalité de la production en riz de montagne de la Basse Guinée au cours de la même année.

Mais il reste entendu (et c'est ce que tous les responsables de la Nation doivent comprendre et faire comprendre autour d'eux) qu'un plan d'aménagement de forêt et la transformation d'une forêt classée en réserve sylvo-agricole n'est possible que si le règlement d'exploitation est strictement observé, faute de quoi le plan d'aménagement équivaudrait à un déclassement pur et simple qui sera suivi en raison même de la surexploitation d'une dilapidation rapide du capital forestier et agricole que représente la forêt, capital que le Service des Eaux et Forêts a cherché depuis plusieurs dizaines d'années à recenser et à protéger.

La mise en œuvre de cette politique nécessite en premier lieu une propagande forestière en faveur de la lutte contre les feux, l'établissement d'ouvrages anti-érosifs, etc... Cette propagande qui constitue actuellement l'essentiel de l'activité des agents forestiers est heureusement soutenue par les pouvoirs politiques et administratifs.

En second lieu elle nécessite l'installation d'un dispositif de surveillance investi de pouvoirs de répression (Comités) qui doit intervenir rapidement et efficacement lorsque les règles d'exploitation ne seront pas respectées.

Nous sommes en droit de penser qu'avec la structure administrative et politique actuelle nos plans d'aménagement seront compris et appliqués strictement et qu'en conséquence ils ne seront nullement compromis.

II - **La protection des sols**

S'il y a un problème qui doit préoccuper les autorités responsables de ce pays à tous les échelons c'est bien le problème de la protection des sols. C'est un problème qui avait déjà retenu l'attention de l'ancien régime : création du secteur de Bafing à Mamou et de plusieurs sous-secteurs dans le Fouta, à Faranah et à Beyla, création du secteur des Timbis à Pita.

Quoique mal employés, des crédits importants avaient été affectés à la protection des sols : par exemple 150 millions sur le programme quadriennal 1953-57.

Des études dont certaines ont été mises en applications avaient été faites : il s'agit de les compléter et de les poursuivre.

Depuis l'Indépendance, le Secteur de Restauration des Sols du Bafing qui dépendait autrefois de l'Inspection Générale des Eaux et Forêts à Dakar et était financé par le Budget Général a été transformé en service de la Conservation des Sols et un ingénieur des Travaux Forestiers a été mis à sa tête.

Du 2 au 12-11-59 s'est tenue à Dakar la 3ème Conférence Interafricaine des Sols sous l'égide de la C.C.T.A. conférence dont les conclusions et les résolutions soulignent l'importance du problème de protection des sols pour les pays africains en général et pour la Guinée en particulier.

L'internationalisation de la protection des Hauts Plateaux, véritable « Château d'Eau » de l'Afrique Occidentale a retenu l'attention des conférenciers.

Il ressort également de différents rapports de mission d'experts en Guinée que la protection des sols aurait une conséquence heureuse sur l'industrialisation et en particulier sur le barrage de Souapiti (Usine Hydro-Electrique).

De plus la population guinéenne renferme 90 % d'agriculteurs : la protection des sols est donc un facteur important qui peut influencer la vie politique et sociale du pays. C'est un facteur déterminant dans l'élévation du niveau de vie des populations qui est le souci majeur du Gouvernement.

La protection des sols revêt deux aspects essentiels :

1°) Un aspect préventif (qui est très important) et qui fait appel à la persuation.

Les défrichements c'est-à-dire la destruction de la forêt et les feux de brousse sont les deux causes de la dégradation des sols.

Dans la mesure où ces causes peuvent être supprimées ou règlementées on peut dire qu'on aura résolu en grande partie le problème de la dégradation des sols.

En attendant une planification des terres dans les campagnes et une amélioration des méthodes de culture, il faut par la propagande menée par tous les responsables à tous les échelons et non plus par les seuls agents des Eaux et Forêts faire comprendre aux Guinéens :

a) que le sol représente un patrimoine précieux que la génération présente a le devoir de protéger dans son intérêt et au bénéfice des générations qui lui succèderont.

b) que les défrichements tels qu'il les pratique actuellement (coupe des arbres à 1 m ou plus du sol et incinération) sont dangereux et ne favorisent pas la reconstitution des jachères. Le sarclage à feu couvert est la seule pratique à adopter.

c) que les feux de brousse ruinent le sol, nuisent à la végétation et qu'il faudrait les limiter aux seules surfaces indispensables pour les cultures et pour les pâturages ;

d) qu'il ne faut adopter les feux précoces que dans les cas où il est impossible d'éviter les grands feux de plaine ou de fin de saison sèche.

2°) **Un aspect de lutte active**

Il s'agit de propager les méthodes de lutte contre l'érosion déjà expérimentées en Guinée (Secteur de Restauration des Sols du Bafing) ou ailleurs, de procéder à la reconstitution de galerie forestière et au reboisement.

Pour que ce 2me aspect du problème ait toute son efficacité il faudra en plus de l'adhésion de la population et de son enthousiasme des crédits et une assistance technique dans le domaine de l'étude des sols (carthographie, pédologie, etc...).

III - **Les travaux de reboisement**

En 1959 dans le cadre de l'investissement humain plus de 175.000 arbres ont été plantés.

Il est superflu de souligner l'importance du reboisement sous son double aspect de la protection des sols et de la production de bois d'œuvre et de service.

Si chaque commune rurale pouvait avoir sa petite forêt pour la production de bois courants (bois de chauffage, perches de cases, etc...) les conséquences du déboisement actuel seraient presque insensibles.

Il ne faut en effet pas perdre de vue qu'en 1958 par exemple la Guinée a importé pour 12.623 tonnes 900 de bois et ses dérivés valant 371.269.000 francs.

Or il est prouvé que grâce à la protection de nos forêts actuelles et à un reboisement intensif nous pourrons nous passer progressivement de l'extérieur et améliorer énormément notre balance commerciale.

Il faut un vaste programme de plantations prévoyant l'enrichissement des forêts de Macenta et de N'Zérékoré et des îlots forestiers de Kissidougou et de Gueckédou par des méthodes déjà éprouvées ailleurs, l'introduction d'espèces nouvelles et intéressantes et propagation des essences existantes (Teck, Pins, Cassias).

Le programme de plantation de résineux à Dalaba dont 507 hectares sont déjà plantés devraient être poursuivi.

« LA FORÊT »

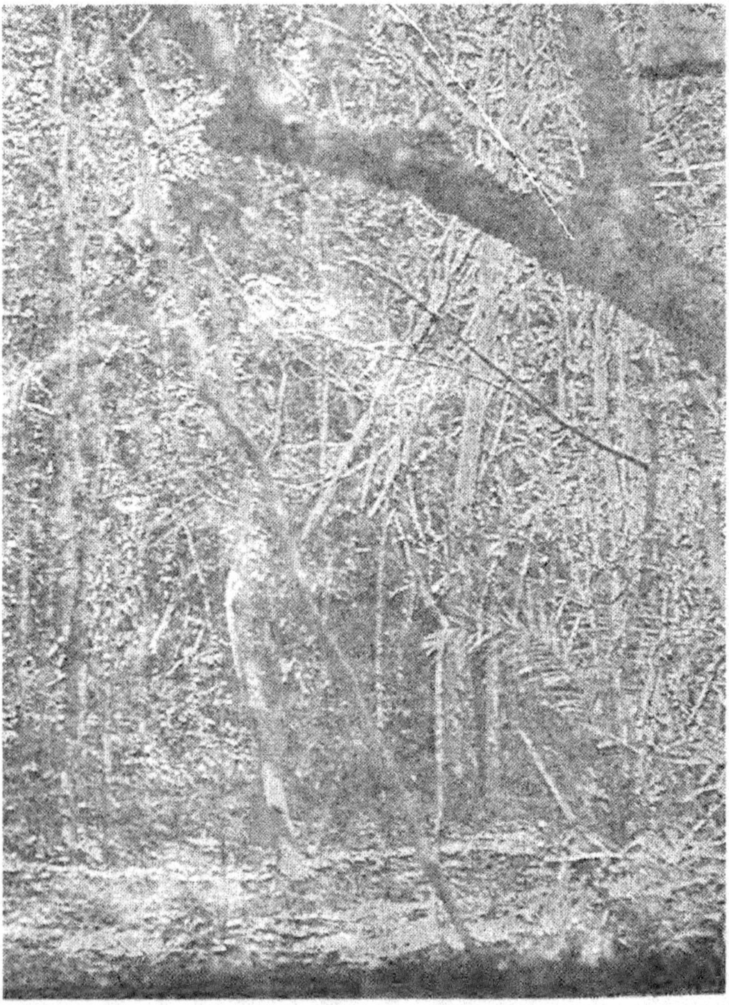

Une richesse à développer.

Des crédits sont nécessaires pour l'entretien des plantations existantes à travers le territoire.

IV - **La Régie des Bois d'œuvre de Kissidougou**

C'est en 1947 que fut créée à Kissidougou une régie d'exploitation forestière et de sciage. Elle était installée à proximité des îlots de forêt dense qui subsistent dans la région et comprennent des essences de bois d'œuvre de qualité : Iroko, Acajous à grandes feuilles, Frakès, Sambas.

Le rôle de la régie forestière de Kissidougou a été déterminant dans le développement de l'industrie des sciages en Guinée :

a) Installée la première malgré de nombreux handicaps au départ elle a montré la voie aux autres entreprises (Meignan, Mission Catholique) en prouvant la possibilité d'exploiter les peuplements forestiers des savanes.

b) Elle a contribué à maintenir les prix du bois dans des limites raisonnables. En 1954 déjà on estimait qu'en cas d'abandon de la région les prix de bois augmenteraient de 3 à 4.000 francs le m3.

En outre on se proposait de vulgariser les questions importantes de séchage, de protection des bois et la normalisation des débits dont aucun exploitant ne se soucie à l'heure actuelle. Les recettes devaient servir également à financer le reboisement en bois d'œuvre des savanes pyrophyles de Kissidougou, problème capital pour le développement économique du pays Kissien.

Malgré la vétusté de son matériel qui demande à être renouvelé en partie, la gestion de 1959 a prouvé que la régie de bois d'œuvre de Kissidougou est une entreprise rentable.

Sa production a été de 1.036.247 m3 de Samba, Dabema, Frakès, Acajou et Iroko.

Son bilan en fin d'année s'établit comme suit :

Total des livraisons	12.119.027
Total des dépenses	7.547.502
Bénéfice	4.571.525

En 1958 ce bénéfice n'était que de 893.172 francs (10 mois) et de 635.446 francs en 1957.

Il est du plus haut intérêt que les efforts soient faits pour moderniser la régie de Kissidougou en raison même du rôle qu'elle joue.

Sa production en 1959 a été de 1.036.247 m3 dont 60,57 % sont allés au Secteur Administratif (Régions Administratives de Kankan, Kissidougou, Gueckédou, Faranah, Conakry, Dabola, Beyla, Mamou, Macenta).

V - **Le contrôle de l'exploitation forestière et de la chasse**

Le service des Eaux et Forêts contribue également à alimenter le Budget National par des recettes qui ont été les suivantes pendant l'année 1959 :

	Réalisées	**Prév. Budg.**
Redevances et taxes forestières	7.663.353	4.000.000
Permis de chasse	3.495.170	500.000
Taxes sur armes de traite..	12.828.090	
Taxes sur armes perfectionnées	5.720.070	20.000.000
Total	29.706.693	24.500.000

A cela lorsqu'on ajoute les recettes effectuées au titre des ventes de sciages de la Régie de bois d'œuvre de Kissidougou, d'une valeur de 12.200.000 francs, l'on atteint la somme de 42 millions réalisée pendant l'année 1959.

La production forestière de la Guinée est suffisante pour le bois de chauffe et le charbon de bois.

Elle est largement déficitaire en bois d'œuvre dont la consommation devient cependant de plus en plus importante. Pour la seule année 1958, il a été en effet importé 10.975 t. 900 représentant une valeur de 282.608.000 francs. Les importations de papier, cartons et leurs applications qui sont des dérivés du bois pour la même période étaient de 88.661.000 francs.

Ainsi la valeur de nos importations qui doit avoir vraisemblablement augmenté en 1959, mérite qu'on y réfléchisse. Des efforts doivent être faits pour accroître la production forestière par une exploitation judicieuse des peuplements naturels existants et la création de forêts artificielles.

V - **La pisciculture**

En Afrique la pisciculture a été introduite il n'y a pas très longtemps par les Belges d'abord au Congo puis par les Français en Afrique Equatoriale et au Cameroun.

La consommation du poisson comme celle de la viande permet d'équilibrer les rations alimentaires généralement déficientes en protéïnes.

La pisciculture présente l'avantage sur l'élevage de pouvoir être pratiquée partout où il y a de l'eau et de permettre une récolte échelonnée en rapport avec les besoins familiaux.

Les rendements au Congo sont particulièrement élevés : 500 kilos par hectares et par an sans nourriture, 2 à 3.000 kilos avec nourriture (feuilles de manioc, son de riz, tiges de bananiers, tourteaux, etc...)

Le démarrage de la pisciculture en Guinée date de 1956 avec la construction de la Station de Pisciculture de Mamou.

A côté de cette Station ont été créés quatre centres d'alevinage à Labé, Pita, Kindia et Beyla. Un cinquième était prévu pour la Région Forestière.

De nombreux étangs de démonstration destinés à montrer aux intéressés l'intérêt de la pisciculture ont été construits par la suite sur les crédits de l'Action Rurale.

A l'heure actuelle nous possédons :

Mamou	11 étangs
Dalaba	6 étangs
Faranah	1 étang
N'Zérékoré	2 étangs
Labé	8 étangs
Pita	8 étangs
Beyla	1 étang
Kindia	3 étangs
Mali	1 étang

Malgré quelques bons résultats obtenues à partir de certains étangs (1 étang de Labé a donné en 1958 un rendement record de 3.600 kgs/hectare) la pisciculture n'a pas reçu l'adhésion de la population Guinéenne.

Pour la vulgarisation de la pisciculture il reste à faire (en tenant compte des renseignements des études entreprises à la Station de Recherches de Mamou) un gros effort de propagande et d'éducation.

VII - La chasse

La République de Guinée présente un grand intérêt au point de vue cynégétique. Mais si le gros gibier tel que l'éléphant, le buffle, l'hyppopotame, l'élan de derby est encore assez abondant dans certaines régions du territoire, il n'en est pas de même pour le petit gibier (Mina, Biche, Cochon, Porc-épics) qui ne se rencontre plus que rarement. Certes les épizooties ont causé parfois de graves dégâts; certains animaux sont particulièrement sensibles à la peste bovine et à la péripneumonie (Buffles, Elan de Derby, Hyppopotame, Phacochères). Par contre d'une façon générale, le cheptel sauvage résiste à la trypanosomiase, sans doute parce qu'il est naturellement immunisé.

Mais les raisons de la destruction du gibier sont imputables à l'homme. En effet, la faune a été décimée surtout par le développement de la chasse pour des raisons commerciales, alimentaires ou sportives et surtout par le fait de la colonisation.

Pour le ravitaillement de leurs chantiers en viande et pour le commerce des dépouilles (ivoire, peaux, plume, etc...) les colons ont introduit des armes de plus en plus perfectionnées et ont même fait usage d'armes automatiques de guerre (Sita, Sam-baïlo, etc...)

La conservation de la faune est envisagée suivant les procédés classiques : création de réserves de chasse, l'éducation de la masse et la police.

Les résultats obtenus dans les réserves sont sensibles mais ceux de la propagande et de la police sont à l'heure actuelle médiocres parce qu'ils exigent un personnel nombreux et bien équipé.

CRITIQUES DE L'ACTION FORESTIERE

Il convient à présent de faire une critique de l'action du Service des Eaux et Forêts avant l'Indépendance. Cette critique permettra d'avoir une idée précise de l'importance de ce qui a été fait depuis en matière de reconversion du travail.

En effet, si l'action du Service des Eaux et Forêts n'a pas trouvé tôt sa place dans la conception Africaine en général et chez le paysan Guinéen en particulier c'est que ces principes n'ont pas été appliqués avec souplesse au départ, l'européen condamnait le noir à l'incompréhension, à l'incapacité et ne lui donnait aucune explication du travail qui lui était demandé ; quand cette explication était donnée elle ne l'était que sommairement. Instinctivement il fallait défendre de mettre le feu à la brousse, de couper telle espèce d'arbre, de défricher telle zône alors que toutes les pratiques étaient des droits naturels du paysan.

Le décret du 4 juillet 1935 fixant le régime forestier en Afrique Occidentale Française a déclaré vacantes et sans maître les terres jusqu'alors utilisées par les Africains. Cette disposition englobait en fait l'ensemble du Territoire, hormis les agglomérations, à cause du nomadisme pratiqué par le paysan.

D'une année à l'autre le cultivateur était propriétaire d'une zône pour l'avoir mise en culture et y perdait ses droits l'année suivante parce qu'elle devait servir de pâturage ou seulement parce qu'elle était laissée en jachère.

Le décret tout en frustant les autochtones de leurs droits, les brimait par des sanctions multiples (amendes, prison, transactions en espèces ou en nature) à la suite de ce qu'il appelait délit et qui devraient être relevés par les agents du Service Forestier. Or pour l'autochtone ce n'était que le libre exercice de ses droits d'usage. En abusait-il ?.. peut-être.

Les agents d'exécution orientés uniquement vers la recherche des infractions avaient ainsi un rôle repressif plutôt qu'éducatif, d'où leur manque de crédit auprès des populations. Ils ne savaient que le but poursuivi par le régime colonial (l'expropriation) et ignoraient tout de l'esprit du législateur (mystification du but).

Protéger le patrimoine immuable était bien chose sacrée. Mais fallait-il encore persuader le paysan, principal intéressé de cette protection.

Il n'en a pas été ainsi. Lors de l'installation du Service les cadres techniques forestiers étaient uniquement européens. Les cadres autochtones étaient rares ; là où il en existait, à cause de la domination, ils n'avaient aucun pouvoir de décision.

Le forestier européen s'appuyait sur son concitoyen administrateur, celui-ci plus ou moins convaincu de l'efficacité de l'action forestière dont la rentabilité est à longue échéance, se rabat sur le Chef de Canton. Ce dernier y puise une autre source d'autorité et d'abus qui voilent tout l'aspect économique du problème.

Le représentant du Service Forestier jouissant de la sympathie du commandement se livrait à des abus dans l'exercice de ses fonctions : obtention de porteurs, réquisition pour lutte contre les feux, déguerpissement à l'occasion de classement de forêt, travail forcé pour l'aménagement de périmètre de reboisement et la protection des forêts, les travaux de plantation, et brutalité dans la recherche des délinquants.

Il devait s'appuyer sur des auxiliaires autochtones anciens militaires pour la plupart rompus à la discipline et ayant soif de commandement. Ce personnel formé à la hâte excellait surtout dans son rôle de police.

A la repression des feux, des exploitations à caractère commercial, du ramassage même du bois mort, venaient s'ajouter celle des défrichements de fortes pentes, de galeries forestières et enfin le classement des forêts.

Ces classements ont quelquefois obligé des collectivités importantes à quitter les hameaux qu'ils habitaient depuis plusieurs générations parce que l'arrêté de classement le prescrivait pour une date donnée. Certains villages ont dû abandonner sous la même pression des plantations d'arbres fruitiers, des défrichements qui attendaient d'être ensemencés.

Toutes ces mesures même quand elles se justifiaient, n'ont pas été suffisamment expliquées pour être admises par les populations d'où une hostilité constante.

Selon les régions et parfois l'époque le paysan se trouvait placé entre deux alternatives : cultiver avec le risque d'être verbalisé ou bien quitter son village pour la ville.

L'effort de guerre avec son cortège de maux a de son côté semé la confusion dans les esprits en 1940-45.

Avant d'être compris le rôle du Service était donc compromis sur le plan humain. Il fallait se raidir, quelquefois céder pour se maintenir.

L'application des textes s'est aussi heurté au sursaut national et des revendications étaient formulées de toute part. Des forêts classées sans souci pour les collectivités riveraines de disposer d'une superficie pour satisfaire leurs besoins vitaux furent mises en culture sans autorisation surtout en Basse Guinée où le problème était plus cuisant.

Cette pratique devait être entérinée et même généralisée.

Depuis l'accession du pays à l'Indépendance les agents forestiers, les responsables politiques et administratifs travaillent ensemble pour faire comprendre et accepter le rôle du Service, pour persuader que la protection des forêts est un facteur déterminant de la productivité de nos sols.

L'intransigeance du colonialiste, l'incompréhension du personnel subalterne et l'ignorance du paysan doivent désormais faire place à une collaboration franche et loyale du Service des Eaux et Forêts et des masses paysannes.

Dans cette nouvelle perspective il est fait appel à toutes les bonnes volontés pour contribuer à l'éducation du peuple de Guinée qui doit réaliser dans la paix sa révolution économique.

CULTURES VIVRIERES AUTRES QUE LE RIZ

Le fonio. - Peu exigeant aussi bien au point de vue climatique qu'au point de vue sol, est cultivé sur toute l'étendue de la République de Guinée, et sert de base à l'alimentation au Foutah en particulier. Dans cette dernière région, il est considéré comme une culture accélérant la dégradation des sols parce qu'il s'accommode des terrains pauvres.

Les superficies occupées par cette plante en 1959 ont été plus importantes que les années précédentes.

La récolte a été dans l'ensemble bonne avec des rendements variables de 500 à 800 kg à l'ha.

Toutefois des ravages de chenilles ont été signalés dans quelques Régions Administratives.

Le maïs. - est aussi cultivé dans toute les Régions de la République. Il est reconnu comme étant une culture de tapade et de soudure par excellence au même titre que le manioc et le taro. Semé au début des pluies il est récolté 3 à 4 mois après.

Trois variétés à cycle végétatif et rendements différents sont couramment cultivées.

La récolte a été en général de la même importance que les années précédentes et ne semble pas avoir été compromise par la rouille.

Le manioc. - En plus de l'amidon qu'il fournit se consomme sous différentes formes : (à l'état cru, bouilli, séché et réduit en farine).

Ce produit occupe le 2me rang dans l'alimentation des populations.

Il se cultive en tapade ou en champ en grandes échelles. Les rendements varient suivant la nature du terrain entre 2 à 8 tonnes à l'ha.

En Basse Guinée grâce à l'investissement humain 1.000 ha ont été plantés en champs collectifs par les villages.

La récolte de l'année qui se poursuit actuellement est considérée comme excellente.

Patate, Taro. - Ces cultures secondaires jouent un rôle important dans l'alimentation guinéenne.

Sur buttes ou en billon, la patate fait l'objet quelquefois de 2 récoltes annuelles.

Les rendements moyens sont de l'ordre de 4 tonnes à l'hectare pour la patate et de 3 tonnes pour le taro.

CULTURES MARAICHERES

La culture de légumes se pratique dans toute la République. Mais elle est appelée à un grand avenir surtout à Kindia, Mamou, Dalaba et Labé où les populations ont acquis une certaine expérience.

Les semis de salade, choux, poireaux, oignons, tomates, etc... sont effectués dans les bas-fonds fertiles, le long des marigots, mais selon une méthode ancienne.

Naturellement par manque de débouchés, la culture est faite à une échelle très réduite et en petites propriétés individuelles.

Pour parer à cet inconvénient des coopératives de maraîchers ont été créées à Kindia et Dalaba. Ces coopératives qui fournissent déjà des légumes aux établissements scolaires de Conakry et Kindia ont un bon démarrage et elles méritent d'être soutenues pour obtenir de meilleurs résultats. Il serait nécessaire d'en créer à Labé et Mamou où les conditions sont également favorables.

CULTURES INDUSTRIELLES

Indépendamment du café, trois autres cultures industrielles sont pratiquées en Guinée.

1) **Le tabac** - cultivé en abondance autour des cases à Gaoual et Beyla et d'une manière assez irrégulière dans d'autres régions. La production actuelle pourra être multipliée par 3 ou 4 si un prix rémunérateur est con-

senti au producteur. Les besoins de la Société SOCOTAB qui s'intéresse seule à cette culture sont de 200 tonnes. Après essai de plusieurs variétés, deux seulement ont été retenues et vulgarisées pour leur comportement et leur rendement : Nicotiana Rustica et Wite Burlet.

500 ha ont été cultivés à Beyla pour la campagne en cours.

2) **L'Hévéa** - dont une variété a été introduite dans la Région Forestière il y a quelques années a été propagé dans les pépinières agricoles et forestières.

Les populations de Beyla et de Gueckédou ont planté grâce à l'investissement humain 100.000 plants provenant du Libéria.

L'Hévéa qui réussit bien en Guinée Forestière doit être multiplié selon des techniques appropriées pour une production de Latex.

3) **Autres caoutchouc** - Il n'existe pas de culture de caoutchouc à proprement parler pour l'instant en Guinée. La saignée du Landolphia Sénégalensis qui avait été pratiquée pendant la guerre a été abandonnée par manque de débouchés.

L'exploitation de ce caoutchouc de cueillette est actuellement en voie d'être reprise notamment au Foutah et en Haute Guinée.

STATION DE RECHERCHES

RESUME DES PROPOSITIONS CONCERNANT LE CENTRE DE RECHERCHES RIZICOLES DE KOBA

But de la recherche : Amélioration en quantité et en qualité de la production rizicole par :

1) Sélection des semences

2) Multiplication et distribution des meilleures variétés aux riziculteurs

3) Mise au point des aménagements fonciers et des méthodes culturales

4) Usinage de la récolte

5) Formation de personnel qualifié - Education des riziculteurs.

Ne pas oublier que pour être efficace **l'ensemble chercheur - vulgarisateur - Producteur doit fonctionner en véritable symbiose.**

Dans cet esprit et pour atteindre ce but **les propositions sont les suivantes :**

1) Créer un Centre National de Recherche et Production rizicoles au Koba, englobant la Station du Koba et deux Centres ruraux de production à créer : Plaine du Koba et Ile Quito (après les aménagements nécessaires) prolongement du Centre dans toutes les régions par des annexes.

2) Scinder les activités de la Station en deux secteurs :

— Secteur de Recherches et de première multiplication

— Secteur Coopératif de Production

3) Procéder au lotissement du domaine actuel de la Station (734 ha) de la façon suivante :

— 204 ha Secteur de Recherches et première multiplication

— 383 ha Secteur Coopératif de Production

— 147 ha Hors lotissement.

« LA MOISSON DU RIZ »

Assurer à chacun selon ses besoins.

Ajouter au Secteur Coopératif 77 ha de terrains privés hors des limites cadastrales du domaine de la Station.

4) Procéder aux aménagements fonciers nécessaires et remise en état des ouvrages déjà existants.

5) Doter la Station de l'équipement nécessaire pour lui permettre de jouer son rôle de pilote en matière de riziculture.

1) Aménagements :	
— Secteur de recherches et mulpitlications	31.600.000
— Secteur Coopératif de Production	28.050.000
2) Equipement	33.000.000
Total	92.650.000

Le budget de fonctionnement représenterait une dépense annuelle de 43.500.000 Frs.

Pour l'aménagement des deux casiers rizicoles des plaines du Koba et de l'Ile Quito la dépense à l'hectare peut être évaluée à 50.000-100.000 suivant les situations.

LE CENTRE DE RECHERCHES DE KANKAN

Le Centre de Kankan est chargé de l'étude et de l'amélioration des cultures de zone pré-soudanienne, mais comme annexe du C.A.A. Koba il est plus particulièrement axé sur la riziculture.

C'est surtout cette dernière activité qu'il faut développer. Il doit devenir le complément indispensable du Centre National du Koba auquel il serait rattaché.

En effet les conditions de la culture du riz dans les vallées du Niger, du Milo, etc... ne sont pas les mêmes qu'en Basse Guinée. Les adaptations nécessaires seraient faites à Kankan qui jouerait pour la Haute Guinée, le même rôle que la Station du Koba pour la Basse Guinée.

Les premiers objectifs en matière de riziculture sont :

1) Etudes des variétés : sélection des semences

2) Multiplication des meilleures variétés

3) Mettre au point les aménagements et les méthodes de culture

4) Transformation des produits (usinage)

5) Formation professionnelle.

Les programmes de travaux, les protocoles d'essais seraient établis par le Centre National du Koba (dans le cadre du plan) en accord avec les spécialistes de Kankan, et compte tenu des besoins des rizicultures locaux.

Le Centre de Kankan coifferait également un ou plusieurs Centres ruraux de production à créer dans les plaines du Milo à proximité du Centre.

Parallèlement le Centre procèderait à l'amélioration des cultures traditionnelles de mil, arachides, etc...

Les spécialistes et techniciens nécessaires sont :

— 1 généticien

— 3 agronomes (dont un itinérant)

— 1 mécanicien.

L'ordre de grandeur du budget annuel de fonctionnement serait :

— Personnel	10 millions
— Matériel	12 millions
Total	22 millions

LE CENTRE DE RECHERCHES ET D'APPLICATIONS AGRONOMIQUES DE SEREDOU

(cf. Note n° 19 du 5/3/60 du Professeur PORTERES et projet préliminaire Plan Triennal production agricole)

Le Centre de Recherches de Sérédou est appelé à jouer un rôle de premier plan dans l'Economie agricole de toute la région forestière par ses sélections de types adaptés, ses essais agronomiques polyvalents, les résultats déjà obtenus dans les cultures les plus diverses.

Le Centre de Sérédou possède maintenant une unité l'exploitation des arbustes à quinquina qui est très viable techniquement et financièrement (Potentiel de la production annuelle de 15 à 20 tonnes de Quinine Chlorydrate).

Une unité d'exploitation de thé (culture et usine est à constituer). Les essais portant sur plusieurs années sont très prometteurs.

Le Centre est en mesure d'assurer en peu de temps une production accélérée de caféiers sélectionnés, qui devient urgente étant donné les progrès de la thrachéomycose.

D'autres productions et actions sont à promouvoir en région forestière en particulier :

a) la culture des aleurites

b) la culture du derris ellipdica

c) la sélection des colatiers

d) la recherche, l'introduction et la culture de nombreuses plantes médicinales.

Enfin sur le plan de la remise en ordre des systèmes de culture, des systèmes de production, des systèmes de coopération, le Centre de Sérédou peut apporter largement son concours sous la forme de secteurs pilotes, d'aménagements types, etc... en matière d'économie de production et d'économie rurale.

Le Centre possède un équipement satisfaisant mais qui est à parfaire. Il manque de spécialistes et de techniciens qui sont à recruter.

Le Centre de Sérédou comprendrait deux sections :

— Une section Recherches agronomiques

— Une section exploitation.

Les besoins en personnel sont les suivants :

Section Recherche

1960-1961 : 1 généticien, 1 agronome, 1 botaniste, 1 pharmacien.

Section Exploitation

1 chef d'exploitation, 1 chimiste contrôleur, 1 mécanicien électricien, 2 chefs de culture, 1 chef pépiniériste.

1962-1963 : 1 chimiste, 1 pédologue, 1 économiste rural, 1 euvomologiste, 1 phytopathologiste.

Les dépenses annuelles de fonctionnement de 1960 à 1964 seraient les suivantes :

			Section Recherche		Section Exploitation
1960	Personnel	5 M	7	13 M	30
	Frais de fonctionnement	2 M		17 M	
			37 M		
1961	Personnel	8 M	10	23 M	45
	Frais de fonctionnement	2 M		22 M	
			55 M		
1962	Personnel	14 M	21	22 M	59
	Frais de fonctionnement	7 M		37 M	
			80 M		
1963	Personnel	20 M	30	42 M	77
	Frais de fonctionnement	10 M		35 M	
			107 M		
1964	Personnel	20 M	30	50 M	92
	Frais de fonctionnement	10 M		42 M	
			122 M		

Pour l'année 1964 il faudrait à titre d'investissement prévoir une usine de traitement du thé d'une valeur de 30 M. environ.

Au point de vue recettes pendant les trois campagnes du plan Triennal pour le seul secteur quinquina ou peut prévoir les chiffres suivants :

1961-62 10 Tonnes 42 M.)
1962-63 12 » 50 M.) cumulé 152 M.
1963-64 15 » 60 M.)

LE CENTRE GUINEEN DE RECHERCHES FRUITIERES

Le Professeur Porteres le qualifie comme étant « l'élément indispensable de mise à jour technique et économique des exploitations fruitières de Guinée » (cf. note n° 19 du 5 mars 1960).

En effet les résultats obtenus par la Station de Foulaya, après 12 ans d'activité, ont permis de mettre au point de nouvelles techniques qui sont maintenant passées dans la pratique courante. Grâce à un contact permanent avec la profession les spécialistes de Foulaya ont orienté leurs travaux dans le sens des problèmes posés par les producteurs eux-mêmes. Ils ont pu trouver des solutions qui ont transformé les conditions de culture et permis, dans plusieurs cas, de sauvegarder une production.

Au crédit du Centre de Foulaya, il faut porter en particulier, la mise au point des méthodes de lutte contre le charançon du bananier, la cercosporiose, et les nematodes du bananier ; l'introduction et la multiplication de la variété Poyo. Les nouvelles techniques de la culture « industrielle » de l'ananas, dont la production en 5 ans est passée de 0 à 5.000 tonnes cette année. L'introduction et la solution d'une foule de variétés fruitières. Ses travaux importants sur les agrumes et les huiles essentielles. Une contribution, effective sur le terrain, des différents spécialistes dans la régénération des bananeraies africaines. La formation de jeunes moniteurs du Service de l'Agriculture et de personnel d'encadrement des coopératives, etc...

La réussite du Centre de Foulaya est dû à des installations importantes, des moyens financiers conséquents dont il a disposé, mais surtout à ses spécialistes et chercheurs qui ont constitué une véritable équipe travaillant uniquement dans l'intérêt des producteurs, en liaison étroite avec eux et les services techniques du pays (agriculture, conditionnement, coopération, etc...).

Grâce à une subvention du gouvernement les travaux du Centre se sont poursuivis dans le cadre des programmes prévus.

Cet organisme qui a fait ses preuves, qui est maintenant bien rodé, qui dispose d'une équipe de spécialistes de qualité doit contribuer au développement des cultures fruitières dans le cadre du plan Triennal et des plans futurs.

Actuellement les activités du Centre sont réparties, schématiquement, entre :

— les laboratoires
— les essais culturaux
— les plantations pilotes
— la formation professionnelle
— la participation à la vulgarisation.

Dans la pratique ses activités s'interpénètrent, aucune cloison étanche n'existant entre les spécialistes des différentes disciplines.

Dans le domaine des productions fruitières le plan Triennal prévoit en particulier de :

— doubler la production de bananes
— quadrupler la production d'ananas
— doubler la production d'essence d'oranges
— décupler la production de conserves et jus de fruits.

Pour atteindre ces objectifs, il faut non seulement disposer de moyens, mais aussi d'un personnel qualifié pour les études et l'encadrement nécessaire.

Sans abandonner les travaux d'intérêt général (laboratoires, essais culturaux) les activités du Centre de Foulaya dans le domaine de la formation professionnelle et de la participation à la vulgarisation doivent être, de toute nécessité, développées au maximum.

Il convient donc de créer à Foulaya un véritable centre de formation professionnelle et une équipe de vulgarisation qui travaillerait en liaison étroite avec les services de la Production du Ministère de l'Economie Générale.

Compte tenu de ces différents impératifs le budget annuel de fonctionnement du Centre s'élève à 60 millions.

Il serait alimenté par :

— les recettes du Centre .... 27 millions

— une subvention du Gouvernement 33 millions

PRODUCTION MINIERE

A. — INTRODUCTION

Pays à vocation typiquement minière en raison de ses conditions naturelles, la Guinée doit, au lendemain de son indépendance politique, porter une attention particulière au développement de ses richesses minérales et des industries dérivant de ces dernières. Ceci apparaît d'autant plus urgent que c'est un fait couramment observé dans le monde que les pays possèdant des richesses minérales abondantes et variées se développent rapidement, augmentant le niveau de vie de leurs populations.

L'importance de la production minière dans la vie de la Guinée apparaît clairement dans les tableaux ci-joints.

Ces tableaux donnent la valeur de la production minière à l'exportation en volume et en valeur ainsi que la comparaison entre la valeur de cette production et la valeur totale des exportations de la République.

Il y apparaît clairement que la production minière augmente d'année en année en pourcentage. Remarquons que la valeur a triplé de 1958 à 1959. Ceci correspond à l'incidence de l'organisation de la production individuelle diamantifère corrélative à la création par le Gouvernement de la Bourse de Kankan. On doit également souligner que 1960 est l'année où la République débutera ses exportations d'alumine, ce qui amènera la production minière à l'exportation au chiffre approximatif de 7.000.000.000 de francs guinéens.

Tableau I

Années	Valeur totale des exportations de la R.G.	Valeur totale des exportations des produits miniers	Pourcentage en faveur des produits miniers
1956	5.072.000.000	1.463.561.474	— 28,87 %
1957	5.121.000.000	1.527.468.296	— 29,81 %
1958	4.875.000.000	979.954.425	— 20,10 %
1959	7.109.000.000	3.496.554.397	— 49,19 %

Tableau comparatif des exportations de produits miniers

Tableau II

	1956		1957		1958		1959	
	Production	Valeur	Production	Valeur	Production	Valeur	Production	Valeur
BAUXITE	457.190	480.885.973	362.379	395.936.110	299.157	414.631	300.973	513.873.058
MINERAI DE FER.	822.413	711.958.028	1.058.028	946.343.543	372.796	406.411	352.653	411.226.861
BUREAU MINIER : Or en lingot	—	—	—	—	—	—	204.799	36.791.304
Minerai flatation..							408.820	68.952.190
DIAMANTS :								
Produc. Soguinex.	62.248	119.373.828	41.671	128.114.126	34.383	110.599.306	47.395	144.000.533
Produc. Minière de Beyla	220.760	150.616.464	78.500	57.074.517	78.955	48.311.819	34.213	28.809.715
Société Diamantifère de Guinée	728	726.967	—	—	—	—	—	—
Produc. industrielles de diamants	—	—	—	—	—	—	—	—
		1.463.561.474		1.527.468.296		979.954.425		3.496.554.397

Le plan triennal doit donc refléter dans ses programmes l'importance que la mine occupe déjà et continuera à occuper dans le développement économique général. Ceci doit se traduire sur le plan administratif par l'organisation et l'équipement d'une Direction des Mines de la Géologie et de l'Industrie, organisme qui doit disposer des moyens nécessaires pour coordonner et diriger toutes les actions que le Gouvernement doit mener pour le développement de ce Secteur-Clé de l'économie nationale.

B - DIRECTION DES MINES DE LA GEOLOGIE ET DE L'INDUSTRIE

1° Historique

En vue de pouvoir assurer le contrôle de l'exploitation minière projetée en 1950, il a été créé en 1951 un Service des Mines placé directement sous l'autorité du Gouverneur de l'époque et autonome du Service des T.P. dont les Mines étaient jusqu'à ce jour une section.

Ce service était conçu comme l'appendice administratif de la Direction Fédérale des Mines et de la Géologie, et ses attributions se bornaient uniquement au contrôle de l'exploitation minière locale et des équipes de prospection géologique que la Direction Fédérale des Mines envoyait en Guinée. En dehors des questions géologiques et minières, le Service s'occupait également du contrôle de toutes les installations industrielles et du commerce des substances minières et des hydrocarbures, ainsi que du contrôle automobile et des explosifs.

Le personnel technique de ce Service était composé de trois ingénieurs et d'un certain nombre d'agents techniques contractuels.

A partir du 2 octobre 1958, avec l'accession de la Guinée à l'Indépendance Nationale, le Service des Mines s'est brutalement trouvé sans cadres techniques et avec des attributions accrues consécutives à la prise en main par le Gouvernement Guinéen de toute la responsabilité de son développement minier.

Le Service a néanmoins continué à fonctionner et le Gouvernement a pu ainsi faire face à ses responsabilités.

2° Activités depuis l'indépendance

Malgré le manque de personnel, les diverses attributions de la Direction des Mines ont été assurées.

MINES

C'est ainsi que, en matière de mines, l'activité a porté sur le contrôle des exploitations en cours et particulièrement sur l'organisation de l'exploitation industrielle du diamant.

Nous nous sommes rendus à Banora à l'occasion de l'arrêt de l'exploitation de cette mine pour contrôler le déséquipement des installations. Cette mine, dont le projet de mise en exploitation s'est avéré erroné, a donné à l'exploitation un déficit d'environ 500 millions C.F.A. Ceci était principalement dû à une mauvaise connaissance de la géologie du gisement, particulièrement en ce qui concerne l'échantillonnage lors de l'évaluation des réserves. Ces erreurs ont éclairé le Service des Mines sur la manière d'être de l'or dans cette région. Cet enseignement nous sera particulièrement utile lors de la mise au point des programmes de prospection d'or filonien sur le Territoire National. Nous avons profité de l'occasion pour faire l'inventaire du matériel de Banora et les conditions posées pour accepter l'arrêt de l'exploitation ont été la cession d'un groupe électrogène de 170 KWA destiné à l'électrification de la ville de Dinguiraye, de même qu'une sondeuse qui servira à la recherche d'eau pour cette ville qui, pendant six mois de l'année, a de grandes difficultés d'approvisionnement en eau.

La Minière de Beyla et la SOGUINEX ont été également l'occasion de plusieurs contrôles, ce qui nous a permis d'obtenir, avec l'inventaire du matériel et des installations, la base d'évaluation de la valeur résiduelle de l'investissement réalisé dans ces mines. C'est cette base qui nous servira lors de la discussion pour la reprise par l'Etat de ces exploitations.

La Compagnie Minière de Conakry a fait aussi l'objet d'un contrôle général au point de vue technique et économique.

L'activité centrale en matière minière a surtout été la réorganisation de la production diamantifère par les mineurs africains. Tout le monde se souvient des difficultés que nous avons eu depuis la loi-cadre pour mettre au point un système rationnel d'exploitation et de commercialisation du diamant produit par les coopérateurs de la BEKIMA. Ces difficultés étaient dûes à la législation minière ancienne qui, en interdisant la détention en ancienne AOF, et en imposant lourdement ces pierres précieuses à la sortie, favorisait la contrebande vers les pays étrangers. L'indépendance a permis d'abroger le texte ancien réglementant le commerce et l'exploitation du diamant en faveur des exploitants africains. Il a été créé alors une Bourse du diamant à Kankan qui, en rationalisant le commerce de cette substance minérale, a permis de régulariser et de contrôler l'exploitation par les mineurs de l'ancienne coopérative Békima.

Il a été ainsi commercialisé à cette Bourse 630.000 carats représentant en 10 mois une valeur de 2 milliards 292.920.000 francs, ce qui a sensiblement amélioré la balance des paiements de la République avec la zone dollar.

Rappelons que la Coopérative Békima dans les mêmes opérations, avant l'Indépendance, avait un déficit de plus de 50 millions de francs CFA alors que le nouveau système de commercialisation nous a rapporté environ 88 millions de francs sans compter l'activité commerciale qu'il a occasionné à Kankan.

CARRIERES

Depuis l'indépendance, la Compagnie Fria a été strictement contrôlée et des redevances importantes (5 millions 707.800 de francs) ont été perçues à l'occasion de la construction des cités et de l'usine.

Egalement, le ramassage des matériaux à Conakry a été règlementé et en 1959, la somme de 833.870 francs a été perçue par le Service des Domaines.

INDUSTRIES

En matière de contrôle des industries, un certain nombre d'actions a été entrepris depuis l'indépendance pour renforcer le contrôle des établissement industriels.

CONTROLE DES POIDS ET MESURES

Les instruments de mesure ont toujours été l'objet d'un contrôle. Depuis l'Indépendance, nous avons cru utile, au Service des Mines, de créer une section s'occupant plus particulièrement de ce contrôle. C'est ainsi qu'un décret organisant un Service des instruments de mesure au sein du Service des Mines a été soumis à la signature du Président. Tous les instruments de mesure ont été depuis lors poinçonnés après contrôle de leur justesse et système de taxes et d'amendes institué.

Les agents du Service ont sillonné tout le Territoire National afin de vérification des instruments de mesure et des poids. C'est ainsi que 1.392 appareils ont été vérifiés sur lesquels 529 ont été refusés, 863 étant en état de marche. Nous avons dénombré 2.973 poids à la vérification dont 298 saisis. Il s'en suit que 2.675 poids ont été jugés en bon état.

Ce Service s'occupe également des jaugeages de citernes, 4 jaugeages par empotement pour des citernes de 1.000 à 2.000 litres ont été réalisés à l'aide des « testing » de 1.000 litres à l'APT. Chaque intervention a provoqué l'établissement d'une table de jauge d'un certificat de jaugeage et la perception de la taxe prévue.

La vérification des appareils distributeurs d'hydrocarbures a été exécutée pour 209 appareils répartis à Conakry et dans les centres intérieurs lors de la vérification périodique des instruments de mesure.

Les importations d'instruments de mesure dans le Territoire de la République de Guinée ont été contrôlées et le poinçon primitif apposé sur chaque appareil. Nous avons, pour éviter les fraudes toujours possibles, demandé au Service des Douanes la communication du double de la déclaration à chaque arrivage.

Sur le plan fiscal, nous avons enregistré depuis le mois de février 1959, 1.850.000 francs de recettes. Des agents envoyés par les Commandants de Régions ont suivi au Service une formation accélérée de vérificateur de poids et mesures afin qu'ils puissent faire le travail à l'intérieur.

Rappelons que la République de Guinée est membre du Comité International de la Métrologie depuis le 28 février 1960.

INDUSTRIES DES HYDROCARBURES

Dans ce domaine, le Service des Mines est chargé des programmes d'importation, de la fixation et de la surveillance des prix, ainsi que de l'approvisionnement de tous les centres du Territoire National. Le souci qui a présidé dans la fixation des prix des hydrocarbures a été une stabilisation au maximum de ces prix. C'est ainsi que lors de la dévaluation du franc en décembre 1958, et conformément au décret qui avait bloqué tous les prix à leur niveau du 25 décembre, le Gouvernement n'a pas manqué de prendre les mesures nécessaires au maintien du prix des hydrocarbures à leur niveau du 25 décembre. Cette politique de stabilisation du prix des hydrocarbures est la conséquence normale de la volonté exprimée par le Gouvernement de maintenir le prix de l'énergie au niveau le plus bas. Il ne fait de doute pour personne que les transports routiers, spécialement intéressés par ce problème, doivent intervenir au minimum dans le prix de revient des marchandises.

Rappelons que l'approvisionnement de la République en hydrocarbures a toujours été assuré par les Sociétés privées internationales sur la base d'importations à partir des raffineries françaises. Pour ne pas être tributaire uniquement de cette source d'approvisionnement, le Gouvernement n'a pas manqué de trouver de nouvelles sources d'approvisionnement. C'est ainsi que le Comptoir Guinéen du Commerce Extérieur a réalisé des importations en provenance de l'URSS. Aussi, toute tentative de raréfaction des hydrocarbures sur le Territoire National sera paliée dans les meilleurs délais par des importations, à partir de l'Union soviétique de carburants livrés soit en fûts, soit en vrac. D'autre part, la création d'une monnaie nationale, associée à notre départ de la zone franc, nous impose de revoir, à la lumière de ce qui a été dit plus haut, ce problème de notre approvisionnement sous l'angle de la balance des paiements. Un projet a été fait dans ce sens et soumis à l'approbation du Ministre. Au total, nous pouvons dire qu'il n'y aura pas de difficulté d'approvisionnement en carburants.

Depuis l'Indépendance nationale, nous pouvons dire que la distribution des hydrocarbures sur le Territoire National a été assurée dans les meilleures conditions quant à la régularité et aux prix. Cependant, de légères difficultés consécutives à une gêne temporaire du système de transport ont pu surgir dans certaines régions de la Haute Guinée et de la Guinée Forestière. Mais tout ceci sera vite solutionné car le chemin de fer doit recevoir très prochainement du matériel neuf.

LEGISLATION

Sur le plan législatif, bien que l'ordonnance n° 1/58 du 3 octobre 1958 prorogeait les diverses législations en vigueur au 28 septembre 1958, nous n'avons pas manqué d'ajuster les divers textes anciens aux nouveaux impératifs et à la nouvelle politique définie par le Parti et le Gouvernement. C'est ainsi que différents arrêtés ont été pris en vue de l'augmentation des taxes sur les titres miniers qui ont été soit doublées, soit triplées, le droit fixe sur l'ouverture d'une carrière est passé de 1.000 à 10.000 francs. Les taxes d'extraction de matériaux ont été augmentés dans des proportions notables.

La pièce maîtresse du point de vue juridique est la législation minière. L'institution et le renouvellement de tous les droits miniers anciennement accordés ont à ce jour été arrêtés en attendant la promulgation de cette législation.

Nous avons collaboré à l'élaboration d'un projet de décret sur la législation minière. Ce projet de décret n'a pas encore été promulgué et est encore au stade de l'étude.

ORGANISATION DE LA DIRECTION DES MINES

Pour pouvoir faire face aux nouveaux impératifs dictés par l'adoption d'une politique économique planifiée, le Ministère de l'Economie Générale a décidé une politique de décentralisation qui se traduit pour l'administration minière et industrielle par l'organisation d'une Direction des Mines, de la Géologie et de l'Industrie.

1° Attributions

Du point de vue attributions, cette Direction reprend toutes les attributions du précédent services des Mines ; sauf le contrôle automobile transféré au Service des Transports (Ministère des T. P.). De nouvelles tâches consécutives à la réalisation du plan ainsi que la décision du Ministre de placer les questions industrielles au sein de cette Direction agrandissent le cadre de ses attributions.

2° Organisation

suivantes :

« FRIA »

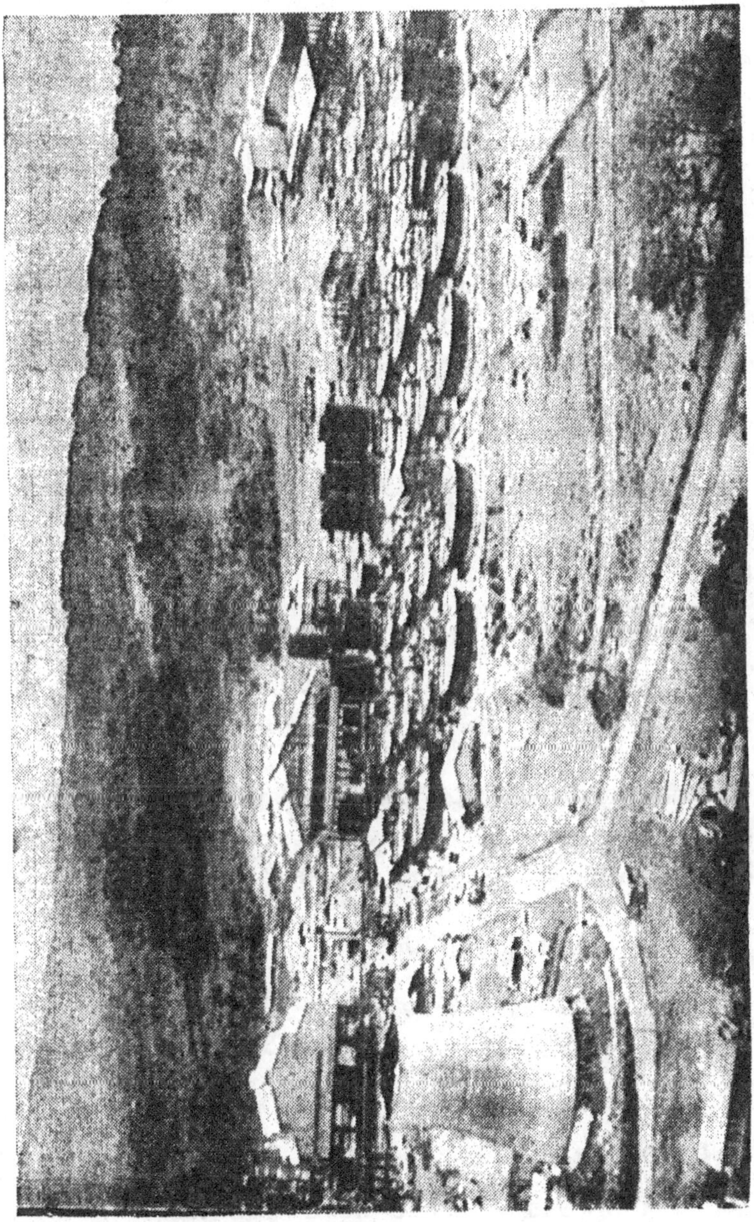

Par l'exceptionnelle richesse de son sous-sol, la Guinée a une vocation industrielle.

a) **Division Générale**

Elle sera dirigée par un chef de division qui sera assisté d'un comptable, d'un archiviste et d'une secrétaire de Direction, soit 4 personnes.

b) **Division minière**

Elle comporte une section d'études et de documentation minières et une section de prospection minière.

Elle a à sa tête un chef de division qui doit être ingénieur des mines avec comme adjoint un technicien.

Le personnel sera complété par deux autres techniciens, deux commis, une dactylo, soit **7 personnes.**

c) **Division géologique**

Le chef de la division sera un ingénieur économiste assisté de deux techniciens comme chefs de section, quatre commis et une dactylo, soit **8 personnes.**

d) **Division industrielle**

Elle est composée d'une section industrielle et d'une section de protection des intérêts de la population.

Le chef de la division sera un ingénieur économiste assisté de deux techniciens comme chefs de section, quatre commis et une dactylo, soit **8 personnes.**

e) **Laboratoire Chimique**

Il est dirigé par un ingénieur chimiste, chef de laboratoire assisté de deux aides, soit **3 personnes.**

f) **Personnel auxiliaire**

Soit 7 personnes.

La direction des Mines serait représentée à l'intérieur de la République de Guinée par :

a) à **Kankan,** un service des Mines, de la Géologie et de l'Industrie dont les compétences s'étendent à toute la Haute-Guinée et la Guinée Forestière.

Il est dirigé par un ingénieur des Mines, Chef de service, assisté d'un adjoint, un comptable, une dactylo, un planton, un gardien et un chauffeur, soit **7 personnes.**

b) à **Kérouané** une subdivision du Diamant représentant la Direction des Mines en ce qui concerne l'organisation et le contrôle des opérations d'exploitation industrielle du diamant.

Cette subdvision est dirigée par un chef de subdivision le personnel comprend un adjoint, un comptable, un commis, trois contrôleurs (un par région administrative), vingt-quatre commissaires et cent treize surveillants, soit **144 personnes.**

Cette subdivision reprend les activités de l'ancienne coopérative Békima et dispose d'un budget autonome basé sur une fraction des recettes provenant du placement des cartes de mastas et de manœuvres.

Elle dépend du service des Mines de Kankan et, administrativement du Commandant de Région de Kérouané.

c) à **Boké,** la Direction des Mines est représentée par un inspecteur qui est un technicien chargé de la surveillance des investissements et des recettes.

3) **Direction et Personnel**

A la tête de cette organisation se trouve un Directeur nommé par décret du Président de la République.

Dans l'organisation actuelle, ce Directeur est assisté d'un conseiller technique qui prend le titre d'adjoint au Directeur des Mines.

Le Directeur est responsable de la marche générale du service. Il fixe les attributions de chacun et est chargé de la conduite générale des affaires en conformation avec la ligne générale du Parti et du Gouvernement.

Le conseiller technique actuel est un ingénieur en chef des Mines mis à la disposition du Gouvernement Guinéen par le Gouvernement Polonais. Nous proposons, à la tête des divisions techniques, les ingénieurs spécialistes que le Gouvernement Tchécoslovaque a proposé de mettre à notre disposition à titre gratuit. Le chef de cette mission est actuellement à Conakry en tant que chef de la Division géologique.

Nous avons déjà fait des propositions en vue de faire venir les trois autres ingénieurs. Parmi ces trois, nous proposons comme chef de la division minière un ingénieur, comme chef de la division industrielle un ingénieur et comme adjoint au chef de la division géologique, un ingénieur topographe.

Le laboratoire de chimie a fait l'objet de demandes d'offres envoyées au Gouvernement de l'Allemagne de l'Est, Tchécoslovaquie, Hongrie et Pologne. Cette demande d'offres spécifie en particulier l'envoi d'un ingénieur chimiste pétrographe et mineralogiste comme chef de laboratoire.

Il a été établi et proposé un projet de budget tenant compte des nouvelles attributions et charges qui incombent à la Direction des Mines. Ce budget, établi sur la base des dépenses minimum s'élève pour les dépenses à 23.763.552 francs et pour les recettes qui doivent faire au minimum 132.700.000 francs. Signalons toutefois que les experts prévus dans le cadre de l'assistance technique ne figurent pas dans ce budget.

Rappelons que dans le budget national dont le montant en dépenses s'élève à 8 milliards environ, le service des Mines figure pour 11 millions.

FORMATION DES CADRES

Problème crucial du point de vue de notre indépendance politique, la formation des cadres, retardée par le colonialisme français doit nous permettre d'obtenir le plus tôt possible les cadres nationaux qui vont remplacer les cadres étrangers dans l'administration et dans les entreprise nationales et privées.

Douze étudiants envoyés en Pologne afin d'y suivre des cours à l'Ecole des Mines ont déjà été orientés vers les spécialités de l'industrie minière en fonction de nos premiers besoins.

Il serait souhaitable d'orienter d'autres jeunes gens en attendant l'ouverture de notre Institut Polytechnique.

La formation des cadres moyens (niveau maîtrise) pourra être assurée localement à l'intérieur du Service. Cette formation sera conduite par les ingénieurs des pays amis dont le recrutement est déjà assuré.

GEOLOGIE

Situation actuelle.

La politique minière coloniale, telle qu'elle apparaît au stade des recherches géologiques, est justifiable de la politique générale du colonialisme qui voulait que nos richesses minières soient recherchées et exploitées en fonctions des besoins de la colonisation, sans se préoccuper de l'intérêt général de notre peuple.

C'est ainsi que, du début de la colonisation à la fin de la dernière guerre mondiale, les recherches avaient porté uniquement sur l'or et le diamant, ce qui correspond à un ramassage direct de minéraux non justifiables de transformations ultérieures. Cependant, à la fin de la dernière guerre mondiale, en raison d'une plus grande demande de la métallurgie européenne, demande consécutive à un accroissement considérable de la capacité de production des usines, l'attention a été portée sur les substances minérales (fer, bauxite). Et le relèvement du potentiel industriel a alors nécessité la création des deux organismes public et semi-public bien connus, à savoir la Direction Générale des Mines et de la Géologie à Dakar et le Bureau Minier de la France d'Outre-Mer. Ces organismes ont tenté un essai timide de planification en matière de recherches minérales. C'est ainsi qu'il a été élaboré une carte géologique au 1/500.000[e] qui est la seule à couvrir actuellement le Territoire National. Autour d'indices de minéralisation découverts par des équipes volantes de géologues de la Direction Fédérale des Mines cette carte géologique a été précisée par des cartes à plus grande échelle, ceci afin de permettre de mieux connaître ces indices.

Le travail de la Direction Fédérale des Mines s'arrêtait à ce stade. C'est alors que le Bureau Minier intervenait lorsque les indices permettaient de lancer des travaux de recherche. Un bon exemple nous est ainsi fourni par les recherches effectuées dans les Monts Nimba et Simandou pour le minerai de fer. Le stade ultérieur de ces travaux géologiques était généralement assuré par des Sociétés privées qui se constituaient lorsqu'était démontré la présence d'un gisement exploitable. Signalons que ces études, menées par la Direction Fédérale des Mines, le Bureau Minier et les Sociétés privées étaient faites, en dehors des autorités de l'époque, ce qui explique le manque d'une documentation complète à la Direction des Mines.

Depuis l'Indépendance Nationale, en dépit du manque total de cadres qui a régné à la Direction des Mines pendant un temps assez long, un effort a été quand même réalisé pour mener à bien et dans l'intérêt national des études et travaux géologiques. L'importance de ces travaux géologiques n'a pas échappé au Gouvernement, c'est ainsi que, des contacts pris avec les Gouvernements de pays amis, il est résulté l'envoi de plusieurs experts internationaux en matière de géologie et de prospection minière. Le Territoire National a ainsi été visité tour à tour par des experts tchécoslovaques, polonais, hongrois et soviétiques. D'importants programmes de travaux à réaliser dans le cadre de l'assistance technique ont été ainsi élaborés et un grand nombre de ces travaux débutera pendant la période du plan triennal. Sur le plan de la Direction des Mines, un travail de regroupement et de classement de la documentation géologique et minière a été effectué. Ce travail a porté sur toute la documentation provenant des travaux réalisés à ce jour, tant sur le plan de la recherche que de l'exploitation minière. Ceci se traduira par la publication d'une carte préliminaire de minéralisation du Territoire National, carte qui servira de base à l'élaboration des programmes de recherches systématiques et des études économiques sur l'exploitation de ces diverses substances.

PROPOSITIONS ET PERSPECTIVES D'AVENIR

Au terme de ce travail de rassemblement de la documentation nous proposons le programme préliminaire suivant dans le cadre du plan triennal. Ces recherches porteront sur les substances minérales suivantes :

1° **Diamant et or.**

a) — Diamant.

Cette recherche s'effectuera à partir des réserves connues actuellement dans les permis de la Soguinex et de la Minière de Beyla, et s'étendra de proche en proche aux zones non encore prospectées.

Elle porterait non seulement sur les gisements alluvionnaires, mais aussi sur les gisements profonds et on peut prévoir que la géologique nous permettra de localiser les « pipes » de Kimberlite déjà signalées dans la région.

Cette prospection systématique s'étendra évidemment aux minéralisations non diamantifères existant dans ces régions.

A cette fin, nous proposons de faire venir deux groupes de géologues avec leur équipement complet (recherche - campement - déplacement).

Ces groupes effectueront leurs travaux pendant la saison sèche et nous estimons qu'une saison sèche (1960-1961) suffirait à l'évaluation préliminaire des recherches en diamant sur le territoire de la Guinée.

b) — L'or alluvionnaire et filonien.

Nous proposons dans ce cadre qu'un groupe de géologues, équipé de tout le matériel nécessaire (recherche - campement - déplacement) reprenne les études sur les minéralisations aurifères des régions de Kouroussa, Dinguiraye, Siguiri et Faranah (Fitaba). A ce propos sera dressée une carte géologique à grande échelle de ces régions. Les structures techniques et les minéralisations autres que l'or feront l'objet par la même occasion d'une étude détaillée.

Ce travail effectué systématiquement sera certainement très onéreux, mais la possibilité de récupération de l'or même par des moyens artisanaux dans l'hypothèse où la mécanisation ne serait pas justifiée, pourrait payer une partie des travaux. Ceci fera l'objet, évidemment, d'une étude économique dont la place n'entre pas dans le cadre du présent rapport.

2°) — **Les Hydrocarbures et le Gaz naturel.**

Il s'agit là d'un problème très important tant par les moyens financiers à mettre en œuvre que par les résultats s'ils sont positifs, que nous pouvons en escompter du point de vue de l'indépendance énergique et du développement économique.

Nous disposons à ce jour d'une documentation statigraphique très complète sur le paléozoïque du Territoire National. Cette zone qui s'étend sur les régions de Kindia, Cogon, Fatala, Rio-Nunez, Gaoual, Youkounkoun, Mali, etc... doit faire l'objet de travaux géologiques dans le cadre du plan triennal.

Ces travaux géologiques peuvent se réaliser en deux étapes.

a) — 1re étape.

Dans une première étape, devront être précisées la géologie structurale ainsi que la recherche d'indices d'hydrocarbures. Un programme de levés géologiques et géophysiques doit être mis au point. Les travaux seraient confiés à des équipes de géologues et de géophysiciens hongrois, polonais, tchécoslovaques et soviétiques.

Cette première étape devra être réalisée pendant la durée du Plan triennal. Ces travaux pourront servir à la recherche des minéralisations métalliques qui pourra être confiée à des prospecteurs qui dresseraient une carte des minéralisations.

b) 2me étape.

Elle devra être considérée comme une réalisation à long terme, étant entendu que l'importance des travaux et des moyens financiers à mettre en œuvre sont considérables. Il s'agirait essentiellement de faire des sondages mécaniques dans les structures mises en évidence lors de la première étape. Ceci sera à inclure dans le cadre des plans quinquenaux qui suivront le plan triennal.

3°) — **Autres minerais.**

Un troisième groupe effectuera des recherches générales dans les régions où ne travaillent pas les groupes cités plus haut. Il établira une carte de toutes les minéralisations découvertes. Ces travaux comme les autres, seraient à faire exécuter par les ingénieurs des pays avec lesquels nous avons des accords d'assistance technique.

Ils porteront non seulement sur les minerais métalliques mais aussi sur des subtances minérales ayant un intérêt ou industriel ou agricole. C'est ainsi que les gisements de calcaire signalés seulement à ce jour sous forme d'indices dans les régions de Mali, de Farabanah, Sanankoroni, Kérouané, Diarradougou, Siguiri, etc... devront faire l'objet d'une étude systématique du gisement en vue d'en déterminer les caractéristiques industrielles, afin d'en déterminer l'usage soit industriel, soit agricole.

4) — **Hydrologie.**

Dans certaines régions guinéennes, l'eau pose un problème ardu.

L'application des méthodes d'hydrogéologie en vue d'assurer le ravitaillement en eau des populations et des troupeaux est déjà un problème crucial dans les régions semi-arrides du Nord-Est, telles que la ville de Dinguiraye où, pendant six mois de l'année, les populations sont privées même d'eau potable.

Ce sera pour le Gouvernement un acte politique en faveur de ces populations pratiquement délaissées pendant 60 ans de domination coloniale française.

Il faut, dès à présent, prendre conscience de ces faits et exécuter divers travaux hydrologiques indispensables.

Dans ce but, nous proposons la réalisation du programme suivant :

1°) — On établira et complètera la documentation des ressources hydrauliques dans les régions semi-arrides de la Guinée du Nord.

2°) — La division géologique (service hydraulique) prendra contact avec les Commandants de Régions administratives qui fourniront une liste de leurs besoins en eau potable et industrielle ainsi que des principaux lieux de consommation.

3°) — Le Service des Mines formera une équipe hydraulique avec équipement technique complet, à savoir :

Sondeuse

Equipement pour l'application des méthodes de géophysique légère. Exemple : sondage électrique vertical.

Cette équipe fera également l'évaluation hydraugéologique des clichés aériens.

4°) — Il faut réaliser successivement et le plus vite possible les recherches d'eau potable et industrielle pour suppléer au manque d'eau de la population.

5°) — Cette équipe étudiera également le régime des eaux souterraines dans toutes les formations géologiques dans différentes zones climatiques du Territoire National.

5) **Financement prévu pour ce programme.**

Nous prévoyons pour ces travaux le financement suivant qui doit être interprété comme un minimum.

a) — Diamant et or.	
1) — Diamant	140.000.000
2) — Or	50.000.000
b) — Hydrocarbures et Gaz naturel	
1re étape	70.000.000
2me «	130.000.000
c) — Autres minerais	150.000.000
d) — Hydrologie	80.000.000
Total	620.000.000

D. — MINES

Situation actuelle.

L'activité minière porte actuellement sur les substances suivantes :

FER : Exploité par la Compagnie Minière de Conakry dont la capacité de production installée est de 1.200.000 tonnes.

En 1959, en raison de la récession sur le marché de vente, principalement en Angleterre et en Allemagne Occidentale, la production n'a été que de 352.653 tonnes, soit le tiers environ de la capacité de production.

BAUXITE : Seule, la Société des Bauxites du Midi, dans son exploitaton de Kassa, se livre à l'exploitation. Sa capacité de production est d'environ 500.000 tonnes et elle a exporté en 1959, 300.973 tonnes. Les prévisions pour 1960 sont de 450.000 tonnes environ.

Rappelons que cette société travaille actuellement à l'édification de l'infrastructure portuaire, ferroviaire et routière d'un complexe industriel à Boké, dont les prévisions initiales pour 1964 portent sur une production annuelle de 220.000 tonnes d'alumine et de un million de tonnes de bauxite.

La Compagnie FRIA a débuté vers la fin de 1959 son exploitation de bauxite en vue de l'alimentation de son usine d'alumine qui doit produire de l'alumine dans le courant du mois d'avril. Rappelons également que la capacité de production de cette usine d'alumine se situe au premier stade à 480.000 tonnes-an, soit une production de bauxite d'environ 1.500.000 tonnes.

DIAMANT : Il y a actuellement en République de Guinée deux modes d'exploitation du diamant :

1°) — L'exploitation individuelle africaine ;
2°) — L'exploitation par des Compagnies privées.

1°) — **L'exploitation individuelle africaine** s'effectue dans trois régions administratives : Beyla, Macenta, Kissidougou.

Le nombre de mineurs africains se trouvant sur les lieux est estimé à 41.200, surveillés par un certain nombre de contrôleurs, commissaires et surveillants.

Les manœuvres sont en majorité recrutés parmi les Soudanais, tandis que la catégorie masta est surtout guinéenne, soit 40 % de Guinéens et 60 % d'étrangers pour la plupart Soudanais.

En 1959 on a délivré 4.003 cartes masta à raison de 10.000 Frs l'une (taxe gouvernementale), et 14.450 cartes de mineurs à raison de 1.000 Frs l'une.

La vente des cartes a donc rapporté :

Masta : 4.003 x 10.000 = ...	40.030.000
Mineurs : 14.450 x 1.000 = ...	14.450.000
	54.480.000

De cette somme il faut déduire les salaires des commissaires et surveillants et les frais de fonctionnement, soit 8.000.000, d'où le bénéfice net sera :

	54.480.000
—	8.000.000
	46.480.000

En outre, les surveillants peuvent bénéficier de primes de fin de mois, chaque région est par ailleurs dotée d'un contrôleur.

La Bourse du Diamant sise a Kankan, installée depuis février 1959, a réalisé, en droits de sortie et en commission, le bénéfice de 43.588.354 francs, duquel nous déduirons le fonctionnement de cette Bourse à raison de 2.000.000 de francs.

Le Gouvernement de Guinée a donc perçu en 1959 :

$$
\begin{array}{r}
46.480.000 \\
+\ 41.588.354 \\
\hline
88.068.354
\end{array}
$$

2 — **L'exploitation par les Compagnies privées** est irrégulière et ne donne pas spécialement de bénéfices au Gouvernement.

Actuellement deux Compagnies sont installées en Guinée et extraient le Diamant.

Ce sont :

a) La Société Guinéenne de Recherches et d'Exploitations Minières (Soguinex).

b) La Compagnie Minière de Beyla.

Siège Social : Fénaria (République de Guinée) R.C. Kankan 23.

a) SOGUINEX.

Capital : 20.000.000 répartis en 400 actions de 50.000 fr. l'une. **Permis exploités :** La Soguinex travaille actuellement sur les permis situés à Fénaria, Banankoro, Férouba.

Le permis de Fénaria n° 102 est le seul valable encore et viendra à expiration le 1er avril 1960.

b) **Compagnie minière de Beyla** Siège Social : Beyla.

Capital : 30.000.000 de frs CFA répartis en 6.000 action de 5.000 francs. **Permis exploité :** n° 234 expirant le 1er juillet 1960.

carré de 5 km. de côté.

Point de repère : borne située au centre du pont sur le Diani de la route de Kuankan à Diéboidou (région de Macenta).

Centre du périmètre à 6.900 mètres au Nord et à 4.100 mètres à l'Est du point repère.

Ces Compagnies ne donnent pas de gros bénéfices au Gouvernement.

En 1958, les sommes perçues ont été de :

1. Soguinex :

Redevance proportionnelle	4.708.775
Redevance superficiaire	5.993
	4.714.268

2. Compagnie Minière de Beyla :

Redevance proportionnelle	2.092.307
Redevance superficiaire	25.400
	2.117.707

Au total : 4.714.268 + 2.117.707 = 6.831.975

Carrière.

Actuellement sont exploitées en Guinée :

1° la carrière de syénite de Sorro (Ile de Loos) par la Société des Grands Travaux de Marseille. Les matériaux extraits servent à l'extension du port et de la digue de la Prudente.

2° trois carrières de grès dans la région de Boké par la Société des Bauxites du Midi dont le produit est destiné au ballastage de la voie ferrée Kamsar-Cogon.

En principe, ces travaux, déclarés d'utilité publique, sont exemptés de la redevance des Mines.

3° deux carrières de grès aux P.M. 54 et 64 de la voie ferrée Conakry-Fria destinées à fournir le matériau nécessaire à l'entretien de cette voie ferrée.

4° une carrière de granit à Manéah exploitée par M. Renier qui vend ses produits à diverses entreprises de construction.

5° une carrière de gravier au Km. 22 de la route de Kindia exploitée par la Société Colas, spécialisée dans le bitumage des routes.

D'autre part, les nombreuses constructions en cours à Conakry nécessitent d'énormes quantités de sable extrait actuellement sur les plages de la Minière et de Taouyah (les autres plages ont été complètement exploitées). Ce système n'est pas recommandé et ne peut être continué.

Signalons que le ramassage de sable apporte de grands bénéfices au Gouvernement.

Propositions et perspectives d'avenir

De cet inventaire de toutes les exploitations minières existant à ce jour sur le territoire national, il ressort que l'activité minière était seulement exercée soit par des sociétés privées étrangères, soit par des exploitants individuels africains. Cependant, conformément à la politique économique du Gouvernement qui veut que la mise en valeur du sous-sol national soit faite ou dirigée par l'Etat, nous proposons le programme suivant :

Diamant.

a) Création d'entreprises nationales.

Sur la base des recherches diamantifères signalées plus haut, nous proposons la mise en chantier d'exploitations mécaniques d'Etat. Nous estimons que le chiffre de 4 exploitations durant la période du plan triennal serait raisonnable.

Les entreprises d'Etat seront organisées selon le statut-type élaboré par la Commission du Plan. Leur financement pourra être assuré par des crédits à moyen terme remboursables sur la valeur de la production. En première approximation, une somme d'environ 350.000.000 de francs guinéens serait nécessaire.

b) Nationalisation des sociétés privées.

Nous proposons la nationalisation, sur la base d'une indemnisation à déterminer, des deux sociétés privées qui se livrent à l'exploitation mécanique, ceci, en raison, d'une part, de leur faible participation au développement de l'économie nationale et d'autre part, en raison du caractère non optima de leur exploitation (exploitation portant uniquement sur les alluvions de surface).

c) Rationnalisation de l'exploitation individuelle.

1° Sur le plan de **l'exploitation individuelle** le problème majeur est celui de la structuration des masses de travailleurs opérant sur les permis miniers cédés à l'ancienne coopérative Békima par le Gouvernement.

Une fois cette organisation obtenue, l'exploitation rationnelle de ces périmètres pourra être facilement guidée par le Service des Mines. Ces exploitants individuels, dont le nombre s'élève actuellement à 41.200 personnes, ne sauraient être, sans risques politiques, déguerpis de la région. En outre, les permis sur lesquels ces exploitants individuels ont opéré jusqu'à ce jour, ont été complètement écrémés et ne sauraient être justifiables d'une exploitation mécanique. On peut estimer à 30 % la proportion de diamants qu'ils ne peuvent récupérer. Aussi, nous proposons l'organisation suivante :

L'ancienne coopérative Békima deviendrait une Subdivision des Mines qui prendrait le nom de Subdivision du Diamant. La responsabilité technique de cette Subdivision du Diamant pourrait être assurée par le Chef du Service des Mines de Kankan et par l'ancien Directeur de Békima.

Les commis et surveillants actuels de la Békima continueraient à travailler avec le même statut qu'actuellement. Ceci n'entraîne pas de dépenses supplémentaires comme il a été signalé plus haut. L'opération à réaliser sur ces permis miniers de l'ex-Békima serait une concentration de l'exploitation de façon à s'assurer l'optimum de récupération de diamants ; ceci pourrait être réalisé de la manière suivante : Il serait alloué à chaque masta un périmètre dont l'exploitation ne saurait être assurée par plus de 5 manœuvres. Le renouvellement de ces périmètres ne sera obtenu qu'après qu'il aura été démontré qu'ils ont été complètement fouillés. Ces périmètres seront octroyés par le commissaire du secteur qui prendra soin de les grouper dans le meilleur ordre.

La limitation du nombre de mastas, c'est-à-dire la production individuelle, pourra être obtenue par la considération suivante : la carte de masta ne serait délivrée qu'aux ressortissants guinéens.

La garantie de l'exploitation rationnelle de ces petits permis individuels sera assurée par l'Ingénieur Chef du Service des Mines de Kankan, lequel se rendra périodiquement sur les lieux afin de procéder à des démonstrations de meilleure exploitation.

LE MONT « NIMBA »

250 *millions de tonnes de minerai de fer à haute teneur.*

Or.

Vieille exploitation minière de la Guinée, la production d'or du Territoire national a beaucoup baissé depuis la dernière guerre. Cette baisse était corrélative de la baisse du prix de l'or sur le marché mondial et de l'élévation du niveau de vie de la masse paysanne, surtout dans la région de Siguiri. Cependant, en raison de l'institution d'une monnaie nationale, il apparaît de première urgence de faire l'inventaire des ressources aurifères du Territoire national. Si ces recherches s'avèrent fructueuses, elles donneront lieu à exploitation par des entreprises nationales.

Cependant, l'étude de la documentation existante au Service des Mines a mis en évidence l'existence de filonnets de quartz minéralisés en or contenant des réserves de quelques centaines de kilogrammes non justifiables d'une exploitation mécanique rentable comme il a été démontré à Banora. Nous sommes en train d'étudier au Service des Mines la possibilité de récupérer cet or par des procédés semi-artisanaux en faisant appel à des méthodes s'inspirant de l'investissement humain par fourniture d'une main-d'œuvre soit pénale, soit militaire.

Fer.

Un grand nombre d'indices de minerais de fer à haute teneur a été mis en évidence sur le Territoire national depuis un certain temps. Celui qui semble le plus intéressant, ainsi que l'ont montré les travaux de préreconnaissance géologique, est incontestablement le gisement du Nimba-Simandou. Les premières estimations permettent d'espérer des réserves suffisantes pour justifier une exploitation malgré l'éloignement de ces gisements. Nous proposons, sur la base d'un prêt à long terme remboursable sur la valeur de l'exploitation future par l'Etat guinéen, la prospection systématique et l'exploitation de ce gisement. Les premières estimations montrent qu'il est raisonnable d'évaluer les réserves à 250.000.000 de tonnes qui permettraient, au rythme de 10 millions de tonnes annuelles, une exploitation d'environ 25 ans. Ces chiffres, compte tenu des conditions économiques du gisement, peuvent être considérés comme rentables.

Carrières.

Les besoins en matériaux de construction nécessitent l'ouverture, par le Gouvernement, dans le cadre du plan triennal, de cinq carrières destinées à les couvrir.

Les quantités de sable également nécessaires, et signalées plus haut, nous imposent d'ouvrir une route allant de Lambagny (village près de Kaporo) à une plage dont le contenu peut suffire aux besoins de notre capitale pendant une période de cinq années environ.

L'exploitation et la vente seront effectuées par l'Administration qui en retirera d'appréciables bénéfices.

Cette solution permettra de réserver les plages existant encore dans les environs de Conakry.

E. — INDUSTRIE

Situation actuelle.

La Direction des Mines s'occupait jusqu'à ce jour des problèmes industriels suivants :

a) Substances explosives ;
b) Hydrocarbures ;
c) Appareils à pression de vapeur et de gaz ;
d) Etablissements classés ;
e) Poids et Mesures.

Afin de connaître les établissements industriels et leurs ressources, nous avons commencé une enquête sur tout le Territoire de la République en demandant aux entreprises les renseignements suivants :

Nom, prénoms, ou raison sociale — genre de l'industrie — lieu de l'installation — capital — copie des statuts — noms des actionnaires — société étrangère dont elles dépendent — filiales en Guinée — filiales à l'étranger — parc matériel — montant des investissements — nombre d'employés (Européens - Africains) — salaire total mensuel — projets envisagés.

Nous avons rassemblé les réponses à ce questionnaire et sommes en train d'en faire le dépouillement. Nous pourrons ainsi communiquer une liste complète par spécialités industrielles. Nous conserverons la documentation concernant les industries qui relèvent de nos attributions, le reste sera communiqué au Ministère du Plan et aux Ministères intéressés.

Proposition et perspectives d'avenir.

Dans la gamme des industries citée plus haut, il est à remarquer que tous les établissements sont privés Cependant, conformément à la politique économique du Gouvernement, il est souhaitable que les études en vue de la création d'industries gérées par des sociétés d'Etat soient mises en chantier. Ceci est particulièrement important pour consolider l'indépendance économique de la nation. Les considérations qui doivent présider à la création de ces industries doivent non seulement être de rentabilité économique, mais également de rendement social et d'indépendance de la nation vis à vis de l'étranger.

Dans le domaine des industries dérivant de l'activité minière, un certain nombre de possibilités s'impose de façon urgente. C'est ainsi que, compte tenu des besoins de matériaux de construction (ciments et autres), besoins en rapport avec l'activité importante que va créer le Plan, il apparait opportun d'étudier les possibilités d'installation d'une cimenterie. Nous avons fait l'inventaire des indices signalés des matières premières nécessaires à la fabrication du ciment. Ces indices n'apparaissent pas à priori particulièrement favorables. Cependant, nous avons prévu, dans le programme des recherches géologiques, des études beaucoup plus précises à la fois de l'importance et des caractéristiques techniques de ces matières premières.

Nous étudions également, par la même occasion, les conditions économiques de la fabrication du ciment dans l'hypothèse où les indices signalés s'avèreraient favorables.

Dans le même ordre d'idées, nous nous proposons d'étudier l'installation d'une usine de fabrication de verre.

Un autre problème dont nous nous sommes déjà préoccupé est l'extraction du sel. Rappelons que la Guinée importe du sel pour ses besoins alimentaires, surtout du Sénégal. Or, dans la conjoncture actuelle, il paraît difficilement concevable de sortir des devises pour importer du sel de cuisine. Nous savons qu'il existe déjà une faible production artisanale. Nous avons entrepris d'étudier les possibilités d'augmentation, et de la productivité et de la production du sel par l'installation de marais salants et la mécanisation de la fabrication du sel. Signalons que le sel est une des principales matières premières de l'industrie chimique. Ceci paraît d'autant plus raisonnable que la possibilité de production d'énergie électrique à bon marché permettrait dans l'hypothèse d'une production suffisante de sel de penser à l'installation de fabrique d'eau de javel, de soude, etc...

L'EXPLOITATION DU SEL DU PAYS

Le sel du pays est une véritable richesse latente qui, exploitée au maximum et rationnellement, peut accroître, dans une proportion appréciable les ressources du paysan et le potentiel de production de la Guinée.

L'exploitation du sel était naguère florissante à Coyah et à Forécariah (Kaback et Kakossa). Elle est possible sur toute la côte et même dans la région de Kaporo.

La production annuelle a atteint 10.000 tonnes. Cette quantité peut être doublée grâce au plan triennal. Il faudrait :

— aménager et équiper le port de Coyah et les marais salants de Kabacks, de Kakossa et d'ailleurs ;

— améliorer les méthodes d'extraction et de préparation du sel, son emballage, son transport et son évacuation ;

— construire des magasins de stockage ;

— en un mot, créer des coopératives de producteurs de sel.

Le sel de Guinée concurrence avantageusement le sel Kaolack. Il est consommé presque dans toute la République et la question de débouché ne se pose pas. Quant au prix, il sera, par rapport au sel d'importation, assez rémunérateur pour encourager le producteur et assez raisonnable pour inciter le consommateur à augmenter sa consommation.

Depuis que la campagne a été lancée à partir de juillet 1959 par des circulaires du Ministre de l'Economie Générale, les producteurs de sel de Dubréka (Coyah) et de Forécariah ont repris confiance et sont décidés à reprendre leur exploitation ancestrale. C'est ainsi que les Commandants de ces deux Régions Administratives viennent de faire des offres de sel pour parer aux risques de rupture de stocks.

C'est dire que les services du Plan ont là des terrains tout préparés, grâce aux effets de la même campagne, le Commandant de la Région de Youkounkoun a fait état d'une possibilité d'exploitation du sel à Diamatou, dans le Badiar. Il peut s'agir là du sel gemme pour lequel les précisions demandées n'ont pas encore été fournies.

LES RESSOURCES HYDRO-ELECTRIQUES DE LA REPUBLIQUE DE GUINEE

I. — Inventaire des chutes d'eau.

Cet inventaire est le résultat des reconnaissances de chutes effectuées sur le terrain et de l'étude des documents divers, en particulier la carte au 1/200.000^e.

Nous donnons cet inventaire par bassin, sous forme de nomenclature de toutes les chutes d'une certaine importance qui ont été repérées. En principe, cet inventaire ne porte pas sur les nombreuses petites chutes dont la puissance va de quelques centaines à quelques milliers de Kw.

Pour chaque bassin nous avons calculé également l'énergie potentielle de la lame d'eau moyenne.

Le tableau suivant résume le résultat de cet inventaire.

Bassin versant	Potentiel du Bassin Milliard kwh	Producti-bilité totale Milliard kwh	Cœfficient d'utilisation
Konkouré	12	6	0,50
Fatala	2	0,7	0,38
Kogon	2	0,2	0,10
Kolenté	2,5	0,2	0,08
Tominé	6,5	2	0,32
Gambie	4,5	0,5	0,11
Bafing	10	2	0,20
Haut Niger	23,7	1	0,04
Totaux	63,2	12,6	0,20

Ainsi l'énergie potentielle de tout le Territoire atteint 63 millards de Kwh et l'énergie productible 12 milliards de Kwh. En comptant un cœfficient de ruissellement moyen de 0,30, le rendement global de la lame d'eau annuelle est de 5 %.

Ce tableau confirme bien que le Konkouré demeure le cours d'eau le plus intéressant de la Guinée. Malgré sa superficie qui ne représente que 7 % du Territoire, il figure dans cet inventaire pour 30 % de la productibilité totale.

Par contre, le bassin du Niger qui représente le 1/3 de la superficie du Territoire ne figure même pas pour 10 % de la productibilité totale.

II. — **Bassin du Konkouré.**

Le Konkouré près de son embouchure, a un versant de 17.000 km2.

Le fleuve peut être divisé en deux parties :
— le cours supérieur, qui comprend deux branches, le

Konkouré proprement dit et la Kakrima ;

— et le cours inférieur, depuis le confluent de ces deux branches jusqu'à la mer.

La Kakrima est la plus longue des deux branches et son bassin s'étend sur 6.200 Km2, contre 3.800 pour le Haut-Konkouré. De plus, le Konkouré et ses affluents descendent des hauts plateaux de Pita et de Labé qui, avec une altitude dépassant 1.000 mètres, forment le cœur du massif du Fouta-Djallon. C'est en fait la Kakrima qui aurait dû donner son nom au fleuve.

Le profil en long du Konkouré et de ses affluents est caractérisé par des ruptures brusques du profil, formant des cascades et des chutes entre lesquelles les pentes sont parfois très faibles. Le profil forme donc une série de marches de hauteurs et de longueurs irrégulières.

La courbe isométrique indique que 1.900 km2, soit 11 % de ce bassin sont situés au-dessus de 1.000 m 4.100 km2, soit 24 % au-dessus de 750 m et 7.100 km2 soit 42 % au-dessus de 500 m. Ce sont là des chiffres tout à fait remarquables et que l'on ne retrouvera pour aucun bassin de la Guinée.

En résumé, le relief du bassin est très favorable aux aménagements hydro-électriques et, sauf réserves qui ont déjà été faites pour les grands barrages établis sur les grès, les conditions géologiques ne doivent pas apporter d'obstacles aux réalisations.

Le potentiel énergétique du bassin, en admettant une lame d'eau uniforme de 20 litres/seconde/km2 atteint : 12 millards de Kwh.

Les prospections et les études effectuées dans ce bassin ont permis de reconnaître un certain nombre de chutes.

Nous donnons dans le tableau ci-après, les principales caractéristiques de ces chutes, leurs possibilités maxima.

PRINCIPALES CHUTES DU BASSIN DU KONKOURE

Nom de la Rivière	Nom de la chute	Hauteur de chute	Productibilité en millions kwh
Sala	Pellel	385 m.	155
Pétore	Pétore I	400 m.	125
—	Pétore II	275 m.	200
Kakrima	Bonkon-Diari	200 m.	200
Kokoulo	Kinkon	110 m.	35
—	Kambadaga	350 m.	260
Mitti	Akoundé-Mitti .	300 m.	75
Kakrima	Kakrima I	25 m.	30
—	Kakrima II	25 m.	70
—	Kakrima III	25 m.	90
—	Kakrima IV	25 m.	105
—	Kakrima V	25 m.	210
—	Kakrima VI	40 m.	355
Konkouré	Kinieya	65 m.	1.000
—	Kaléta	60 m.	1.000
—	Koba	45 m.	1.000
—	Yafraya	13 m.	310
Samou	Forécariah	325 m.	350
Konkouré	Sangoya	300 m.	500
	Total	....	6.070

Ainsi, la productibilité totale du Konkouré doit être de l'ordre de 6 millards de Kwh.

III. — **Bassin de la Fatala.**

La Fatala a 220 km de longueur et 6.300 km2 de bassin versant. Le point culminant du bassin est le Kobé (1.011 m) situé au Nord de Télimélé.

Les principaux affluents sont : le Bankou sur la rive gauche, le Manga et le Télébou sur la rive droite. Tous les autres affluents ne sont que de petits marigots.

Le relief est très accidenté depuis le haut bassin jusqu'à la plaine côtière, mais il n'existe pas de hauts plateaux de telle sorte que la surface située au-dessus de 750 m. est négligeable et que l'on n'a encore que 500 km2, soit 8 % au-dessus de 500 mètres.

Au point de vue géologique, on rencontre du Sud vers le Nord, des grès ordoviciens près de l'embouchure, des schistes gothlandiens dans le cours moyen et des grès dévoniens dans le bassin supérieur.

En admettant un débit spécifique de 20 l/s/Km2, le potentiel du bassin est de l'ordre de 2 milliards de Kwh.

L'absence de hauts-plateaux fait qu'il n'y a pas de possibilité d'aménagement dans le bassin supérieur. Par contre, le cours moyen de la Fatala, de la côte 200 jusqu'à la mer est à la fois très encaissé et a une moyenne très faible.

Ces conditions topographiques permettent d'envisager 4 aménagements en cascades, depuis la côte 200 jusqu'à la mer.

Nom de la chute	Hauteur de chute	Productibilité en Kwh
Para	100 m.	260
Fatala	50 m.	160
Suria	25 m.	140
Kakara	25 m.	170
	Total	730.106 Kwh

IV. — **Bassin versant du Kogon.**

Le Kogon a 390 km. de longeur et 8.000 km2 de bassin versant. Le point culminant du bassin atteint seulement 717 mètres.

Le principal affluent est le Lingourou sur la rive droite.

Le relief du bassin est mou et la courbe isométrique indique qu'il n'y a pas 250 km. au-dessus de 500 m. d'altitude.

Le profil en long ne présente pas de pente notable. Sur les 270 km. du cours inférieur, la pente moyenne du fleuve est de l'ordre de 0,40 m. par kilomètre.

Au point de vue géologique, le bassin se développe presque entièrement dans les schistes gothlandiens.

En admettant une lame d'eau de 20 l/s/km2, le potentiel du bassin est de l'ordre de 2 milliards de Kwh.

Aucune chute n'est à signaler et l'examen de la carte ne montre aucune possibilité, sauf peut-être en établissant un barrage à l'aval de Maël et en dérivant les eaux par un long canal à ciel ouvert jusqu'au niveau de la mer.

Il ne nous semble pas possible d'équiper plus de 200 millions de Kwh, soit 10 % du potentiel théorique.

V. — **Bassin de la Kolenté.**

La Kolenté a environ 200 km. de longeur, depuis sa source jusqu'au moment où elle quitte la frontière de la Guinée pour entrer en Sierra-Léone. Son bassin versant s'étend, en Guinée sur 7.600 km2. Le point culminant du bassin est le Mont Gagan (1.115 m.) situé à 5 km. au Nord de Kindia.

Sur son pourtour, ce bassin est fermé par des falaises qui forment un arc de cercle presque complet. Mais, au pied de ces falaises, la plaine n'est plus qu'à une centaine de mètres d'altitude et le relief n'a plus aucun accident. Ainsi, on n'a que 750 km2 de bassin au-dessus de 500 m. d'altitude. Par contre, 5.800 km2, soit 75 % du bassin, sont à une altitude inférieure à 250 mètres.

Au point de vue géologique, le bassin de la Kolenté est constitué par l'extrémité Ouest du plateau Granite-Gneissique.

Les falaises qui dominent le bassin sont constituées par des massifs gréseux.

Le recouvrement latéritique masque fréquemment la roche mère.

Ces conditions géologiques ne sont pas défavorables. Il est même probable qu'elles permettent d'établir des usines-barrages sur le cours inférieur du fleuve, sous réserve que l'épaisseur de latérite ne soit pas trop importante.

Le potentiel du bassin est de l'ordre de 2,5 milliards de Kwh.

Une seule chute naturelle paraît équipable, c'est celle de la Oua, dont la productibilité est de l'ordre de 30 à 40 millions de Kwh.

Près de la mer, il est possible d'aménager une usine-barrage ou une digue de 800 m. de long sur 25 m. de haut qui créerait un réservoir de 100 km2.

Il est probable également qu'un emplacement identique existe à l'amont immédiat du confluent de la Killissi.

Au total, on ne doit pas obtenir plus de 200 millions de Kwh, soit 8 % du potentiel théorique.

VI. — **Bassin de la Tominé.**

La Tominé a 145 km. de longueur et 17.000 km2 de bassin versant en Territoire guinéen. Le point culminant est le Mont Tangué, sommet du Fouta, avec 1.515 m.

Le principal affluent est la Koumba, d'ailleurs plus importante que la Tominé puisque sa longueur depuis la source jusqu'au confluent près de Gaoual, atteint 235 km.

Les vallées sont en général encaissées, les marigots descendent rapidement des hauts-plateaux pour rejoindre le fleuve dont la pente sur le cours inférieur est de l'ordre de 0,80 m. par kilomètre.

Néanmoins, on a tout de même environ 1.700 km2 de bassin d'altitude supérieure à 750 mètres, et 4.000 km2 d'altitude à 500 m. Le potentiel du bassin est de l'ordre de 6,5 milliards de Kwh.

Les bassins de la Tominé et de la Koumba se développent dans le massif de grès ordoviciens.

Ces conditions géologiques sauf à l'aval de Gaoual, ne sont donc pas défavorables aux aménagements de chutes d'eau.

Sur la Koumba on peut aménager deux chutes totalisant 300 m. de dénivellement.

Enfin près de Gaoual, existe la possibilité d'un aménagement important comportant un barrage sur la Tominé et un barrage sur la Koumba avec une galerie mettant en communication les deux réservoirs et une usine commune. Cet aménagement serait capable de produire près d'un milliard de Kwh.

Nom de la chute	Hauteur de chute	Production en 106 Kwh
Kouravel	150 m.	250
Tiri	150 m.	110
Koumafélé	50 m.	120
Ouességuélé	150 m.	130
Gaoual	50 m.	950
Divers		500
	Total	2.060 × 106 kwh

Le cœfficient d'utilisation de la Tominé est de 0,32. Ce cœfficient élevé est obtenu grâce aux possibilités de larges régularisations du régime des rivières. Il faut d'ailleurs remarquer que la plus grande partie de l'énergie provient de la Koumba et non de la Tominé proprement dite.

VII. — **Bassin de la Gambie.**

Nous possédons très peu de renseignements sur la Gambie. Cependant le haut bassin du fleuve a l'avantage d'être dans une région de levées régulières de la carte au 1/200.000e.

Les surfaces du bassin situées au-dessus de 1.000 m. d'altitude, ne représentent que 380 km2 sur 11.000 km2. Pour le bassin total, soit 2,5 % au-dessus de 750 mètres, nous avons 1.800 km2, soit 16 %. Comme la Gambie quitte le Territoire à l'altitude de 250 m., on peut présumer que le potentiel n'est pas important. Il ne dépasse pas en effet 4,5 milliards de Kwh.

De nombreuses chutes sont signalées sur la carte, soit sur la Gambie, soit sur ses affluents. Malheureusement il n'existe pas d'emplacement favorable à la création de grands réservoirs ; il ne sera donc pas possible de faire des équipements très importants.

Il semble que les chutes les plus importantes que l'on puisse équiper avec une certaine régularisation sont :

— La **Déribéré** sur la Gambie avec une hauteur de chute de 150 m. ;

— La **Badala** sur la Gambie avec une hauteur de chute de 75 m. ;

— La **Digan** sur la Gambie avec une hauteur de chute de 75 m.

La production de ces trois chutes doit être de l'ordre de 300 millions de Kwh.

Au total la productibilité de ce bassin ne peut dépasser 500 millions de Kwh, soit une utilisation de 11 %.

VIII. — **Bassin du Bafing.**

Le Bafing ou haut-Sénégal, a 330 km. de longueur en Territoire guinéen et 17.000 km2 de bassin versant.

Les principaux affluents sont le Diendou sur la rive droite et le Téné sur la rive gauche.

Après une pente rapide sur les 30 premiers kilomètres qui suivent sa source, le Bafing, sur 300 km., descend de la côte 630 à la côte 300 à la frontière de Guinée, soit un peu plus de 1 m. par kilomètre.

La surface du bassin versant situé au-dessus de 1.000 mètres n'est que d'environ 400 km2, soit 2,3 % du bassin guinéen.

Par contre, on a près de 7.000 km2, soit 41 % de hauts plateaux situés au-dessus de 750 m.

L'énergie potentielle du bassin doit donc être importante malgré la hauteur de la côte de la rivière à la sortie du Territoire. Ce potentiel atteint en effet 10 milliards de Kwh.

Le Bafing guinéen coule à la limite des terrains précambriens et primaires. Ses affluents rive gauche descendent du massif des grès ordoviciens, tandis que les affluents rive droite proviennent de la pénéplaine gnéissique de Haute-Guinée.

Ces conditions, dans leur ensemble sont favorables aux aménagements hydro-électriques.

L'aménagement du Bafing doit avoir pour pièce principale, la création d'un grand réservoir à la côte 650, près du village de Balasa.

L'utilisation intégrale du fleuve depuis ce barrage jusqu'à la frontière, soit entre les côtes 650 et 300, donnerait 800 millions de Kwh.

Le tableau suivant récapitule les possibilités d'aménagement du Bafin.

Nom de la chute	Hauteur de chute	Production en 106 Kwh
Bafing-Kaga	200 m.	450
Ditinn I	270 m.	65
Ditinn II	50 m.	13
Téné	100 m.	180
Tougué	150 m.	215
Boureya	30 m.	250
Récupération Kaga	200 m.	450
	Total	2.018 × 106 kwh

L'utilisation de ce bassin pourrait donc être de l'ordre de 20 %.

IX. — **Bassin du Haut-Niger.**

Le haut bassin du Niger forme une région géologique bien déterminée, car elle se développe entièrement sur les formations précambriennes, contrairement au reste de la Guinée qui est constituée presque entièrement par des terrains primaires.

Toute la zone située à l'Ouest du bassin de la Sankarani et au Sud d'une ligne générale Kankan-Kouroussa-Dinguiraye, est formée de granito-gneiss avec prédominance de granit.

Ces conditions géologiques sont tout à fait favorables, au point de vue de l'étanchéïté des réservoirs.

Par contre, les conditions topographiques sont très défavorables. Le relief en général est mou, les pentes des cours d'eau sont faibles et les vallées sont très larges.

Le cours du Haut-Niger en Guinée a 700 km. de longueur et un bassin versant de 87.500 km2. Ce bassin s'épanouit en éventail et se subdivise en cinq grands bassins secondaires d'importance comparable, ce sont :

— Le bassin du Tinkisso	19.500 km2
— Le bassin du Djoliba	16.500 —
— Le bassin du Niandan	14.000 —
— Le bassin du Milo	13.500 —
— Le bassin du Sankarani	24.500 —
Total	87.500 km2

Malgré cette surface considérable, le potentiel théorique de ce bassin est faible :

— Bassin du Tinkisso	4,3	109	Kwh.
— Bassin du Djoliba	5,1	109	Kwh.
— Bassin du Milo	3,2	109	Kwh.
— Bassin du Niandan	3,4	109	Kwh.
— Bassin du Sankarani	7,7	109	Kwh.
Potentiel total	23,7	545	Kwh.

Ce potentiel est relativement peu important, eu égard à la grandeur du bassin versant parce que, d'une part, le Niger quitte le Territoire guinéen alors qu'il a encore 350 mètres d'altitude et que, d'autre part, les surfaces du bassin situé à haute altitude sont très réduites. On a moins de 1.000 km2, soit 1 % de la surface totale, au-dessus de 900 mètres d'altitude. La majeure partie du bassin est constituée par un vaste plateau d'altitude moyenne comprise entre 400 et 500 mètres.

Les profils des cours d'eau reflètent ces conditions. A quelques dizaines de kilomètres de leurs sources, et après un parcours torrentiel, tous se trouvent à des altitudes de 500 à 600 mètres. Leurs profils deviennent alors très doux et souvent de l'ordre de 20 à 50 km.

Les vallées, sur les plateaux sont peu profondes, en sorte qu'aussi bien profils en long que profils en travers son extrêmement défavorables aux aménagements hydro-électriques.

Effectivement, les études sur cartes aussi bien que les travaux effectués sur le terrain, en particulier pour l'étude du réservoir du Niandan confirment le peu d'intérêt de ce bassin au point de vue énergie-électrique.

Bassin du Tinkisso.

Le Tinkisso a 420 km. de longueur. Il prend sa source à l'Ouest de Dalaba, sur un plateau, à près de 1.000 m.

« LES RESSOURCES HYDROLIQUES »

Une puissante source d'énergie qui viendra alléger le travail de l'homme et lui apporter mieux-être et sécurité.

d'altitude. Sur les 100 premiers kilomètres de parcours, il descend de 1.000 à 400 m., sur les 300 suivants il ne descend plus que d'une quinzaine de mètres pour rejoindre le Niger.

La seule chute intéressante du bassin est celle dite du Tinkisso, située à quelques kilomètres au Sud-Ouest de Dabola. Cette chute peut être facilement équipée. Les travaux de génie civil ne sont pas très importants, le rocher est très bon. Mais le débit d'étiage descend au-dessous de 1 m2/s. Or, il n'est pas possible d'établir un barrage de régularisation de droit de la prise d'eau. Il faudrait rechercher un emplacement de réservoir à l'amont. D'après la carte au 1/200.000°, cet emplacement paraît exister à 12 km. à l'amont de la prise d'eau.

Sur le bas Tinkisso, il doit être possible d'aménager une partie de la denivelée comprise entre les côtes 400, pieds des chutes de Dabola et 340, confluent avec le Niger, en construisant quelques usines-barrages. En particulier, il paraît facile de faire près de Ouaran, un barrage d'une quinzaine de mêtres de hauteur, créant un vaste réservoir.

Au total on peut estimer à environ 500 millions de Kwh. la puissance maximum à tirer de ce bassin, soit une utilisation de moins de 12 %.

Bassin du Djoliba (Haut-Niger).

Le Djoliba, qui devient le Niger après Kouroussa, a 350 km. de longueur. Il prend sa source à la frontière de la Sierra-Léone vers 1.000 mètres d'altitude. Il tombe en quelques kilomètres à 500 m. d'altitude, mais les bassins versants sont alors trop faibles pour que l'on puisse en tirer quelque énergie. Ensuite jusqu'à Kouroussa, la vallée est très large et la pente très faible, de sorte que l'on ne peut trouver possibilité d'aménagement de quelque importance, car si l'on peut concevoir l'équipement de basses chutes, il n'y a aucune possibilité de régularisation et les puissances d'étiage seraient extrêmement faibles.

De Kouroussa à la frontière du Soudan, le Niger reçoit les gros affluents : Tinkisso, Niandan, Milo. Cette partie bénéficiant de la régularisation éventuelle de ces affluents pourrait présenter un peu plus d'intérêt mais la faible pente du Niger, la largeur du lit et le peu de relief de la vallée, semblent interdire toute utilisation.

Nous admettrons une productibilité maximum de 100 millions de Kwh dans la partie suérieure du bassin.

Bassin du Niandan.

Le Niandan a 350 km. de long. Il a son origine dans une région où la ligne de crête du bassin du Niger s'abaisse jusqu'à 500 m. Le point de confluent avec le Niger est de 360 m. d'altitude ; le profil en long est très aplati. La pente moyenne est de 43 cm. par km ; sur les 120 km. du cours inférieur, cette tombée a 10 ou 15 cm. par kilomètre.

Cependant, la possibilité de barrer le Niandan à quelques kilomètres avant son arrivée au Niger permet une certaine utilisation du potentiel d'environ 200 millions de Kwh.

Bassin du Milo et du Sankaran.

Le cours supérieur du Milo est torrentueux : il descend d'un massif culminant à 1.170 m. jusque vers Konsankoro à la côte 600, sur un parcours d'une vingtaine de kilomètres, mais garde une pente relativement forte jusque vers Kankan. De Kankan au Niger, la pente est de 20 cm. par kilomètre.

Nous avons peu de renseignements sur ces deux bassins. Cependants, une petite chute paraît possible sur le cours supérieur du Milo. Il ne doit pas être impossible d'établir quelques usines-barrages le long de ces deux cours d'eau. La régularisation ne pouvant être faite, la productibilité reste faible. Nous admettrons : 200 millions Kwh pour le Milo et le Sankarani.

Ainsi au total, pour le bassin supérieur du Niger, la productibilité ne doit pas dépasser 1 milliard de Kwh, soit seulement une utilisation de 4 % du potentiel.

VI. — BASES D'ETABLISSEMENT DES ECHANGES AVEC LES MARCHES EXTERIEURS

Les échanges avec les marchés extérieurs ont une très grande importance, et l'édification d'une économie prospère ne peut être envisagée sans que ces échanges s'effectuent sur une base saine, c'est-à-dire équilibrée. Or, la balance commerciale de la Guinée, sous la domination coloniale, était traditionnellement déficitaire, au point que, par exemple, en 1958, les exportations ne couvraient que 33 % des importations.

Les premiers résultats positifs de l'indépendance ne se sont pas fait attendre, puisque, grâce à la liberté acquise dans le domaine de ses échanges avec l'extérieur et grâce à une politique réaliste de développement de ceux-ci avec des partenaires nouveaux, notre Gouvernement a déjà réussi à redresser substantiellement ce déficit, comme en font foi les chiffres suivants (en millions de francs guinéens) :

	1958	1959
Exportations	4.875	7.108
Importations	15.228	15.279
Couverture Export-Import ..	32 %	46,5 %

Encore faut-il souligner que ces chiffres proviennent des statistiques douanières, qui sous-estiment certaines valeurs de produits exportés, par l'application des droits de sorties à des valeurs mercuriales très au-dessous de la valeur commerciale réelle. La prise en considération de cette dernière se traduit par un chiffre d'exportation nettement plus élevée, et par une couverture « exportation-importations » de plus de 50 %.

Dans le but d'amorcer la mise en équilibre de la balance commerciale de la Guinée, les principes suivants ont été adoptés, pour l'établissement des programmes d'importations et d'exportations, en commençant à les appliquer aux programmes de 1960 :

1° Pour éviter toute surestimation optimiste des termes de la balance, on a pris pour base d'évaluation du volume des exportations en 1960 le chiffre de 7,5 milliards de francs guinéens (soit environ 30 millions de dollars — monnaie de compte). Ce chiffre sera très certainement dépassé, compte tenu en particulier du démarrage des exportations d'alumine de Fria, au cours de cette année. Cependant, il est préférable de sous-estimer ce genre de données — quitte à réévaluer ultérieurement les prévisions — que de les surestimer.

2° On s'est fixé l'objectif de réduire à ce montant le volume des importations de marchandises de consommation et de procéder aux importations de biens d'équipement exclusivement sur la base d'accords prévoyant l'ouverture de crédits à moyen et long terme pour le règlement des livraisons.

3° Sur la base d'un volume global d'importation d'environ 15 milliards et déduction faite d'environ 5 milliards de matériel d'équipement, le montant des importations de marchandises de consommation a été évalué à 10 milliards environ.

La réduction projetée, de 10 à 7,5 milliards, se traduit par un pourcentage de 25 %, cœfficient moyen de réduction qui a été appliqué à l'ensemble des marchandises de consommation et à chacun des postes de celles-ci. On a appliqué ce cœfficient de réduction d'une manière sélective, de telle sorte que certaines marchandises ont été réduites de plus de 25 % (légumes, fruits comestibles, conserves de fruits et légumes, teintures et peintures, tissus de rayonne : 40 % — Vins de consommation courante, autres boissons, parfums : 30 %) mais que d'autres, en particulier les marchandises de « masse », n'ont subi aucune réduction (sucre, riz, tabacs, tissus de coton, chaussures). Le même principe a été appliqué à des articles dont la consommation est appelée à se développer en fonction de l'augmentation de la production (sacs, papiers d'emballage, pneus et chambre à air, pièces détachées automobiles).

Dans ce dernier cas, comme dans celui qui précède le maintien des importations à un montant identique en valeur, doit se traduire par une augmentation des quantités importées, du fait qu'une part importante des importations sera effectuée en provenance de pays fournissant au cours mondial alors que les importations jusqu'en 1958 provenaient pour près des 3/4 de la zone franc. Pour la même raison, certaines réductions ne devraient pas se traduire par une diminution importante des quantités importées; c'est ce qui a même permis de réduire de 25 % le montant en valeur des importations de farine, tout en prévoyant une augmentation de la consommation, son prix au cours mondial étant de 40 % environ inférieur à celui de la farine française ou provenant de Dakar. Enfin, on a prévu une augmentation de 25 % de la valeur des importations d'engrais, élément décisif du développement de la production.

A la suite de ces calculs, on a abouti au volume recherché de **7,5 milliards** de francs guinéens environ d'importations de marchandises de consommation pour 1960 (soit environ 30 millions de dollars) balançant le volume des exportations évaluées à 7,5 milliards.

4° On a ensuite procédé à la ventilation de ce volume global d'importations entre les deux grands marchés entre lesquels se répartissent les échanges de la Guinée : le marché capitaliste et le marché socialiste, puis à l'intérieur de chacun d'entre eux, à la ventilation entre les deux marchés, on dispose désormais de bases rationnelles pour l'élaboration des programmes d'importations par pays (sous réserve des imperfections inévitables et des réajustements nécessaires, qu'implique en particulier le caractère très approximatif des statistiques).

5° Le programme d'exportations est plus approximatif par suite des difficultés actuelles à chiffrer avec suffisamment de précision le volume des exportations prévisibles, et à évaluer le prix auquel pourront être conclus les contrats de livraison. Cependant, le chiffre global de 7,5 milliards a été retenu.

Quant à la répartition précise des produits, pris individuellement, elle ne peut être fixée avant de connaître les capacités d'absorption exactes de chaque pays partenaire.

6° En ce qui concerne les importations de biens d'équipement, le chiffre proposé par le Plan comme pouvant actuellement servir approximativement de base pour les importations de 1960 est de : 12 millions de dollars, qui seraient consacrés essentiellement à l'importation des biens d'équipement à mettre en œuvre pour la réalisation de la première année du Plan Triennal. Ce chiffre est destiné à couvrir les besoins en matériel d'équipement proprement dit, ainsi qu'en matière premières destinées à l'industrie (non compris certains matériels qui, figurant dans la rubrique « biens d'équipement », figurent aussi dans les marchandises de consommation pour un montant supplémentaire tels camions, machines et appareils divers, etc...) pour un montant de 370 millions de francs environ ou 1.400.000 dollars.

Il a été décidé que ces 12 millions de dollars de biens d'équipements importés sur la base de crédits à moyen et long terme, selon un mécanisme analogue à celui qui a fait l'objet des accords d'équipement tchèques, soviétique, hongrois, etc...

Le remboursement de ces crédits s'effectuera à partir du moment, où grâce à la politique de développement économique planifié, l'augmentation du revenu national le rendra possible (soit, à l'issue du Plan Triennal).

L'établissement des programmes d'échanges sur ces bases permet de rompre avec les pratiques antérieures d'importations irrationnelles, et d'importer les marchandises et matériels d'équipement nécessaires aux besoins de la Guinée en considération exclusive de ces derniers.

Aucune importation dépassant les contingents fixés pour chaque type d'article ne sera autorisée, et les pays qui ambitionnent de développer leurs échanges — ou de les maintenir — avec la Guinée devront en tenir compte, et tenir compte en particulier des mesures concernant l'importation de matériel d'équipement avec crédits à moyen ou long terme. Seule pourrait éventuellement modifier, non pas les principes définis ci-dessus, mais le volume des contingents d'importation, la modification, fort probable, du montant des exportations qui sera sans doute plus élevé que le chiffre de 7,5 milliards.

Par l'application de ces sages mesures, on peut espérer aboutir à un très rapide rééquilibre structurel de la balance commerciale de notre Etat.

LES PRINCIPES POLITIQUES DU PLAN DE DEVELOPPEMENT ECONOMIQUE ET SOCIAL

Exposé du Président Sékou TOURE, au cours de la séance spéciale du 4 avril 1960, à la Conférence de Kankan.

LA planification utilisée comme un moyen de développement économique serait sans signification sociale si elle n'était pas politiquement engagée.

En s'inscrivant dans les perspectives révolutionnaires de la ligne politique du P.D.G., la planification devient un des éléments de la révolution guinéenne qui, loin d'en modifier l'objet, concourt, au contraire, à le réaliser pleinement.

Cette dépendance logique du « fait économique » au fait politique doit être constamment réaffirmée si l'on veut éviter que la bataille économique substitue insensiblement son déterminisme particulier aux principes politiques de la révolution guinéenne.

En aucun cas l'orientation politique ne doit être subordonnée à l'action de ses différents éléments qu'ils soient de nature sociale ou économique, financière ou culturelle.

La révolution guinéenne qui est essentiellement une révolution politique ne peut être interprétée comme une action multi-révolutionnaire dont les interventions, dans les différents secteurs des activités nationales, auraient chacune leur logique interne particulière. Tout au contraire, elle doit constamment coordonner et diriger chaque intervention, chaque action, tant dans leur nature que dans leur objet, en fonction de ses principes et de ses fins propres.

Dès que l'on cesse de considérer la détermination politique comme prépondérante, on ouvre la voie à tous les désaccords qui découlent des désordres d'appréciation et des confusions intellectuelles à travers lesquelles les moyens se substituent à la fin et où l'objet, considéré en lui-même, finit par masquer l'objectif.

L'économie politique n'est pas l'adaptation de l'action politique à l'action économique; c'est, bien au contraire, l'emploi des activités économiques à des fins politiques. A plus forte raison l'action révolutionnaire doit-elle assigner à l'économie des fins politiques qui soient en rapports d'importance intime avec la révolution et en rapports de nature parfaits avec la nature de la révolution.

Si l'on admet, et il faut bien l'admettre, que la révolution politique conduite par le P.D.G. est une révolution sociale, politiquement définie et démocratiquement déterminée, on ne peut pas considérer le « fait économique » autrement que comme une affaire sociale déjà politiquement orientée.

Par ailleurs c'est bien la qualité sociale de la révolution qui lui confère sa nature populaire tout comme le cadre dans lequel elle se développe lui imprime un caractère national. En réalité si la nature de la révolution guinéenne est essentiellement populaire, son caractère national n'est qu'une conséquence du fait et des conditions historiques qui l'ont engendrée et qu'elle entend modifier en fonction des aspirations des populations.

La Conférence de Kankan a fourni l'occasion de réexaminer les principes politiques de la révolution et d'en mieux préciser l'orientation tout en mettant en lumière les rapports étroits existant entre la définition politique et l'action économique qui en découle.

Cette importante étude devait faire l'objet d'une séance particulière qui s'est clôturée par l'approbation unanime de l'ensemble des responsables participant à la conférence.

Chers camarades,

A la suite de la présentation des rapports faits à la précédente séance, il nous a paru opportun de réunir une séance spéciale ayant pour but de tirer les premières leçons qui se dégagent de l'ensemble de la discussion, et de préciser, une fois encore, les rapports d'identité établis entre notre orientation politique telle qu'elle a été définie au cinquième congrès, et l'orientation de notre action économique.

Nous aurons, à cette occasion, à compléter certaines informations, afin que s'établisse une meilleure compréhension et que soit favorisée une parfaite unité de pensées et d'action à l'égard du problème de la planification et de son étude concrète, à laquelle chacun doit se livrer dans l'application des décisions qui seront prises par la présente conférence.

Que ce soit dans le domaine économique, que ce soit dans le domaine financier, social, culturel ou politique, nous n'avons qu'une seule et même méthode de travail qui part de l'analyse objective, basée exclusivement sur les réalités de notre pays et les phénomènes qui conditionnent son développement. Cette analyse consiste à faire l'inventaire de toutes les valeurs d'emploi que nous pouvons mettre en commun dans un temps donné pour atteindre les objectifs inscrits dans le processus de notre développement et que nous aurons déterminés en commun.

Au cours de la séance d'hier, nous vous avons présenté un rapport sur la planification. En dehors des pré-

Un village de Guinée en bordure de la route.

cisions chiffrées qu'il contenait et qui se rapportaient au domaine pratique de la planification, nous nous sommes aperçus que ce rapport comportait quelques omissions, quant à son esprit, omissions que nous devons en toute loyauté vous signaler afin que soient respectées pleinement les décisions qui ont été prises et que soit claire dans l'esprit de chacun de nous, la ligne politique de notre action dans le moment historique actuel.

L'ORIENTATION POLITIQUE
ET LA DETERMINATION POSITIVE

Nous avons renoncé à définir notre politique sur un plan sentimental ou affectif pour réserver à l'analyse et à l'étude des réalités objectives une définition politique scientifique.

Nous n'avons cessé d'affirmer par ailleurs que le seul moteur et le seul centre d'intérêt des décisions que nous pouvons prendre est le peuple. C'est donc au peuple que revient la responsabilité de transcrire dans la pratique toutes les décisions que nous arrêtons de manière parfaitement démocratique.

C'est ainsi que notre politique ne sera jamais définie en fonction de considérations individuelles et partielles, mais qu'elle sera définie en fonction de considérations globales, résumant ce qui constitue la personnalité, l'originalité et les aspirations du peuple de Guinée. A ce propos, nous affirmons que c'est à cette méthode que nous devons d'avoir triomphé jusqu'alors de toutes les difficultés qui ont été accumulées sur notre route.

Nous avons par ailleurs affirmé qu'il y avait deux façons de se déterminer : une façon négative et une façon positive. La façon négative consiste à dénoncer les insuffisances, les carences et les difficultés, alors que **la façon positive, en dehors de ses perspectives de création continue, consiste à partir de ces insuffisances, de ces carences et de ces difficultés pour les modifier, les combler et les transformer.** C'est cette dernière façon que nous avons choisie. Elle nous permet de nous affirmer par rapport à nous-mêmes, c'est-à-dire de représenter authentiquement notre peuple à travers ses conditions réelles et ses plus profondes aspirations. Ceux qui considèrent ce peuple, ceux qui considèrent le peuple de Guinée comme une entrave ou un adversaire de notre action politique, peuvent considérer le P.D.G. comme une entrave ou un adversaire. Nous entendons quant à nous, considérer le peuple comme l'instrument et l'objet de notre action, comme le partenaire valable de notre entreprise révolutionnaire, comme notre naturel associé.

La méthode d'élaboration positive de notre politique nous a conduits d'abord à analyser, sous ses différents aspects la situation du peuple. Cette situation est autant matérielle qu'économique, autant morale que spirituelle. Refusant de donner à notre action un caractère de contrainte, nous avons voulu que notre politique soit essentiellement humaine et c'est pourquoi nous prenons en considération toutes les réalités humaines qui existent aux différentes phases de notre action et que nous ramenons tout au caractère et aux données de l'homme et du peuple.

En analysant notre action passée, historiquement expérimentée, nous avons pu établir de nombreux principes de base qui aujourd'hui, en tout lieu, et en toute circonstance, se manifestent comme parfaitement justes ; c'est ainsi que les principes directeurs fondamentaux de notre politique ont une base et une orientation spécifiquement africaines. S'il devait y avoir la moindre contestation sur ce point, nous vous demanderions que s'établisse un débat des plus francs ; car **il ne sert à rien de parler au nom du P.D.G. si le P.D.G. n'est pas parfaitement homogène dans sa pensée, dans ses actes et dans ses intentions, si nous ne partons pas tous d'une même plate-forme pour atteindre les mêmes objectifs, selon des méthodes identiques.**

La séance spéciale se justifie par là, afin qu'il y ait une définition plus exacte et plus précise de notre politique.

Nous avons déjà expliqué comment, à travers le processus de son développement historique, à travers ses réalités économiques et sociales et ses caractéristiques plus ou moins contradictoires, la vie des peuples obéit nécessairement aux lois du développement humain. Nous avons, par ailleurs, expliqué que, pour éviter de nous heurter à de telles contradictions, nous entendions transformer collectivement et harmonieusement la situation de notre pays. C'est sur cette base collective, selon ces principes d'unité réelle que nous avons jusqu'à présent établi notre action et fondé nos perspectives d'avenir.

Avant la domination coloniale, l'Afrique avait un régime féodal qui lui était particulier. Nous avons déterminé que dans ce régime existait une propriété à caractère familial, une propriété collective, et les rapports d'ordre social ainsi que les rapports de production découlaient de ces structures de propriété collective. L'économie n'y existait pas dans le sens moderne de l'expression, elle y existait selon la définition de la société agricole qui appliquait l'échange au niveau de la plus petite cellule sociale. L'intervention coloniale, dirigée vers les seuls profits et les seuls intérêts colonialistes ont imposé à l'Afrique des pratiques nouvelles qui n'avaient aucun rapport avec la nature même de la société, avec son stade de développement, ses conceptions morales et philosophiques. C'est pourquoi nous avons consacré la première année d'indépendance à une reconversion fondamentale dans les différents domaines de nos activités économiques, sociales, politiques et culturelles. Nous avons, pour respecter notre personnalité entrepris un travail de réhabilitation africaine : réhabilitation sociale, réhabilitation culturelle, réhabilitation morale.

Nous n'avons cessé d'engager la Guinée dans un processus qui lui permette, non seulement de s'affirmer pleinement dans ses réalités, mais encore nous avons voulu pouvoir tirer un maximum de moyens au profit de notre évolution.

Nous pensons que cette attitude est parfaitement compréhensible puisqu'elle devait aboutir, non seulement à utiliser toutes les valeurs d'emploi de notre société, mais encore à nous assurer l'entière et volontaire participation de chaque homme et de chaque femme de Guinée. Elle nous permettait de faire de l'ensemble du peuple un élément d'évolution historique responsable quant à la détermination des objectifs de notre évolution et parfaitement conscient de son rôle dans l'action nationale que nous avons entreprise.

Je ne pense pas que quelqu'un puisse ici prétendre que nous serions parvenus à des résultats aussi satisfaisants si, prolongeant la conception colonialiste, nous avions employé des moyens de contrainte et d'autorité.

A chaque instant, nous avons affirmé que **nous entendions substituer à l'argument de la force, la force de nos arguments.** A chaque instant nous avons affirmé que nous ne tolèrerions à aucun moment que le peuple ait à souffrir ou à pâtir de quelque manière que ce soit, de notre action d'émancipation. A chaque instant, nous avons déclaré que nous n'entreprendrions rien qui puisse porter atteinte au destin historique de l'Afrique; cela a été un mot d'ordre du parti, et a été repris par tous les autres états africains qui comprennent aujourd'hui la nécessité d'opérer une totale reconversion.

Dans cet esprit, nous avions dit que nous n'avions pas, quant à nous, à nous déterminer par rapport à l'extérieur, mais que nous devions constamment nous déterminer en fonction des intérêts supérieurs de nos populations. Partant de là, nous pouvons, avec la plus absolue clarté, déterminer notre choix. Nous pouvons réaliser, sans que soit portée aucune entrave aux initiatives et aux forces de production, tout ce qui peut concourir à la libération effective des populations africaines. Enfin et pour revenir d'une façon plus précise à nos objectifs politiques, nous avons indiqué que notre orientation visait :

1°) A l'indépendance totale de l'Afrique,

2°) A son unité réelle.

On ne peut pas ignorer ce programme sans se trouver en même temps en désaccord avec la définition de notre orientation politique.

Des peuples ont voulu l'indépendance bien avant nous. Ils ont eu de véritables problèmes internes pires que les nôtres; ils ont pu avoir des méthodes de développement économique supérieures aux nôtres. Ils peuvent détenir des moyens de défense militaire beaucoup plus puissants que les nôtres. Ceci ne saurait nous influencer si nous considérons que leurs conditions propres et leurs objectifs sont différents de nos conditions spécifiques et de nos propres objectifs. Or, il est de fait qu'il n'y a jamais eu dans l'histoire de conditions historiques semblables aux nôtres, ni de situation analogue.

Nous avons arrêté en commun que ce qui importait, c'était notre loyauté, la logique de nos affirmations, le bien-fondé de nos aspirations.

L'AFFIRMATION DE LA PERSONNALITE AFRICAINE

Si nous avons acquis un tel rayonnement tant sur le plan africain que sur le plan international, cela est incontestablement dû à cette affirmation sans équivoque, ni tricherie de ce que nous sommes et de ce que nous entendons devenir.

Dans les perspectives d'indépendance totale et d'unité réelle de l'Afrique dans le cadre d'une évolution révolutionnaire, la Guinée ne saurait être le prolongement d'un système, d'un parti ou d'un pays, étranger, par définition, aux réalités et aux intérêts concrets de l'Afrique.

Nous devons être convaincus les uns et les autres de la justesse historique de cette option.

Au cours de notre voyage, les questions les plus embarrassantes nous ont été posées en votre nom. On voulait à tout moment nous amener à des maladresses de langage et d'expression afin de pouvoir représenter la Guinée autrement qu'elle n'est en réalité.

Si nous avions eu des intentions bien arrêtées, si nous avions manœuvré de manière déloyale, nous serions fatalement tombés dans les pièges qui nous étaient tendus. Or, vous avez ici une partie des commentaires de presse qui ont été faits sur notre voyage. A travers ces 890 pages, vous ne trouverez à aucun moment un article ou un commentaire qui ait pu affirmer que la Guinée avait des intentions déloyales ou des objectifs inavouables.

Considérant la qualité de nos conditions nationales, la conscience de notre parti, la confiance populaire dont nous jouissons, notre parfaite organisation, la Guinée, en sa qualité d'Etat souverain peut parfaitement prendre toutes les décisions qu'elle veut. Si nous voulions être une démocratie bourgeoise ou un Etat féodal, rien ni personne ne pourrait nous en empêcher. **Mais la Guinée ne se définit pas seulement en tant que territoire de 250.000 kilomètres carrés, la Guinée ne se définit pas seulement par rapport à ses 3.000.000 d'habitants, la Guinée se définit par rapport aux intérêts de l'ensemble des peuples africains et selon les exigences du destin solidaire de l'Afrique. C'est bien pourquoi nous ne prendrons aucune décision qui ne soit historiquement valable en tant qu'élément d'augmentation de la puissance libératrice des peuples africains.** C'est cela le fond du problème et, s'il m'était permis de recourir à une image, puisque nous aimons l'image en tant que forme d'expression, je dirai : voilà en face de nous quatre camarades : Barry, Diallo, Dramé et Bangoura. Disons-leur, non pas à chacun d'eux, mais au groupe qu'ils forment d'aller à la villa « Sily ». Si un de ces camarades se définit par rapport à lui-même, il partira avec les autres peut-être, mais marchant à son pas, il est certain qu'il n'arrivera pas en même temps que les autres. Par contre, si ce camarade se détermine en fonction du groupe qu'il forme avec ses trois autres camarades, il règlera son pas sur ceux de ses camarades.

C'est ainsi que sur le plan affectif ou sentimental la Guinée peut, en raison de son unité, de l'homogénéité de son parti, prendre n'importe quelle position ; elle ne saurait pourtant pas s'arrêter à des positions qui soient étrangères à l'Afrique. Chaque fois que des décisions ont des significations étrangères aux intérêts de l'Afrique, nous avons non seulement le droit, mais le devoir de revenir sur ces décisions. A l'extérieur, tous les pays qui nous parlaient de neutralisme n'ont fait jusqu'alors que de la neutralité et n'ont pas appliqué ce que nous nommons, nous, le neutralisme positif. En effet, leurs attitudes se traduisent par l'indifférence à l'égard des phénomènes extérieurs à leur pays, pensant sans doute que ceux-ci ne sauraient être pris en considération sans qu'il soit porté atteinte au principe de la neutralité. Nous avons été beaucoup plus catégorique dans la définition de notre comportement international. Contrairement à l'indifférence, nous entendons être intéressés par tous les phénomènes extérieurs à notre pays, car nous considérons que chacun de ces phénomènes a des répercussions directes ou indirectes sur les conditions de libération et d'émancipation de l'Afrique. Au cours de notre voyage, on nous a soumis à la tentation et on dressait devant nous des épouvantails afin de nous presser de choisir et de nous engager à prendre position dans des conflits et des dualités auxquels l'Afrique est étrangère. On nous a fait les offres les plus alléchantes ; on nous a parfois aussi laissé le soin de discerner quelques menaces parfaitement déguisées, mais que nous ne pouvions pas ignorer. Nous avons refusé catégoriquement de devenir les partenaires de tels jeux. On voulait nous forcer à tendre la main partout où nous avons été ; en effet, les décisions pour nous accorder une aide quelconque étaient déjà prises. Partout, nous avons refusé cette aide, mais partout aussi, nous avons dit : « au lieu d'accorder des milliards d'aide à la Guinée, nous vous demandons de vous entendre pour régler le problème du Kamérun, celui de l'Algérie, celui de l'Afrique du Sud, etc ». Notre voyage, dans cet esprit, n'avait d'autre but que d'affirmer la conscience morale et politique de l'Afrique. Nous avons détruit l'image d'une Afrique pauvre et malade qui tend la main, pour lui substituer l'image d'une Afrique tout entière tendue vers sa dignité humaine et la conscience de ses valeurs propres.

Vous pouvez constater que les discours que nous avons prononcés au Kremlin, ou à Washington, ceux que nous avons prononcés à l'O.N.U. ou en Angleterre sont de même nature. Nous n'avons pas changé ni de mots, ni de langage en traversant les frontières, mais partout, nous sommes demeurés semblables à nous-mêmes et nous voudrions que ce rayonnement politique et moral de la Guinée soit compris et parfaitement apprécié par les cadres de notre mouvement.

Chaque fois que l'on nous demande de nous définir, chaque fois que l'on nous presse pour choisir, nous répondons que nous nous sommes définis et que nous avons choisi. Nous nous définissons par l'Afrique et c'est l'Afrique que nous choisissons. On nous affirme que nous devons nécessairement choisir entre le capitalisme et le socialisme, mais je m'excuse et — soit dit entre nous — nous sommes pratiquement incapables les uns et les autres de définir ce qu'est le capitalisme, ce qu'est le socialisme. Pourquoi ne pas nous demander aussi sur le plan religieux de choisir entre l'Indouïsme et l'Islamisme, le Boudisme et le Christianisme ?

DES MOYENS ET DES FINS

Il y a dans le monde actuel un mal qui règne sur tous les régimes : c'est celui d'avoir substitué la fin aux moyens ou de prendre confusément l'un pour l'autre. Notre attitude est beaucoup plus claire, nous considérons qu'en dehors du peuple et de l'homme, tout pour nous est moyen. Nous l'avons dit plus d'une fois, qu'il s'agisse de l'Enseignement, de la Santé, de l'Education, de l'Economie, de quelque activité que ce soit, tout n'est que moyen, basé. sur un principe d'action. Notre objectif, c'est le bien de notre peuple, exclusivement. Ainsi, chaque fois que l'on discute, devons-nous considérer la qualité des moyens selon leur capacité d'adaptation au bien-être du peuple.

Lorsqu'on nous presse de choisir entre des options déterminées par les autres peuples et de nous aligner sur des choix extérieurs ayant des causes extérieures nous répondons que le choix de chaque peuple pour être historiquement valable doit être interne, qu'il doit prendre en considération des conditions spécifiques, des moyens propres, des objectifs déterminés. C'est pour cette raison que nous avons affirmé dans le rapport politique qu'il n'y avait pas deux peuples dans le monde ayant les mêmes identités, les mêmes caractéristiques. Par conséquent, toutes les méthodes, tous les moyens doivent être repensés en fonction de ce que l'on veut être de façon déterminée.

Notre société est une société où l'homme a conservé, à travers la collectivité, toute sa prééminence, où le caractère humain prévaut dans toutes ses aspirations. Les rapports sociaux qui existent dans nos pays partent d'une conception collective pour aboutir à des résultats solidaires. Ici, dans la société africaine, il n'y a pas eu un choix qui ne soit de caractère social malgré les différenciations qui peuvent socialement exister.

La colonisation, au-delà de ses méfaits, et, à travers l'oppression et l'exploitation, a consolidé ce caractère collectif et la nature humaine de nos sociétés. Vous le savez fort bien, qu'il s'agisse de l'ouvrier africain ou du manœuvre, du fonctionnaire ou de l'exploitant agricole, tous ont subi les mêmes méfaits de l'exploitation et de l'oppression qui a constitué la base de notre prise de conscience collective, et de notre solidarité. C'est pourquoi sur le plan politique et sur le plan de l'U.G.T.A.N., en reconnaissant l'existence de couches sociales, nous avons décidé de promouvoir une politique démocratique pour que la contradiction mineure qui existe au sein de la société ne se transforme pas en contradiction fondamentale, pour éviter qu'en se développant et en se différenciant une couche sociale puisse s'ériger en classe sociale dominante susceptible d'exploiter les autres couches de la population. Ce serait un grossier non-sens que de favoriser l'érection d'une bourgeoisie, d'un patronat monopoliste afin d'engager le processus de la lutte des classes et de justifier telle ou telle autre action politique. Notre société a conservé sur le plan social les conditions les meilleures pour une transformation radicale et une amélioration rapide de ses rapports sociaux et économiques. Nous réaffirmons qu'il ne s'agissait pas pour notre parti de pratiquer la lutte des classes puisqu'aussi bien la société n'est pas caractérisée par l'existence de classes antagonistes mais qu'il s'agissait d'éviter que s'établisse une société fortement classifiée qui, tôt ou tard engendrerait une telle lutte. Ce problème de fait a d'ailleurs failli diviser le mouvement syndical. Certains qui se trouvaient dans une optique donnée oubliaient que l'oppression colonialiste constitue pour le colonisé la contradiction fondamentale. Dans cette optique, ils n'admettaient pas que la condition réelle de la société africaine découlait d'un phénomène étranger à elle-même. Sur le plan syndical, cette confusion a heureusement été liquidée. En fait, la lutte anti-colonialiste et anti-impérialiste constitue une lutte de classe au niveau des nations exploitrices et oppressives et des nations prolétaires. La lutte anti-colonialiste et anti-impérialiste représente en réalité, dans le cadre d'un groupe de nations, la forme nationale de la lutte de classes entre, d'une part, les nations qui oppressent et exploitent d'autre peuples et les peuples des nations exploitées et oppressées. Si ces conditions reviennent à mener la lutte contre toute forme d'exploitation et d'oppression, elles nous conduisent aussi à nous doter des moyens et à nous mettre en état d'empêcher toute forme d'exploitation et d'oppression. Politiquement l'indépendance nationale pose une barrière à l'occupation étrangère considérée en tant que moyen d'exploitation et d'oppression. Notre développement économique, en nous dotant d'une puissance égale à la puissance économique que détiennent les nations colonialistes et impérialistes, établira la barrière en face des emprises économiques de l'exploitation et de l'oppression des nations colonialistes et impérialistes. C'est donc tout naturellement à partir de nos réalités nationales et en fonction de nos droits de souveraineté que nous devons poursuivre la lutte anti-colonialiste et anti-impérialiste, lutte à laquelle nous avons fixé deux objectifs principaux : l'Indépendance réelle et l'Unité effective de l'Afrique. Dans ces perspectives de lutte, nous n'avons pas le droit de nous laisser illusionner par les slogans ou les formules toutes faites, ceux-ci n'impressionnent en réalité que ceux qui ne veulent ni penser, ni réfléchir.

L'ANTAGONISME DOCTRINAL

On parle de socialisme, on parle de capitalisme et incidemment on établit des antagonismes là où il n'en existe pas. Le socialisme et le capitalisme sont des états objectifs, ils existent ou ils n'existent pas ; en tant qu'états objectifs la pratique consolide ou détruit l'un ou l'autre, c'est-à-dire que les moyens, les conditions à créer permettent de détruire ou de consolider tout état objectif. C'est ainsi que la société doit se définir selon la qualité des rapports sociaux et la qualité des rapports de production qui existent et qui conditionnent le caractère et la nature de la société dans les différents domaines de ses activités humaines. Conakry, Beyla, Kankan peuvent être des villes capitalistes, si la réalité économique dominante est basée sur les pratiques du capitalisme ceci n'empêchera pas Kankan d'être plus développée que Beyla ou Conakry d'avoir une puissance capitaliste supérieure à celle de Kankan.

Or, ramenées au niveau national, ce sont ces différences de capacité de production, ce déséquilibre dans le niveau de développement qui nous préoccupent. **Il ne s'agit pas de savoir quel est le régime que nous adopterons en définitif ; il s'agit de connaître parfaitement nos réalités concrètes et, dans le cadre d'une action révolutionnaire, de trouver les meilleurs moyens qui nous permettront d'atteindre nos objectifs économiques et sociaux, moraux et intellectuels.**

L'appréciation des régimes qui existent nous importe dans la mesure où ces régimes ont résolu, avec succès et efficacité, des problèmes que nous connaissons.

« CRÉER LES MOYENS DU DEVELOPPEMENT »

En 10 mois, 8.060 km. de routes ont été ouverts par l'investissement humain.

Par ailleurs, lorsqu'on nous demande de choisir, peut-on choisir en dehors de nous-mêmes ? De tout temps notre choix s'est porté sur l'Afrique que nous entendons représenter et à laquelle nous entendons apporter les moyens d'une rapide et harmonieuse évolution. Tout ce qui concourt au renforcement de l'Afrique, tout ce qui favorise sa totale libération, tout ce qui accélère sa réelle unité et participe à notre promotion humaine constitue, pour nous, autant de moyens et d'instruments que nous utiliserons et emploierons indépendamment des systèmes ou des régimes auxquels ils appartiennent. Nous n'avons pas à nous justifier par rapport à ceux qui nous entourent, mais nous avons à nous justifier par rapport à nous-mêmes, car c'est nous-mêmes qui portons le poids de notre misère et supportons les effets de nos insuffisances. La liberté ne consiste pas pour nous à énoncer tel ou tel autre slogan, mais elle doit aboutir à nous affirmer en tant que peuple majeur et qui entend devenir partie intégrante du monde moderne.

Il y a dans la façon d'essayer de justifier son action selon des théories qui nous sont étrangères une démobilisation de la conscience révolutionnaire contre laquelle nous tenons à vous mettre en garde. Cette démobilisation est d'autant plus dangereuse qu'elle trahit un manque de connaissance de nos réalités tout autant qu'un défaut quasi total des objectifs que nous nous sommes engagés d'atteindre dans la phase historique actuelle. Elle illustre aussi une grave méconnaissance du contexte populaire découlant d'un divorce effectif d'avec nos masses.

LA METHODE ET L'ACTION

Quelles sont, dans tous les domaines, les recommandations du Bureau Politique ?

A chaque instant, nous vous disons : « Ne laissez pas au Bureau Politique le soin de résoudre les problèmes ; c'est vous qui devez vous en emparer, y trouver une solution. A vos droits et à vos pouvoirs, il n'y a aucune limitation pour favoriser, impulser ou accroître l'action du peuple ». On ne peut pas mieux dire ni mieux faire.

Si vous faites une analyse objective de la situation actuelle, vous constaterez que la chance du P.D.G. est de détenir tous les moyens qui peuvent l'empêcher de se trouver isolé en Afrique. Car nous ne devons jamais oublier qu'en face de notre réussite et pour contrecarrer l'action dynamique que nous menons en faveur de l'Afrique, la volonté impérialiste de nous isoler et de nous diviser d'avec le reste de l'Afrique augmente continuellement.

Deux aspects d'action et de réaction sont ici à considérer, et c'est là où nous devons choisir : l'impérialisme à travers la domination, c'est la division ; or, ou c'est lui qui mène cette division et la renforce, ou c'est nous qui renforçons l'unité africaine pour liquider l'impérialisme. **Tout ce qui peut créer une incompatibilité en regard de notre option d'unité, doit être systématiquement écarté.** Pour en terminer sur ce problème des slogans et des systèmes, il faut que nous sachions les uns et les autres que nous avons nos propres slogans qui synthétisent l'ensemble des intérêts africains et notre propre système que nous élaborons quotidiennement dans la pratique.

Le Plan de développement économique que nous établissons et discutons, c'est celui qui doit construire le progrès social en Guinée. C'est pour cette tâche de création de notre progrès que nous devons nous mobiliser ; nous n'avons aucune explication à donner, aucune énergie inutile à dépenser. Si nous entendons faire des comparaisons, si cela était nécessaire pour nous rendre compte de la qualité de notre politique, nous pouvons faire des comparaisons avec des pays qui sont historiquement dans les mêmes conditions que nous. Nous n'avons qu'à regarder autour de nous et à entreprendre l'analyse de la situation des divers pays qui nous entourent pour nous rendre compte de ce que la Guinée représente actuellement pour l'ensemble de l'Afrique. Je n'ai pas à faire ici de commentaires, ni à rien qualifier ; mais tous, vous êtes des militants conscients, des dirigeants responsables de ce qui se passe et par conéquent, vous êtes à même de vous rendre compte que notre pays se trouve sur le plan politique, dans des conditions extrêmement privilégiées.

Nous avons acquis notre indépendance et du jour où cette indépendance fut acquise, nous avons affirmé que nous la considérions comme un moyen. Qu'est-ce à dire, sinon que nous avions à continuer la lutte pour la libération sociale, pour une véritable souveraineté au niveau du peuple, pour l'établissement d'une démocratie fondamentale excluant toute espèce d'exploitation et toute espèce d'oppression ! La nature et la qualité de notre démocratie, nous les avons expliquées et analysées maintes et maintes fois et il ne nous semble pas utile d'y revenir maintenant.

L'UNITE DU PARTI

Vous ne l'ignorez pas, les pays indépendants qui affirment avoir établi la démocratie au niveau du peuple, mais qui sont cependant restés des Etats féodaux avec tout ce que cela comporte de différenciation et de moyens d'exploitation et d'oppression, ces pays, il est clair, ne veulent pas voir l'entreprise guinéenne réussir, ils ne veulent pas que leur propre peuple, se référant à ce que nous réalisons, s'organise pour orienter leur pays dans la même voie. C'est cet ensemble de faits que l'on considère, car si l'Afrique est une fin, quelles que soient les causes de nos décisions, quelles que soient les satisfactions qui s'emparent de nous, nous n'avons pas le droit de ne pas tenir compte de ce qui se passe autour de nous, nous n'avons pas le droit de nier les faits et les réalités pour nous enfermer dans une logique interne qui nierait les objectifs de notre combat. Il faut, au contraire, prendre conscience de toutes ces réalités afin de les transformer, car on ne peut transformer ce que l'on considère comme inexistant.

Notre politique, c'est par la conscience révolutionnaire et l'étude que nous la faisons ; or, lorsque l'Afrique sera totalement libérée, notre combat ne sera pas pour autant achevé ; il revêtira nécessairement une autre forme, une forme qui sera adaptée aux conditions nouvelles de l'Afrique et aux nouveaux objectifs que nous nous serons fixés.

L'établissement de la souveraineté par le peuple et pour le peuple est continuellement en contradiction avec l'ensemble des forces du mal qui agissent en Afrique, et c'est à ce niveau que se situe notre combat que nous orientons en fonction des moyens que nous détenons.

La véritable liberté humaine, celle qui libère les initiatives et favorise au maximum la promotion de l'homme ne saurait être acquise en dehors de la souveraineté du peuple et ceci suppose, au niveau de chaque homme et de chaque femme, une haute conscience politique et un sens aigu de ses responsabilités vis-à-vis de la nation. A partir du moment où la souveraineté nationale est détenue par et pour le peuple, le combat national a une signification populaire profonde. Mais en dehors de ce que nous réalisons en Guinée, nous devons, pour faire obstacle à toutes les tentatives d'oppression et d'exploitation extérieures, réaliser une unité de lutte contre le colonialisme et les diverses formes d'impérialismes qui n'ont pas renoncé à faire de l'Afrique leur champ d'action. C'est à cette unité de lutte que nous devons adapter continuellement notre comportement sans rien trahir des objectifs que nous nous sommes fixés en faveur des populations guinéennes.

Est-il besoin de vous indiquer que depuis la déclaration commune de l'Union Ghana-Guinée, depuis aussi la réunion de Sanniquellie, la réaction colonialiste et impérialiste n'a cessé d'intervenir pour briser notre volonté d'unir nos forces, nos moyens et nos méthodes. Ce n'est pas sur la base de nos différenciations, ce n'est pas non plus sur la base de nos désaccords que nous réaliserons l'unité. Nous réaliserons l'unité à partir de ce qui nous est commun et en fonction des intérêts supérieurs à nous-mêmes. Il en est de ce problème comme de beaucoup d'autres. Nous ne devons à aucun prix masquer la contradiction principale par des contradictions secondaires. Les contradictions secondaires, nous les réduirons en commun les unes après les autres par la confrontation de nos méthodes, les résultats que nous aurons obtenus et une pratique toujours plus développée de résoudre nos différents problèmes d'une manière harmonieuse et juste. Nous ne devons pas ignorer que partout la participation de la Guinée a été sinon déterminante, du moins la plus concrète. C'est donc qu'indépendamment de nos conceptions propres et de notre action particulière, nous sommes à tout instant en mesure de proposer des solutions justes et des options valables.

Incontestablement, nous sommes extrêmement forts sur le plan national grâce à la qualité de notre unité, mais, si jamais, par maladresse nous nous trouvions isolés des pays africains, la puissance intérieure de la Guinée s'effriterait en peu de temps. Il est donc indispensable que la Guinée, pour elle-même d'abord, et, pour l'Afrique ensuite, multiplie et resserre les rapports avec les pays frères afin d'affirmer davantage le caractère africain de sa politique et pour nous permettre ensuite de réduire peu à peu les contradictions qui constituent actuellement les principales entraves à une unité réelle.

L'ACTION COLLECTIVE

Nous ne nous désintéressons pas des grands problèmes d'orientation et des grandes options idéologiques qui existent au niveau de l'ensemble des peuples de plein développement mais nous affirmons que nous n'avons pas réalisé les conditions qui nous permettent de choisir à l'exemple des pays pleinement émancipés et qui ont une longue pratique de la souveraineté nationale. C'est ainsi que lorsqu'on nous pose la question de savoir si nous sommes pour le capitalisme ou pour le socialisme, pour l'Est ou pour l'Ouest, répondons-nous invariablement que ce que nous considérons d'abord et avant tout, c'est l'Afrique que nous entendons libérer de la domination étrangère, de la maladie, de la misère et de l'ignorance.

Certes, cette réponse ne satisfait pas toujours ce que l'on appelle les deux blocs, car l'un et l'autre voudraient absolument nous mettre quelque part. Mais ce « quelque part » se situe hors d'Afrique. Pour nous, capitalisme ou socialisme constitue des moyens utilisés selon des formes différentes. Nous considérons le socialisme comme un capitalisme national, un capitalisme collectif tandis que le capitalisme par son système se situe au niveau d'un individu ou d'un groupe d'individus, mais il est néanmoins incorporé à une organisation étatique, laquelle utilise les forces de travail de tous ses citoyens. Certes, il y a des différences énormes de conception et d'emploi dans l'utilisation des forces de travail, différences que nous sommes à même d'apprécier et d'estimer sur le plan humain. Personne ne conteste qu'en régime capitaliste le travailleur est privé de tout ou partie des bénéfices, de la plus-value, qui découlent de son travail ; il est non moins vrai qu'en régime socialiste c'est à l'Etat que revient tout ou partie de cette plus-value.

En Guinée, la nation est notre propriété collective et indivisible et ce que nous pouvons réinvestir, nous le réinvestissons pour notre bénéfice propre et remettons à la disposition de notre peuple tout ce qui résulte de que revient tout ou partie de cette plus-value.

On aurait pu, tout aussi bien, décréter que nos diverses usines, que notre Chemin de Fer étaient propriétés de l'Etat. En réalité la terre, le port, les aérodromes, les Chemins de Fer sont propriétés de la collectivité nationale, c'est-à-dire que la totalité de la plus-value des industries ou organismes et des biens nationaux est réinvestie pour assurer un développement équilibré de l'ensemble social de la nation. Scientifiquement, les pratiques dans le domaine économique des pays socialistes sont celles du capitalisme d'Etat. Le socialisme en tant qu'Etat doit nécessairement, pour maintenir les rapports sociaux et économiques les plus libres, et satisfaire les aspirations des populations, user des moyens techniques qui dépassent les moyens de chaque individu ; d'où la nécessité de détenir les moyens de production les plus puissants qui ne seront peut-être pas ceux que nous allons employer. Nous devons en effet nous conformer à un faisseau de réalités qui en la matière conditionnent nos choix : réalités sociales, réalités démographiques, réalités matérielles et aussi réalités psychologiques. Les instruments de production, il nous appartient de les déterminer afin de les créer ou de les accroître, et c'est en fonction de nos diverses réalités que nous les détermineront.

LES CONDITIONS OBJECTIVES

Prenons un exemple très simple et très actuel : dans le domaine de la production agricole en Guinée, nous aurions pu opérer une réforme agraire visant au remembrement des terres afin de pouvoir pratiquer une culture extensive que nous aurions réalisée grâce à de puissants moyens auto-agronomiques et à des techniques appropriées. Mais quelle est notre réalité ?

La terre est propriété collective des villages, les pratiques culturales sont des pratiques familiales et parfois même individuelles. La collectivisation de la culture, la collectivisation des moyens de production et la collectivisation de la récolte aurait fatalement entraîné des réactions qui, au lieu de libérer les forces de production, les auraient freinées. C'est pourquoi nous avons recouru à la coopération du travail qui constitue en elle-même une base de transition qui nous permettra de passer sans heurts des conditions actuelles à une forme de collectivisation mieux adaptée à nos exigences économiques. Nous entendons, et nous l'avons exprimé au cours de la précédente séance, doter les unités de coopération de travail, d'instruments de production adaptés à la nature et à l'ampleur de cette coopération.

Ainsi, c'est dans le cadre collectif, aux différents niveaux de nos actuelles structures sociales — lesquelles sont déterminées par des conditions historiques et démographiques — que nous entendons assurer le développement économique, lequel est seul à même de nous permettre de passer ultérieurement à une phase d'organisation sociale supérieure.

Lorsque nous avions annoncé que nous allions faire un plan, certains ont affirmé qu'ils savaient ce que cela voulait dire, et, tout aussitôt, de nous présenter comme des communistes convaincus qui réglaient leurs activités selon des instructions reçues de Moscou, de Pékin ou de Varsovie. Chaque fois qu'on a tenté de nous étiqueter, chaque fois qu'on a sciemment déformé nos intentions et la signification de notre action, nous avons renvoyé nos interlocuteurs à des précédents historiques qui ont existé et existent encore dans les pays qui venaient d'accéder à leur indépendance. Ce n'est pas un hasard si l'on a qualifié le Colonel Nasser et le Docteur N'Krumah de communistes ou de dictateurs ; ce n'est pas un hasard non plus si ces différents régimes révolutionnaires qui se sont établis au lendemain de l'indépendance ont été continuellement déformés et discrédités. L'intention d'isoler ces nations des nations dépendantes et encore soumises à l'oppression et à l'exploitation impérialistes et colonialistes apparaît aujourd'hui avec évidence. Nous avons, quant à nous, choisi la démocratie, nous entendons instaurer un régime qui maintienne et renforce cette démocratie afin que soit amplifiés et renforcés notre solidarité, notre unité, le caractère collectif de nos entreprises et de nos aspirations. **Nous ne sommes pas un régime communiste, nous devons le dire sans aucun complexe ni fausse honte, nous sommes beaucoup plus soucieux de parvenir rapidement à notre totale émancipation dans le cadre d'une Afrique entièrement libre et réellement unie que soucieux d'adapter nos conditions et nos réalités à tel ou tel autre système politique.** Je disais tout-à-l'heure que l'on voulait absolument nous placer dans tel ou tel camp mais que nous voulions demeurer dans le camp de l'Afrique. Le monde, ce n'est pas seulement l'Est et l'Ouest, ce n'est pas seulement l'ensemble des pays socialistes ou l'ensemble des pays capitalistes, ce n'est pas uniquement le tiers des peuples du monde qui sont parvenus à un haut degré de développement, ce sont ces pays et l'ensemble des pays non-développés qui prétendent eux aussi faire partie intégrante de l'univers humain. Actuellement en tenant compte du processus de liquidation du colonialisme et des perspectives de liquidation de l'impérialisme, l'Afrique représente une force politique qui s'affirme de jour en jour. C'est cette force que nous voulons consolider et développer. Plus nous prendrons conscience de cela, et plus nous élèverons la pensée active de notre peuple.

La planification n'est pas seulement l'apanage du régime socialiste, la planification économique est mise en pratique par les trusts industriels, par les monopoles commerciaux, par tout ce qui, en définitive, est confronté avec des forces de production. Il s'agit pour nous de connaître les réalités de notre pays et de notre peuple afin de toujours mieux servir en toute efficacité ce pays et ce peuple. **Il serait absurde de considérer le peuple comme un instrument et de vouloir le mener au progrès ; c'est le progrès que nous considérons comme un instrument, instrument que nous voulons mettre à la disposition du peuple.**

Pourquoi, lorsqu'au cours du dernier congrès le problème de la polygamie ayant été posé n'a-t-il pas été résolu ? Si nous analysons objectivement nos conditions sociales réelles, nous nous rendrons aisément compte que la polygamie a, dans la majeure partie des cas, une raison sociale. Il est certain que l'abolition pure et simple de la polygamie constituerait un progrès, mais il est non moins vrai que le progrès ne constitue pas seulement un choix, le progrès se mesure à la qualité de la transformation que l'on est capable d'opérer à partir de conditions existantes. Or, si un choix, aussi juste soit-il, a pour conséquence de réduire la qualité des conditions déjà existantes, ce choix ne peut être progressiste. Le choix progressiste, c'est celui qui est en liaison intime, tant avec la réalité qu'avec la théorie.

Ainsi la planification économique n'est pas un attribut exclusif des régimes socialiste ou communiste, elle est le fondement, en tant que science, du développement économique aussi déterminé que possible.

Dans ce même esprit, le colonialisme lui aussi a établi une planification en créant d'immenses zones de monocultures, en pratiquant la traite et en adaptant les forces de travail aux impératifs de l'exploitation coloniale. Quelle était la définition des plans de développement que nous discutions périodiquement dans nos assemblées territoriales sinon de la planification économique pensée par le régime colonial et pensée pour le profit colonial ?

Le seul fait d'établir un plan, c'est de se fixer des objectifs et de déterminer les moyens à employer qui permettront d'atteindre ces objectifs. Ceci ne veut pas dire pour autant que nous soyons engagés politiquement dans tel ou tel autre système. Ce ne sont pas les définitions qui opèrent les modifications, ce sont les modifications opérées qui, en fonction de la qualité de leur nature et de leur caractère, peuvent être définies.

Que l'on reprenne en la matière l'expérience de la Chine, celle de la Tchécoslovaquie, celle de l'U.R.S.S. et même celle de la Yougoslavie. Elles sont, chacune, différentes et chacune répond à des conditions spécifiques, à des méthodes propres et à des objectifs particuliers. C'est ainsi que l'U.R.S.S. a engagé sa révolution économique sur la base de l'édification d'une industrie lourde, la Chine par contre n'a pas, dans ce domaine, suivi la même voie. Par ailleurs, longtemps en Tchécoslovaquie, deux tendances s'opposaient : l'une qui voulait s'attacher immédiatement à la création des moyens de production, l'autre qui entendait assurer le développement industriel en parfait équilibre avec le développement de la production agricole. Il a fallu attendre le troisième plan économique pour que ces deux tendances trouvent une formule heureuse.

Par conséquent, il est clair que chaque pays, en raison de son contexte particulier, en raison aussi de ses réalités, en raison de ses objectifs et des aspirations de sa société, détermine les secteurs dans lesquels il interviendra par priorité, dessine et situe les étapes de ses réalisations, détermine les méthodes de travail qui seront mises en pratique en raison des moyens sociaux dont il dispose.

C'est en effet en fonction de ces moyens et aussi en

fonction du contexte qui est le nôtre que nous avons dégagé et déterminé nos méthodes de travail. Nous sommes donc en droit d'affirmer que nous avons parfaitement raison de ne pas vouloir travailler dans l'obscurité, de recourir à la planification. Certes, cela nous impose beaucoup plus d'efforts, efforts de pensée, efforts de recherche, efforts d'investigation, efforts d'études ayant pour objet de prévoir les divers phénomènes qui pourraient se présenter au cours de la mise en application de notre plan. Cela nous oblige aussi à réunir les diverses conditions susceptibles de corriger au fur et à mesure les inconvénients que nous avons présentés. C'est cela notre méthode de travail et, souvenez-vous, depuis l'indépendance, nous nous sommes trouvés à maintes reprises devant des situations exceptionnelles ; aucune de ces situations ne nous a surpris et pour chacune d'elles, nous avions déjà et avant même qu'elle ne se présente, étudiées et dégagées les solutions qui nous permettaient d'y faire face. Ceci parce que chaque fois que nous engageons une action, nous étudions et analysons tous les aspects positifs et les aspects négatifs, toutes les modifications qui découlent de la réaction qui risque d'intervenir. C'est l'ensemble de ces indications qui détermine en réalité l'ensemble des dispositions que nous prenons.

OBJETS DE LA PLANIFICATION

La planification économique est dominée par deux soucis :

1°) Assurer dans les meilleures conditions possibles, le développement économique de la nation.

2°) Faire constamment coïncider ce développement économique avec les aspirations sociales de nos populations.

Il nous eût été facile d'envisager la planification économique à partir de nos seules ressources industrielles. Nous avons nos richesses naturelles, notre bauxite, nous avons le Mont Nimba, nous avons notre minerai de fer, nous avons notre diamant et, sur ces bases, nous aurions pu établir un plan audacieux de développement industriel. Mais je vous le demande, est-ce que cette option aurait répondu aux exigences de nos populations qui sont à 95 % des populations paysannes ? Est-ce que le fait d'avoir une des plus grandes réserves de bauxite du monde est susceptible, dans les conditions actuelles, de modifier favorablement les conditions sociales du peuple de Guinée ? Est-ce que le fait d'avoir en puissance l'exploitation, les richesses et les incalculables ressources du Mont Nimba, nous permet, à partir de ces richesses d' établir une modification qualitative fondamentale de la vie de nos paysans ? Lorsque l'on parle de bauxite, on pense aluminium. Quels sont en termes chiffrés nos besoins actuels en aluminium, en tenant compte d'une population de 3.000.000 d'habitants qui vit encore dans des conditions extrêmement rudimentaires ?

Puisque c'est sur la qualification de notre action politique vue à travers notre plan triennal qu'a surgi la confusion, je demande aux marxistes convaincus de me faire connaître quelle est la théorie à ce sujet. La théorie développée par Lénine pose en principe, et pour réduire le caractère anarchique de la production, que celle-ci devra être judicieusement répartie quant à sa nature. A l'heure actuelle, même le camp socialiste essaye de mettre en pratique la théorie léniniste de la division internationale du travail afin d'éviter toute action concurrentielle à l'intérieur du camp socialiste; et si cette théorie s'avère parfaitement juste pour ce qui concerne l'ensemble de l'économie des pays socialistes elle est pour nous pratiquement inapplicable car, tant vis-à-vis du camp socialiste qu'au regard du camp capitaliste, nous sommes dans une position géographique particulière et qui nous contraint, pour des raisons évidentes d'engager notre développement économique à partir de nous-mêmes, et puisque c'est à partir de nos moyens et de nos possibilités que nous pourrons seulement assurer ce développement, nous devons nous conformer de la façon la plus rigoureuse à nos propres réalités. La planification est une méthode de prévision, d'harmonisation, de meilleur emploi dans le domaine de la production et de la commercialisation des activités d'une entreprise ou d'une nation. Cette qualification considérée, en tant que moyen, peut être utilisée par un groupe d'hommes vivant au sein d'une même société, par l'ensemble des citoyens vivant au sein d'une même société, par l'ensemble des citoyens vivant au sein d'une même nation, par un groupe de peuples de plusieurs nations vivant au sein d'un même système politique et économique. Les caractéristiques de notre planification sont limitées aux caractéristiques géographiques et politiques de la Guinée, c'est-à-dire qu'elles se situent au niveau national et qu'elles ont pour objet l'intérêt de nos populations.

Enfin, il est un autre argument que nous pouvons tout de même considérer. En tant que pays non-développé, en tant que pays sous-équipé, en tant que nation de jeune souveraineté dont l'action politique intéresse l'ensemble des Etats et des populations africaines, pouvons-nous nous conformer aux principes de planification adoptés dans des pays hautement évolués, ayant des Etats de vieille souveraineté et qui ont atteint un niveau élevé de développement économique, technique et scientifique ?

Ce que nous retenons, c'est tout ce qui peut constituer en tant que principes, un moyen d'accéder à une parfaite organisation de notre société, tout ce qui peut favoriser la réalisation du bonheur de notre peuple. Ce peuple qui est un de nos principes de base est aussi un principe du socialisme. Dans ce cas précis, le marxisme nous a été d'un précieux apport dans les méthodes scientifiques de la détermination de notre action politique. Nous nous occupons essentiellement de réalisations concrètes, les seules que nous considérons comme base de meilleures conditions de vie de notre peuple.

LA CONCEPTION REVOLUTIONNAIRE

La souveraineté nationale que nous entendons voir assurer par le peuple et pour le peuple ne doit pas être confisquée au profit d'une minorité qui engagerait le pays non pas en fonction de ses intérêts réels et selon ses réelles possibilités, mais qui l'engagerait en fonction des théories capitalistes ou communistes. Le P.D.G. qui entend demeurer l'instrument conscient et constant des intérêts populaires se refuse de prendre des décisions qui auraient pour résultat d'entraver le déroulement et le développement de l'action révolutionnaire et libératrice de l'Afrique. C'est d'ailleurs ce que les ennemis de l'émancipation africaine lui reprochent le plus. Il n'est que de lire la presse pour se rendre compte que si l'on nous accuse toujours d'être à la remorque des Américains ou des Soviétiques, c'est parce que l'on voudrait nous voir dans le camp américain ou dans le camp soviétique afin que notre action soit limitée au seul destin de la Guinée et sans entraîner avec elle le destin de l'ensemble des peuples de l'Afrique.

J'évoquais tout-à-l'heure le problème de la lutte de classes : la lutte de classes est considérée, par le marxisme comme le moteur de l'évolution, c'est-à-dire que le caractère concurrentiel qui s'établit entre différentes classes sociales engendre des activités et des actions qui favorisent et parfois impulsent l'évolution. Maintenant je pose la question : Avons-nous ici en Guinée à organiser entre nous de telles luttes ? Nous avons, et c'est là où s'instaure la confusion, à nous engager dans une action révolutionnaire qui, pour se développer aussi rapidement que possible, a recours à l'union de tous, à une parfaite compréhension, à une totale coopération des différents éléments de la population. Si l'on recherche des motifs d'exaltation ou des sujets d'enthousiasme, c'est dans le caractère révolutionnaire de notre action politique que nous pouvons le mieux les trouver et dans l'objet historique de cette révolution, nous trouverons fierté, foi et confiance.

L'unanimité populaire nous engage à ce que chaque Guinéen, chaque Guinéenne soit un militant de notre parti national, et non pas seulement un militant passif obéissant aux consignes du parti, mais un militant conscient dont les initiatives accélèreront notre commune action révolutionnaire.

Nous avons fait de gros efforts et nous multiplierons ces efforts pour que chaque homme et chaque femme de Guinée soient autant d'éléments responsables de la société, autant d'éléments participant à l'édification d'une Guinée nouvelle. Dans cet esprit, nous ne cessons de demander aux cadres et aux responsables politiques d'assurer de façon continue l'éducation politique de nos masses par l'information, et qu'ils établissent chaque fois qu'il est nécessaire une discussion aussi large que possible autour des problèmes qui nous préoccupent les uns et les autres. Ce fait seul nous distingue des pays de régime communiste comme l'U.R.S.S. ou l'Allemagne Démocratique où 10 % à peu près seulement de la population sont membres du parti. Il n'est que de reprendre le rapport d'orientation que nous avons présenté à la conférence nationale pour trouver exprimées en clair, toutes ces considérations. Il ne me paraît pas inutile, arrivé à ce point de mon exposé d'en citer à nouveau quelques passages. D'abord, nous avons affirmé que la production des biens matériels était une affaire sociale et lorsque nous disons une affaire sociale, nous entendons une affaire qui concerne l'ensemble de notre société tant pour l'action que pour la détermination de l'action et le profit de cette action. Nous avons par ailleurs précisé que la lutte que nous engageons n'était pas seulement déterminante pour la Guinée, mais qu'elle était déterminante pour la libération sociale de l'Afrique.

Par ailleurs, nous avons expressément indiqué que : « Si les rapports de production ne sont pas établis librement, s'ils sont déterminés arbitrairement, c'est-à-dire imposés aux forces de production, il est clair que les forces de production réagiront, soit de concert par l'action des masses, soit par opposition individuelle engendrée par l'insatisfaction et le mécontentement ». Nous avons dit par ailleurs que c'était les valeurs sociales spécifiques et les vertus humaines propres à la personnalité africaine que nous entendons maintenir et développer à travers notre révolution émancipatrice.

A la page 85 du rapport, vous trouverez imprimé en caractères gras ce paragraphe sur lequel il me semble superflu de revenir à nouveau : **« Nous l'avons maintes fois affirmé, ce qui nous préoccupe, ce ne sont pas les systèmes, les doctrines, ce sont nos exigences évolutives »**, et je reprendrais en manière de conclusion le paragraphe souligné qui figure, page 99 **« Ce que nous devons avoir toujours présent à l'esprit, c'est que notre action révolutionnaire engage le destin historique de toute l'Afrique, qu'elle déborde par son ampleur et son esprit les limites de la Nation Guinéenne ».**

NATURE DE LA DEMOCRATIE DU P.D.G.

Nous avons toujours affirmé que notre parti était un parti de masses, que dans la conduite de l'action politique, nous entendions faire respecter l'autorité du peuple ; c'est ce que nous avons appelé la dictature populaire. Il ne s'agit pas de l'autorité d'une classe sociale, il s'agit de l'autorité, pour nous, prééminente de l'ensemble du peuple Guinéen. Nous avons encore affirmé que notre politique n'était pas déterminée en fonction d'un centre ou d'une autre considération plus ou moins particulière, mais qu'elle était déterminée en fonction du seul intérêt général auquel, par nos conditions historiques mêmes, nous sommes intimement liés les uns et les autres.

Notre action politique est donc déterminée au niveau du peuple tout entier qui exerce, par la voie, aussi parfaite que possible, de la démocratie, son autorité ; qui exprime de la même manière ses aspirations et assure son contrôle. Si cela est toujours vrai, nous devons le respecter, si cela n'est plus vrai, nous devons le modifier. Si nous restons le parti de l'émancipation africaine, nous n'avons aucun complexe au regard des problèmes de cette émancipation, mais si nous nous trouvons en contradiction avec nous-mêmes, nous devons modifier cette définition ; car, si le parti veut être respecté, tant en Guinée qu'hors de Guinée, faut-il encore qu'il se respecte lui-même, et, principalement, qu'il se respecte, ici, au cours de ces assises nationales. **Ce qui nous importe réellement, c'est moins la qualification de notre action que son contenu.** On a parlé ici de démocratie populaire, on a parlé là de régime communiste, mais ceux qui en ont parlé m'apparaissent comme incapables d'apprécier l'action que nous menons depuis près de 15 ans. Ne sommes-nous pas tout à la fois un parti démocratique et un parti populaire ? En réalité et malgré l'ensemble des caractéristiques qui nous différencient des régimes de démocratie populaire, nous pouvons prétendre, non sans quelque fierté, que notre régime est essentiellement démocratique et qu'il est fondamentalement populaire.

Mais, une fois encore, ce n'est pas parce que notre action, dans sa nature, s'apparente aux définitions de régimes différents, que nous devons changer la nature de notre propre régime, qui est pour l'instant un régime de combat libérateur, un régime d'émancipation révolutionnaire. Nos décisions, toutes nos décisions, sont des décisions qui sont prises, à la base, et c'est parce que ce sont les populations elles-mêmes qui ont ce pouvoir de décision que notre action a une signification profonde. Notre Etat, c'est-à-dire l'appareil organisationnel, n'est qu'un instrument au service de notre peuple. L'Etat, ce n'est pas pour nous un appareil d'autorité omnipotent car nous ne confondons pas l'Etat et la Nation. Ce qui nous importe, ce qui requiert notre attention et nous

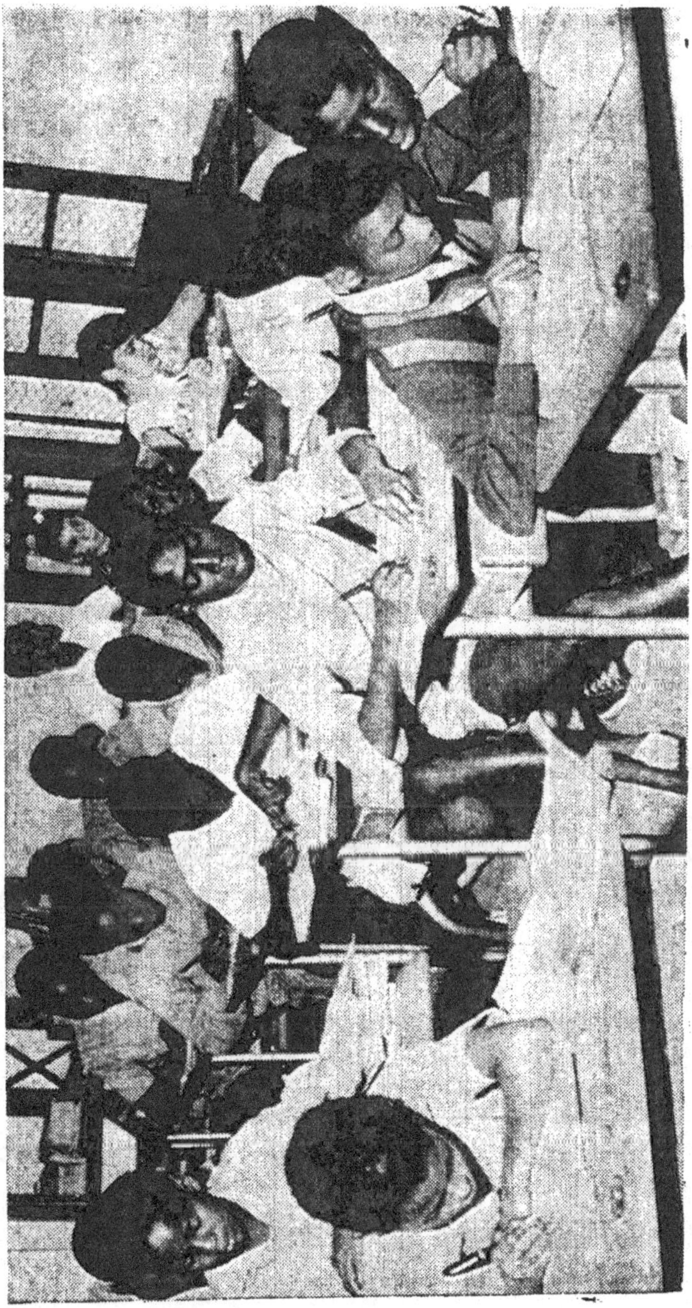

Multiplier les établissements d'enseignement et accroître la scolarisation des populations.

mobilise, ce n'est pas l'Etat qui n'est que la représentation d'une nation, mais la nation qui est la matière vivante et réelle de la Guinée.

Ceci indique assez clairement la nature et les caractéristiques de la démocratie instaurée en Guinée. Cette démocratie doit nous permettre d'établir des rapports sociaux de qualité qui favorisent, à travers l'expansion économique, le développement social et la promotion humaine.

C'est dans ce cadre politique d'ensemble et selon une orientation parfaitement établie et définie que s'inscrit notre plan triennal de développement économique. Ce plan que nous avons fait avec l'aide de techniciens valables dont nous reconnaissons, ici, toutes les capacités, devra nécessairement suivre la ligne politique que le PDG et, qu'à travers lui le peuple de Guinée, ont déterminée. Nous ne devons pas confondre le rôle dévolu en la matière, aux techniciens, et, le rôle qui nous est imparti dans l'orientation de la planification en tant que mouvement responsable de l'édification politique de la Nation. Les techniciens ont pour but de réaliser techniquement les décisions auxquelles nous nous serons arrêtés. Je ne vous cacherai pas d'ailleurs que chaque fois que les techniciens ont voulu étendre leurs connaissances au domaine politique et nous faire partager leurs vues, nous leur avons expliqué que nous entendions demeurer absolument maîtres de nos décisions en matière d'orientation politique. Les camarades du secteur de la production le savent bien et ils se rappellent à ce propos que nous avons provoqué une réunion afin d'exposer aux économistes et aux techniciens qui nous ont apporté leur concours, la ligne politique que nous avions arrêtée. Il n'y a donc là rien de changé et le parti conserve en la matière son entière prééminence de décision et d'orientation. S'il en avait été autrement, cette conférence n'aurait pas eu sa raison d'être.

L'action économique que nous voulons mener ne peut nous éloigner de l'orientation politique qui est la nôtre car, le domaine économique constitue un des aspects du problème politique. **Nous aurons donc l'économie de notre politique et non pas la politique de notre économie.** En tant qu'aspect du problème politique, comment considérons-nous la définition du problème économique ? Pour nous, l'économie doit nous permettre d'établir des rapports de production qui modifieront qualitativement les rapports sociaux existants dans notre société. C'est ainsi que là aussi, les deux aspects du problème sont intimement liés : aspect économique et aspect social. On ne fait donc pas de l'économie pour l'économie, on fait de l'économie en fonction des exigences de notre évolution sociale qui est elle-même orientée par notre ligne politique.

Une fois encore, nous n'entendons faire que des affirmations positives. Le fait d'opposer la notion du capitalisme à la notion du socialisme constitue pour nous des affirmations négatives parce qu'il ne règle pas pour autant nos problèmes spécifiques. Il semble que dans ce domaine certains de nos camarades souffrent d'un complexe et hésitent à affirmer clairement quelle est dans ce domaine la ligne politique que nous avons arrêtée. Nous n'avons en la matière aucun complexe, parce qu'en tout lieu et à tout moment nous pouvons justifier et expliquer les raisons humaines, les motifs sociaux et les objectifs démocratiques de notre action.

Une fois encore, nous devons considérer ce que nous définissons par rapport à nous-mêmes et en fonction du devenir de l'Afrique, c'est - à - dire en fonction des moyens que nous entendons créer pour intervenir de manière positive dans l'émancipation de l'Afrique. En l'espèce il n'y a donc aucun complexe qui puisse nous affecter.

Nous avons invité les représentants de tous les pays pleinement développés et qui ont des régimes différents à coopérer à la libération et au développement de l'Afrique. Nous leurs avons dit : « Vos problèmes, si nous sommes capables de les comprendre, nous ne voulons pas les connaître, mais voilà, quant à nous le cadre que nous vous proposons pour assurer entre vous et nous une coopération loyale et profitable ». Nous estimons en effet que nous pouvons utiliser tous les moyens toutes les formes d'aide s'ils sont sincères. La sincérité de ces moyens nous l'apprécions selon leurs qualités pour la libération et l'émancipation africaine.

Lorsque nous nous adressons à la chambre de commerce, nous lui disons : « Venez, nous allons arrêter notre plan et nous vous demandons d'employer vos capitaux, vos moyens industriels ou commerciaux dans le cadre de ce plan pour l'intérêt social et économique de la Guinée. » Pouvons-nous dans le même temps dire au représentant de la Chambre de Commerce : « Vos capitaux, nous ne savons qu'en faire et nous les considérons comme inutiles dans le développement social et économique de la Guinée ? » Voilà la contradiction.

Par ailleurs, le Bureau Politique vous pose la question : « Où allez-vous prendre les vingt-sept milliards de ce que les capitalistes appellent « l'argent frais » pour réaliser notre plan économique ? Notre budget, c'est-à-dire les ressources et les recettes budgétaires sont à peu près exclusivement absorbées par les dépenses de fonctionnement et nous nous trouvons incapables d'assurer au niveau de l'Etat une accumulation capitaliste qui nous permettra d'opérer des investissements de nature économique.

Mais si nous nous définissons en fonction de nos réalités, considérées comme partie intégrante du destin de l'Afrique, pouvons-nous dans le même temps choisir entre deux mondes divisés desquels l'Afrique est exclue ? Nous avons indiqué dans notre rapport que nous établirions le code des investissements ; c'est donc que nous avons l'intention de recourir au capital dans des conditions parfaitement déterminées. Qui peut penser ici que nous laisserons le capitalisme exercer exploitation et oppression ? **Le recours au capital que nous envisageons est le recours au capital de participation, c'est-à-dire un capital qui soit effectivement intégré à notre orientation économique et à nos objectifs sociaux.** Car le problème que nous avons à résoudre est un problème concret où nous retrouvons les deux termes qui marquent si tragiquement l'Afrique :

— Nécessité d'un rapide développement

— Quasi inexistence des moyens de ce développement.

Si nous nous enfermons dans des spéculations purement idéologiques, nous n'aboutirons à rien ; nous resterons peut-être dix ou vingt ans dans l'incapacité de modifier qualitativement nos conditions actuelles.

Nous avons notre propre dialectique à laquelle nous devons constamment revenir. Faut-il une fois de plus souligner que l'influence que nous aurons sur le destin africain découlera des résultats que nous aurons obtenus par l'emploi de notre souveraineté ? Car en réalité la compétition est ouverte sur le plan théorique en ce qui concerne les moyens les plus sûrs de conduire nos peuples à leur entière émancipation. C'est à ce niveau que se situe notre combat africain interne. Peut-on penser sérieusement que si nous ne faisons qu'émettre d'année en année des théories aussi remarquables soient-elles cela suffira à influencer des territoires qui ont choisi la tutelle étrangère et abandonné une part de la souveraineté nationale pour assurer dans de meilleures conditions, pensent-ils, l'amélioration des conditions sociales de leurs populations ?

Prenons par exemple la Côte d'Ivoire et établissons une comparaison. Le budget de la Côte d'Ivoire est de 28 milliards, celui de la Guinée est de 8 milliards. La masse des investissements étrangers est peut-être en Côte d'Ivoire de 15 à 17 fois supérieure à celle de la Guinée. Les moyens financiers de la Côte d'Ivoire sont donc incomparablement supérieurs aux moyens financiers de la Guinée. Mais nous savons aussi que sur le plan social les réalisations guinéennes dépassent de loin les réalisations ivoiriennes. Le climat social de la Guinée est excellent. Celui de la Côte d'Ivoire peut être qualifié de désastreux quand on l'apprécie par rapport à la quantité de personnes politiques et syndicales que renferment les prisons ivoiriennes. Voilà la vérité. Sur un autre plan, vous avez parfaitement les uns et les autres que c'est la seule Guinée qui embarrasse le monde parce que c'est la seule Guinée qui, sans tricherie, sans équivoque, s'est prononcée pour l'Afrique.

LE COMBAT AFRICAIN

D'autres Etats africains font de l'occidentalisme, de l'anti-communisme, de l'européanisme, c'est au moins ce qu'ils affirment et vous pouvez juger les résultats de tous ces slogans et de ces formules qui se modifient continuellement selon les lieux, l'heure et les opportunités.

Nous avons eu à vous présenter un membre éminent de l'Allemagne Fédérale et ceci malgré que la grande presse internationale prônait que si la Guinée choisissait entre l'Allemagne Démocratique et l'Allemagne Fédérale, l'Allemagne Fédérale romprait ses relations diplomatiques avec la Guinée. Notre position qui est une position africaine, nous la maintiendrons. Sur ce problème un journaliste de l'Allemagne Fédérale m'a un jour posé la question ; il m'a demandé quelle serait la réaction guinéenne si l'Allemagne Fédérale rompait ses relations diplomatiques. Je lui ai répondu que la Guinée n'aurait aucune réaction parce que la Guinée établit ses rapports sur la base de l'amitié et non pas sur la base d'un quelconque rapport de forces. Non seulement nous refusons de nous prononcer sur des sujets qui ne nous concernent pas, mais nous refusons également de perdre notre temps en des commentaires ou des explications parfaitment stériles. Nous n'acceptons pas la confusion, ni à l'intérieur, ni à l'extérieur, nous voulons des positions claires pour nous-mêmes et pour ceux qui nous observent.

Tous les pays amis nous ont plus ou moins apporté leur aide. Les uns plus que d'autres ; mais ce que nous devons considérer, c'est moins l'ampleur de l'aide qui nous est accordée, en toute amitié, que la nature et le volume de cette aide comparés aux possibilités propres de chacun de ces pays. C'est ainsi qu'une malheureuse somme de cent francs peut porter secours à un individu et qu'une fortune peut ne pas suffire à améliorer une situation.

Nous disons constamment : nous avons un but, nous avons un objectif, nous avons une grande ambition, nous avons d'énormes possibilités. Notre grande ambition est de démontrer que la pensée est une grande richesse humaine dont l'Afrique n'est pas dépourvue. Notre responsabilité est de mettre en valeur la richesse de notre pensée.

Plus qu'aucun autre pays et aucun autre territoire de l'Afrique, nous sommes observés par tous ceux qui veulent trouver à nos actes et à nos comportements une signification qu'ils pourraient exploiter pour leurs fins propres. Or, dès qu'au cours d'une conférence des cadres comme la nôtre se manifestent des réactions affectives et sentimentales, nous nous trouvons pour ces observateurs en contradiction avec nos affirmations. Pour éviter que de tels faits se produisent, il faut que nous soyons parfaitement conscients les uns et les autres de la ligne politique du parti et de sa justesse. Il faut que, constamment, nous la défendions et nous la fassions appliquer. Il faut en définitive qu'aucun doute, ni aucune équivoque, ne puissent peser sur la nature, les caractéristiques et les qualités de notre orientation politique. La justesse de la ligne politique, nous ne la définissons pas et ne la déterminons pas selon des théories idéales, mais nous la déterminons et la définissons en fonction d'une phase historique donnée et selon les modifications que nous voulons apporter à nos conditions historiques réelles. Notre ligne politique n'est pas une ligne dogmatique et définitive, elle suit notre propre évolution, laquelle est impulsée et conduite par la dynamique révolutionnaire, afin que nos ambitions se succèdent les unes aux autres, que nos moyens qualitativement s'améliorent, que nos conditions continuellement se transforment. Par conséquent, nos pratiques politiques, économiques, sociales et culturelles doivent elles aussi se modifier. Il est possible que certains responsables ou même certains militants estiment que notre ligne politique n'est pas juste, que cette ligne compromet l'intérêt de la Guinée et le destin de l'Afrique. A l'occasion de cette séance, s'il y a des responsables ou des militants qui ne sont pas d'accord avec la ligne politique du P.D.G., nous leur demandons de venir s'en expliquer et nous rouvrirons les débats à la suite de leurs interventions.

LES CONDITIONS DU DEVELOPPEMENT ECONOMIQUE

Sur le plan lui-même, quelques observations ont été faites, observations sur lesquelles je voudrais revenir. Notre plan s'insère dans une orientation politique parfaitement définie, il ne se plie pas à des doctrines ou à des théories qui ne répondent pas à nos conditions de développement économique actuelles. Enfin, une de ses principales justifications est d'établir les conditions du développement économique d'une manière aussi harmonieuse et efficace que possible. Prenons un exemple : En Amérique ou en France, le système de la propriété privée fait que les instruments et les moyens de production concourent à l'augmentation du profit du propriétaire. L'individualisation de la propriété établit des concurrences à l'intérieur de la nation entre des fabriques similaires, des productions similaires. Cette concurrence s'étend à l'ensemble de produits identiques et des moyens de production identiques employés dans d'autres nations dans le même domaine. Nous estimons que cette concurrence porte atteinte aux facultés de développement et à l'harmonisation. On peut d'ailleurs faire un parallèle : on nous a suffisamment reproché d'avoir un parti unique, un parti national au sein duquel, s'il y a opposition ou contestation, se manifestent les oppositions et les contestations. On ne voulait pas admettre que, pour engager la phase révolutionnaire, l'unité nationale était indispensable et que nous n'avions que faire, dans nos conditions actuelles, de la division nationale. Demain, il se peut que l'on nous reproche d'avoir établi un plan économique en nous disant que ce plan porte atteinte à la libre entreprise. Il est possible que ce plan porte atteinte à une certaine forme de libre entreprise, mais il est certain, par ailleurs, qu'il détruit des concurrences et des antagonismes économiques qui sont, dans nos conditions actuelles les éléments négatifs du développement.

Dans les pays où la contradiction est alimentée par la concurrence, il n'y a ni harmonisation, ni possibilité d'assurer une étude d'ensemble des phénomènes de l'économie nationale. L'exemple le plus profond du caractère anarchique de la libre entreprise a été donné à l'issue du dernier conflit mondial où tous les pays à régime capitaliste ont purement et simplement supprimé la libre entreprise pour établir d'abord une économie nationale de guerre et pour reconvertir ensuite cette économie de guerre en économie de temps de paix.

Dans nos pays où tout est à créer, la planification s'impose, car dans le domaine économique nous sommes en état de mobilisation nationale. Nous sommes un pays non-développé et non pas un pays sous-développé. Nous devons faire connaître cette différence pour apprécier le caractère et l'objet de la mobilisation économique nationale. En étudiant le plan, vous pouvez vous rendre compte que nous avons écarté tous les projets qui ne répondent pas au caractère de la mobilisation nationale économique. Par ailleurs, on nous a reproché de ne pas avoir inclus les grands complexes industriels dans notre plan et de ne pas avoir eu le courage de nationaliser les industries existantes afin d'utiliser plus pleinement leur potentiel. On nous a indiqué que c'était une erreur d'avoir oublié ces diverses entités dans le terme de la production. D'abord, **il n'a jamais été question que je sache de nationaliser quoi que ce soit,** ensuite notre plan s'est attaché aux immenses possibilités qui ne sont pas encore mises en valeur et qui peuvent apporter dans l'immédiat une modification importante dans la nature de notre économie. Nous avons la possibilité de faire du ciment, nous ne le faisons pas ; nous avons la possibilité de faire de l'huile, nous n'en faisons pas ; nous avons la possibilité de traiter les peaux animales, nous ne le faisons pas, etc. ; nous ne le faisons pas parce que les industries n'existent pas et non pas parce que nous sommes dépourvus de ce que l'on peut appeler les ressources naturelles. Le domaine qui nous est propre, c'est de promouvoir une politique de développement qui entraîne de manière harmonieuse un développement social. Lorsque nous envisageons de créer une huilerie à Kissidougou ou à Kouroussa, personne ne peut protester parce que tout le monde sait que c'est à Kouroussa que les arachides sont produites en grande quantité. Si nous créons une école d'Administration à Kindia et non à Siguiri, c'est parce qu'à Kindia les conditions objectives d'une telle création sont réalisées. Le plan est le contraire d'un développement anarchique qui n'aurait pour but que les résultats financiers de l'économie. Le plan, ce n'est pas de créer une usine, de porter la production d'aluminium à un haut rendement, alors que les besoins de nos populations sont dans ce domaine limités ; ce n'est pas d'exploiter intensivement toutes nos richesses minières, mais c'est de les exploiter d'une manière rationnelle en fonction des impératifs économiques et sociaux déterminés. Nous sommes non-développés, notre objectif majeur est d'assurer rapidement notre développement. Nous avons le maximum de moyens sociaux, nous avons des facilités d'opération infiniment plus grandes que n'en détiennent les pays à structures compliquées où la surproduction, ou le manque de matières premières parfois même des conditions politiques et sociales mauvaises, interviennent ou ruinent un développement économique normal. Nos conditions à nous sont telles, qu'elles nous permettent, dans le domaine économique, de faire une planification, aussi complète que possible, et aussi utile qu'on peut le souhaiter.

Prenons par exemple la Chine, quelle a été sa première expérience ? Dès qu'elle a annoncé son plan de développement, la presse a multiplié les arguments pour démontrer que la Chine était incapable, par défaut de moyen, d'assurer la conduite de son plan. Non seulement la Chine a réalisé son plan, mais en bien des domaines, elle en a dépassé les termes. Pourquoi cela, parce que la Chine se trouvait dans un contexte favorable dont n'ont pas tenu compte tous les observateurs qui ont parié l'échec de l'expérience chinoise. A cet égard, nous sommes nous aussi dans les conditions les plus favorables. Prenons un autre exemple : en une année, ce que Gueckédou, notre section pilote, a pu réaliser dans le domaine économique et social, Conakry a été incapable de le réaliser. Ce n'est pas par manque de capacité des dirigeants politiques, c'est parce qu'entre Gueckédou et Conakry il y a une différence évidente de contexte social.

Nous ne devons pas croire que ce que nous entreprenons est facile. Cela demandera beaucoup de plans de développement spécifiques, beaucoup de modifications de ces plans. Mais, par contre, ce qui est facile, c'est de se mettre d'accord sur le contenu et les objectifs de nos entreprises. Prenons le plan établi au niveau national par le Bureau Politique et le Gouvernement ; rien ne peut y être annulé, parce qu'il se trouverait en contradiction avec l'intérêt du pays. Mais bien que le Bureau Politique ait été convaincu que le plan national serait adopté par les cadres du parti à l'unanimité et dans l'enthousiasme, il était tenu par les principes même de notre parti de vous le soumettre. Nous avons tenu en effet à ce que dans une discussion des plus larges, chacun en comprenne parfaitement le mécanisme interne, que chacun puisse apporter sa contribution pour en parfaire les lignes d'ensemble, qu'en tout moment il y ait des rapports étroits et permanents entre les militants, les cadres du parti, les fonctionnaires de l'Etat et le Gouvernement. Mais si l'exercice démocratique revêt cette qualité au sein de notre parti national, si à tout moment est réexaminée en commun notre orientation politique, aucun militant, aucun responsable n'a le droit, une fois cette orientation fixée, de la modifier ou d'en dénaturer la signification.

LES PERSPECTIVES DU DEVELOPPEMENT ECONOMIQUE

Faisons une réflexion.

Nous avions dit au moment où nous discutions pour établir le rapport concernant le plan que, pour les pays non-développés, le développement économique pouvait être assuré dans l'anarchie, c'est-à-dire en dehors de toute planification. En effet, comment avons-nous augmenté la production du café ? Il nous a suffi, tout simplement, de lancer un mot d'ordre en faveur de l'augmentation de la production caféière, et de ce fait, nous avons constaté un accroissement sensible de la production dans ce domaine. Nous aurions pu opérer de la même façon pour les palmistes, les arachides, le cacao, les agrumes, etc. Si nous avons tenu à faire un plan, c'est d'abord pour ne pas être surpris par aucun des phénomènes découlant du développement économique, c'est pour pouvoir évaluer dans ses grandes lignes l'augmentation de la production et en engager le bénéfice de manière rationnelle et cohérente. L'anarchie suppose que nous puissions augmenter sans prévoir, la planification remédie à ce manque de prévision, et permet de connaître le niveau de développement, d'apprécier son potentiel et de déterminer comment ce potentiel pourra être utilisé. Nous nous trouvons donc constamment dans l'obligation de faire des choix, choix déterminés à partir de la connaissance exacte de nos moyens et de toutes nos possibilités. Ainsi, nous détenons une puissance énergétique donnée que l'on peut mettre en valeur, nous détenons une mine de fer évaluée à X tonnes de minerais, mais pour mettre cette puissance énergétique en valeur et pour exploiter ce minerai, il nous manque tel ou tel autre moyen. C'est ici que se situe le choix, choix dans la hiérarchie des urgences et dans la détermination des priorités. Puisque maintenant, pour avoir fait l'inventaire de nos moyens, nous connaissons nos ressources, il suffit qu'un pays soit disposé à coopérer à notre développement économique pour disposer justement des moyens qui nous sont indispensables. Nous précisons bien, ce sont des moyens de coopération et non plus, comme dans l'ancien régime, des moyens d'exploitation et d'oppression dont le contrôle nous échappait. Car nous avons définitivement banni de Guinée l'exploitation et l'oppression tant dans sa forme capitaliste ou impérialiste que dans les rapports sociaux et les rapports de production établis au niveau de notre société. Quand nous abordons de telles études, nous devons les aborder sous leur angle concret. Nous parlons de l'industrialisation, mais l'industrialisation suppose la mise en exploitation de nos ressources hydro-électriques. L'énergie hydro-électrique est susceptible, vous le savez, de quintupler l'énergie humaine qui est pour l'instant notre seule richesse énergétique. Voilà le problème théorique. Le problème pratique c'est la construction de barrages et plus particulièrement la construction du barrage du Konkouré. Qui peut apporter ici une solution à la construction du barrage du Konkouré sans recourir à la coopération technique et financière extérieure ? Si quelqu'un à une solution, nous sommes prêts à l'appliquer immédiatement ; c'est là le côté pratique du problème. Prenons un autre problème, nous savons très bien que le paysan ne peut pas augmenter sa production avec les seuls instruments de production qu'il détient actuellement, c'est-à-dire sa force de travail et sa daba. Théoriquement, pour augmenter cette production nous devons mécaniser la culture au moyen de charrues ou d'autotracteurs. Dans le domaine concret, comment cela va-t-il se passer ? L'Etat va fournir aux coopératives selon l'importance de leurs superficies de culture, soit des charrues, soit des tracteurs. Mais pour leur fournir charrues et tracteurs, il faudra bien d'une manière ou d'une autre que l'Etat les ait achetés et il ne peut les acheter qu'après avoir emprunté de l'argent à l'extérieur. Si l'Etat doit concourir et con-

« APPRENDRE POUR CRÉER »

A l'école de formation professionnelle de Kankan.

tribuer au développement de la production, il ne peut pas se substituer aux producteurs, et c'est pourquoi les producteurs et en l'occurrence les coopératives auront dans les années qui suivront leur dotation en matériel agricole à rembourser à l'Etat le prix du matériel afin que l'Etat puisse rembourser aussi les prêts qui lui ont été consentis.

STRUCTURE DU PLAN TRIENNAL

Notre plan est divisé en trois grandes sections :

1°) Une section nationale qui sera réalisée au niveau de la nation avec les moyens de la nation,

2°) Une section régionale qui comprend tout ce que la région peut réaliser avec ses moyens et en fonction de ses conditions. Aux régions, l'Etat fournira les moyens matériels indispensables et qui pourraient leur manquer,

3°) Une section spéciale qui comprend l'inclusion des activités de toutes les sociétés privées ou particulières qu'elles soient à des Africains ou à des étrangers.

Si une société capitaliste de caractère privé veut créer une cimenterie à la place de l'Etat et que cette cimenterie soit créée dans les perspectives et selon les principes de notre plan, l'Etat ne saurait s'opposer à un tel investissement.

Nous avons déjà dit que notre développement économique constituait l'instrument de notre développement social, et en fait, c'est le développement social qui nous préoccupe et requiert toute notre attention. C'est dans cet esprit que le plan doit être pensé et poursuivi tant au niveau des villages qu'à celui des régions, et qu'à celui de la nation. Nous avons à construire nos dispensaires, à augmenter le nombre de nos classes, à améliorer notre réseau routier, à recruter des médecins, des infirmiers, des vétérinaires, des techniciens, des professeurs, etc... Si un village pense son plan à des fins sociales, il donnera à son action une signification juste. Prenons l'exemple d'une région qui avait l'an dernier trente mille élèves, il faut qu'elle pense son plan de telle sorte que l'année suivante le taux de la scolarisation puisse passer de trente mille à soixante mille. Si, malgré un accroissement de la production et un développement économique, cette région n'a pas pu augmenter le taux de la scolarisation, le plan n'aura servi à rien, sinon peut-être qu'à enrichir des individus sans améliorer les conditions de vie de la société. Car tout se tient ; nous voulons que le développement social suive une courbe ascendante parallèle au développement économique. C'est dans cet esprit et en fonction de ces méthodes que les régions et les villages auront constamment à faire des choix et ces choix devront être faits en fonction de nécessités évidentes et urgentes d'un caractère humain et social. Certaines régions ont fait dans le domaine économique des études sérieuses et quelques fois remarquables, mais ces études n'ont pas été prolongées dans le domaine social. Sur le plan social, ces régions ont envisagé des secours, des financements d'Etat, autant de considérations que nous n'avons pas retenues.

Dans son ensemble, le plan est la somme de toutes les pratiques qui peuvent concourir au développement de la production et au développement des conditions sociales, tant au niveau de l'action des différentes entités sociales qu'au niveau des organisations collectives et privées. C'est cet ensemble qui constitue le plan et qui va conditionner le développeemnt du pays. Certes, il n'y a pas de plan parfait, mais nous devons nous efforcer, tenant compte de nos aspirations au progrès, de réaliser ce qui nous est absolument nécessaire, de manière que la pratique puisse nous faire apprécier la qualité des moyens que nous détenons. C'est ainsi que le plan, comme nous l'avons dit, est appelé à être modifié au cours de son exécution.

CONCLUSIONS

Camarades, je vous pose la question de savoir si, sur le fond, il y a un camarade responsable qui voudrait intervenir et apporter à la conférence les raisons qui justifient que soit modifiée la ligne politique du parti. Dans ce cas, la conférence aura à discuter immédiatement de ce problème de fond. Quel est le camarade qui veut intervenir ?

(Personne ne demande la parole)

Ainsi, nous sommes parfaitement d'accord sur le fond politique ; il convient que cette unanimité soit parfaitement respectée et continuellement maintenue. Il ne faut pas, qu'à toute occasion, ni, qu'à tout moment, soient remis en cause, pour des questions de détail, et nos principes, et notre orientation politique.

A partir de maintenant, toutes nos capacité intellectuelles, toutes nos énergies physiques doivent être mises en inventaire pour la réalisation aussi parfaite que possible de notre plan économique selon l'orientation politique que nous venons de définir une fois encore. Nous avons besoin de toutes nos capacités, de toutes nos énergies pour créer les conditions d'un rapide développement économique ; or, chaque fois que nous interviendrons, chaque fois que nous utiliserons nos énergies et nos capacités intellectuelles en dehors de la bataille économique, nous amoindrirons les moyens de mise en application du plan et par conséquent les chances de voir ce plan aboutir heureusement.

Nous avons dit mobilisation nationale en faveur de la réalisation de notre plan triennal, ceci suppose que les problèmes économiques doivent à tout moment retenir notre attention, nos activités et nos préoccupations. Dans le domaine technique du plan, je demande aux camarades responsables qui souhaiteraient discuter de certains aspects techniques de s'en référer à la commission compétente.

Ainsi, nous sommes tous maintenant convaincus de la justesse de notre ligne politique. Peu nous importe l'interprétation qui peut en être faite à l'extérieur, ce qui nous importe, c'est qu'elle soit en conformité absolue avec les aspirations de notre peuple. En ce qui concerne la forme de notre travail, c'est-à-dire la réalisation pratique du plan, je demande à nos camarades des commissions de bien vouloir tenir compte des différentes précisions données ici afin qu'à l'issue de nos travaux nous ayons la certitude d'avoir fait un travail réel et important sur lequel les services de Conakry n'auront pas à revenir.

C'est la première fois que nous abordons d'une façon aussi précise le problème économique ; ils est donc normal qu'il y ait eu quelques hésitations et quelques difficultés d'interprétation, mais je suis convaincu maintenant que tout cela est désormais très clair dans l'esprit de chacun de vous ; que les principes et les méthodes de travail sont parfaitement posés. J'invite les camarades des commissions de travail à faire les propositions les plus utiles pour la réussite de notre entreprise. Je le répète une fois encore, notre plan ne sera jamais parfait. Jusqu'au moment où nous l'aurons réalisé, des raisons particulières nous amèneront à l'augmenter dans un domaine, à le diminuer dans un autre, à le modifier de telle ou de telle manière. La vie est ainsi faite ; elle est un processus continu. D'autres plans succèderont à ce premier plan national, d'autres plans qui pourront reprendre une partie du plan élaboré aujourd'hui ou qui le continueront ; mais ce qui importe actuellement, c'est de commencer la planification de notre Economie nationale en posant les fondations du développement de la Guinée.

Sekou TOURE

LES STRUCTURES DU PLAN TRIENNAL DE DÉVELOPPEMENT ÉCONOMIQUE ET SOCIAL

Rapport présenté par M. KEITA N'Famara, membre du Bureau Politique National et Ministre du Plan.

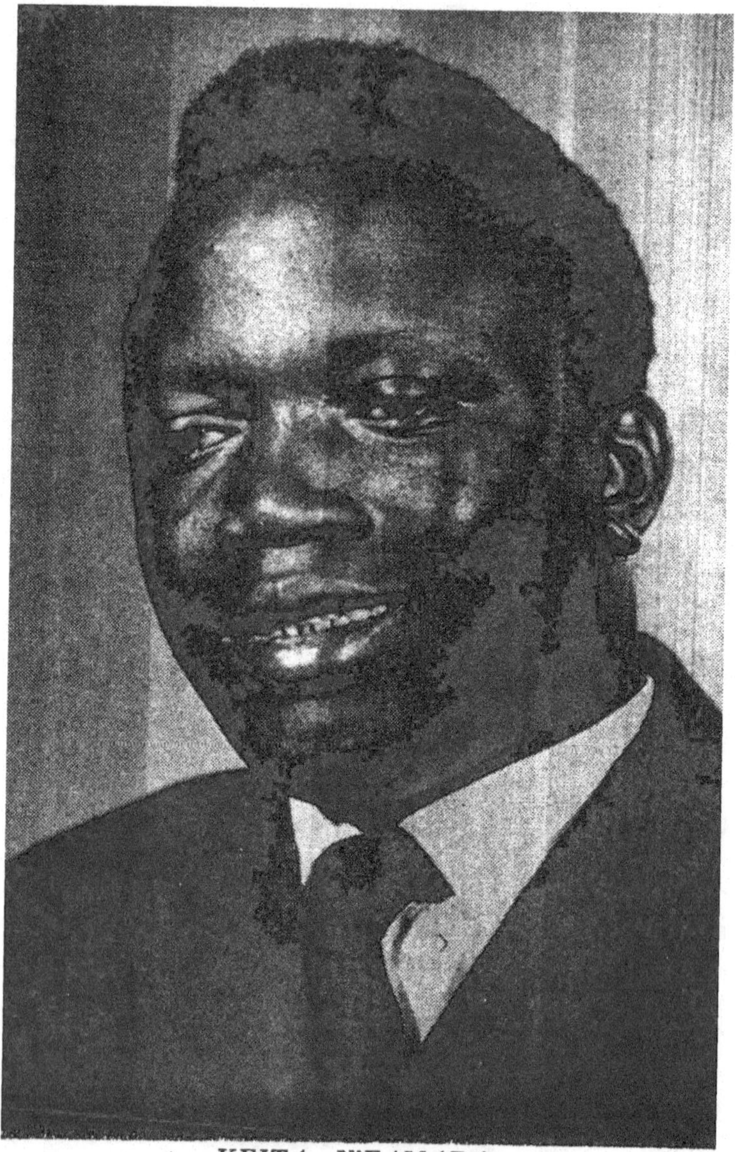

KEITA N'FAMARA
Ministre du Plan.

Mesdames,

Messieurs,

Chers camarades,

La Conférence Economique est appelée à inaugurer une ère nouvelle dans la vie de notre pays.

Depuis 1958, nous avons procédé à la reconstruction politique, à la reconversion idéologique et à la consolidation de notre économie.

Nous arrivons maintenant au moment où, nous appuyant sur les résultats importants déjà obtenus, nous allons pouvoir procéder à la décolonisation économique en profondeur, à la reconstruction nationale d'ensemble et à l'édification des bases solides de la Coopération Africaine.

Ceci est désormais possible grâce aux réalisations déjà acquises, à l'expérience accumulée par notre Parti et notre Gouvernement et grâce aussi, à la décision prise par le Parti et le Gouvernement de s'engager avec résolution et fermeté dans la voie de la planification économique.

Cette décision est d'une immense portée. Elle est le fondement de la prospérité future de notre pays et elle place celui-ci à l'avant-garde de l'Afrique.

La décision d'œuvrer dans la voie de la planification signifie que notre développement économique ne dépendra plus des forces aveugles de l'économie, des lois du marché, de la spéculation et du profit, mais qu'il sera soumis aux impératifs de l'intérêt national et à la volonté consciente du peuple guinéen, de son Parti et de son Gouvernement.

Grâce à la planification, nous ferons à chaque instant le bilan des possibilités de notre pays, de ses immenses ressources naturelles, de ses potentialités laissées en friche par le colonialisme. Sur cette base, nous déciderons des priorités économiques et sociales en partant de nos propres réalités, des besoins de notre peuple et des exigences de l'indépendance nationale tout en tenant compte strictement de l'existence de lois économiques objectives qui, si elles n'étaient pas respectées, condamneraient à l'échec nos meilleures intentions.

En un mot, notre planification sera une planification nationale et scientifique et aboutira à une maîtrise et à un développement croissant de nos forces productives.

Une telle planification n'a évidemment plus rien de commun avec les prétendus « plans » de la colonisation avec les plans du FIDES. Ceux-ci n'étaient que des programmes indiquant quelques actions économiques qui satisfaisaient les intérêts des colonialistes. Notre planification inaugurera au contraire la gestion planifiée de l'économie guinéenne par le peuple guinéen lui-même et par les institutions qu'il s'est librement données.

Pour que cette planification véritable soit possible il a fallu et il faudra mettre en place des structures nouvelles destinées à assurer la préparation et la réalisation du Plan Triennal et des futurs Plans Quinquennaux.

Parmi les institutions nouvelles déjà créées, un rôle particulièrement important revient au Ministère du Plan à la Banque Nationale et au Comptoir Guinéen du Commerce Extérieur.

D'autres mesures seront prises qui complèteront les bases institutionnelles de notre planification. Je mentionnerai à cet égard la réorganisation du Comptoir National du Commerce Intérieur, la promulgation d'un statut-type des Entreprises d'Etat, ainsi que la règlementation des sociétés, la règlementation des investissement étrangers et la loi minière.

Mais la planification n'exige pas seulement que soient créées des institutions nouvelles, elle exige aussi que nous soyons animés d'un esprit nouveau et, surtout, que s'établissent de nouveaux rapports économiques et sociaux.

Ces nouveaux rapports économiques et sociaux sont précisément ceux d'une Société démocratique pour laquelle ont opté notre peuple, notre Parti et notre Gouvernement.

Notre orientation fondamentale veut que disparaissent les injustices sociales, et que nous nous opposions à ce que naissent des antagonismes sociaux au sein du peuple.

Le développement de notre pays ne passera pas par la formation d'une classe d'exploiteurs.

C'est là ce qui correspond aux aspirations profondes du Peuple Guinéen. C'est là, ce qui correspond aux traditions de justice et d'égalité de l'Afrique et c'est en même temps ce qui correspond aux exigences d'un développement économique rapide et harmonieux, aux exigences de la planification.

Il n'y a pas, et il ne peut y avoir de planification véritable lorsqu'existent des intérêts privés contradictoires qui s'appuient uniquement sur la propriété privée des moyens de production. Il n'y a pas, et il ne peut y avoir de planification lorsque les hommes sont animés par la recherche du profit individuel obtenu par l'exploitation des autres hommes ou par la spéculation.

Or, ce que nous voulons, c'est une planification véritable, et non un simulacre de planification. C'est pour cela que nous voulons que les intérêts de chacun coïncident avec les intérêts de tous, que les intérêts particuliers se fondent dans l'intérêt général. C'est pour cela que nous voulons, selon nos propres voies et selon nos propres traditions, réaliser une société humaine et fraternelle.

Dans une telle société, la planification ne se borne pas à énoncer un ensemble de vœux. Elle est un acte de volonté et de souveraineté qui se marque essentiellement par le caractère **obligatoire** du Plan, par le fait que le Plan institue une gestion planifiée de l'économie, qu'il a un rôle organisateur et mobilisateur.

Le caractère obligatoire du Plan est absolu à l'égard de tous les organismes publics et semi-publics, qui sont appelés à jouer un rôle de plus en plus dominant dans notre économie. En ce qui concerne les entreprises individuelles ou privées, le caractère obligatoire du Plan se manifeste par un ensemble de nécessités nationales qui amènent les sociétés privées à insérer leur action dans le cadre du programme de développement économique du pays.

A chacun des grands objectifs posés par le projet de Plan doivent correspondre des actions et des mesures précises. Ces actions et ces mesures seront élaborées de façon préliminaire au niveau des Ministères et au niveau des régions. Les propositions correspondantes seront centralisées par le Ministère du Plan avant que le Gouvernement n'effectue entre elles les choix indispensables, car tout ne peut être réalisé en même temps et certaines actions sont prioritaires par rapport à d'autres.

Les choix proposés par le Bureau Politique et le Gouvernement reposent sur les exigences imposées par les lois économiques objectives et notamment, par les lois du développement équilibré et proportionnel.

Il est impossible que le total des dépenses dépasse le total des disponibilités, et il est nécessaire qu'entre les différentes dépenses certaines harmonies, certaines proportions soient respectées pour que l'économie soit équilibrée et que son développement régulier soit assuré.

Il est également nécessaire que les différentes actions apportent des **résultats économiques** d'une ampleur suffisante par rapport aux moyens que ces actions exigent. C'est là un **principe de rentabilité** que le Ministère du Plan a pour devoir de faire respecter. Pour cela d'ailleurs, il est indispensable que les actions et mesures soumises au choix du Ministère du Plan comportent non seulement une indication des moyens matériels et financiers que leur réalisation exigerait, mais aussi une évaluation précise des résultats économiques à attendre de ces actions ou de ces mesures. C'est seulement à partir de ces évaluations qu'il est possible de procéder à un calcul de rentabilité, en se plaçant du point de vue des intérêts supérieurs de la Nation.

La connaissance des moyens financiers matériels et humains nécessaires à la réalisation des différentes mesures et actions proposées est également indispensable pour s'assurer de la possibilité de réaliser simultanément un certain nombre de ces actions et pour décider de leur échelonnement dans le temps, compte tenu des limitations qu'imposent, notamment, la balance des paiements extérieurs et la nécessité de répartir les cadres techniques de la façon la plus conforme aux intérêts d'ensemble de l'économie.

C'est à cette étape d'élaboration du Plan Triennal que nous sommes parvenus maintenant et cette étape devra être achevée à la fin du mois de juin.

Bien entendu, l'élaboration du Plan n'est que le premier stade de la planification. Celle-ci se poursuit ensuite par la gestion de l'économie nationale sur la base des plans qui ont été approuvés par le Parti et le Gouvernement.

Le stade de la gestion planifiée, qui s'ouvrira au mois de juillet, est évidemment décisif, car c'est à ce stade que le plan se transforme de prévisions en impératifs et en réalités.

La gestion planifiée suppose que chacun, dans le pays, sache concrètement quel est son rôle par rapport au Plan de la Nation, de la Région et du village et qu'il soit prêt à remplir ce rôle activement et avec enthousiasme. L'expérience passée de notre édification nous garantit qu'il en sera ainsi lorsque nous aborderons la phase du développement planifié de notre économie.

A l'époque actuelle de notre développement notre planification se réalisera à trois niveaux étroitement coordonnés :

1°. — Au niveau national, principalement envisagé par le projet préliminaire : à ce niveau, l'Etat concentre l'essentiel des fonds d'investissements et les répartit entre les différentes activités, en conformité avec les principes scientifiques de planification compte tenu des priorités, des proportions à respecter et de la rentabilité économique nationale.

2°. — Au niveau régional où les moyens dont disposent les Régions seront utilisés par elles en conformité avec les mêmes principes et en accord avec les actions nationales.

3°. — Enfin, au niveau des villages où tous les moyens locaux seront mis en œuvre conformément aux besoins du village et en harmonie avec le développement régional et national.

Bien entendu, tout cela suppose une étroite coordination et une harmonisation des actions et, par conséquent, une étroite coopération entre les différents échelons de la planification.

L'échelon central est constitué par le Ministère du Plan. Mais ce n'est plus le seul ; chaque Ministère, chaque Service, chaque Région et, progressivement, chaque village ou chaque coopérative constituent ou constitueront des maillons de planification. Ces maillons couvrent tout le pays et aboutissent au Ministère du Plan chargé de la coordination et de la préparation des mesures et des décisions du Gouvernement dans tout ce qui touche au développement économique et social du pays.

Conformément au décret n° 078 du 8 mars 1960, c'est le Ministère du Plan qui doit chercher à établir la proportionnalité du développement économique, social et culturel, qui a le devoir d'assurer l'équilibre entre toutes les actions et le respect des priorités du développement. C'est à lui également, que revient la tâche d'élaborer les plans perspectifs, d'établir la comptabilité économique nationale pour le passé et pour l'avenir, de proposer les réformes institutionnelles, d'élaborer les projets dans le domaine de la fixation des salaires et des prix etc...

Cependant, chaque Ministère, chaque organisme, chaque Région ou chaque village a le devoir de préparer ses propres projets de Plan de développement au niveau de la production, de la commercialisation et du financement, afin de les transmettre au Ministère du Plan chargé de la coordination et de la synthèse.

Au niveau de chaque Région en particulier, ce travail devra s'appuyer sur des commissions régionales de planification et sur un Délégué Régional du Plan qui assurera la liaison planificatrice entre la Région et le Ministère du Plan.

Ainsi, à tous les échelons, la création du Ministère du Plan loin d'exclure les autres Ministères et les Services du rôle de planification les appelle au contraire à ce rôle, aussi bien dans le domaine de la préparation du Plan que dans celui de sa réalisation.

Sur cette base, nous sommes assurés d'édifier une économie guinéenne solide et en pleine expansion, car nous aurons substitué aux mécanismes de l'économie coloniale les efforts conscients d'une collectivité nationale édifiant une économie harmonieuse et au service de tous.

L'expérience montre que l'économie planifiée a permis et permet à des pays autrefois sous-développés de franchir en quelques années les étapes du développement économique et d'accéder ainsi rapidement à un niveau de vie élevé et aux bienfaits de la science, de la technique et de la culture modernes.

En outre, les progrès ainsi réalisés ne sont pas limités à une minorité de privilégiés, mais ils bénéficient également à tous. C'est évidemment parce qu'il en est ainsi que l'option en faveur d'une économie planifiée est résolument la nôtre.

Certes, la planification n'est pas une recette-miracle. Elle est avant tout une méthode et une discipline et c'est pourquoi n'importe quel plan n'est pas de nature à faire progresser rapidement l'économie.

Pour remplir son rôle, la planification doit non seulement s'appuyer sur des structures et des relations sociales qui en garantissent l'efficacité, mais elle doit respecter aussi un certain nombre de lois et principes. En un mot, elle doit être une planification scientifique.

Une planification scientifique veut que l'économie soit mise au service des besoins croissants de la population en assurant une production de plus en plus abondante sur la base d'une technique de plus en plus élevée.

Une planification scientifique exige que soient respectées de justes proportions entre le développement des différentes branches de l'économie et entre la croissance de la consommation d'une part, et celle de l'accumulation d'autre part. C'est dans cet esprit qu'à été préparé le projet préliminaire du Plan Triennal et que nous préparons le détail du Plan définitif.

Une planification scientifique exige que les prix soient utilisés comme un instrument de développement économique et aussi que soit respectée la loi de la valeur. Par conséquent, il est nécessaire que les prix des différentes marchandises expriment pour l'essentiel leurs valeurs d'échanges, c'est-à-dire leur coût en travail, que les prix ne soient plus fixés ni trop haut, ni trop bas par rapport à leur valeur.

Lorsqu'il en est autrement, la violation de la loi de la valeur peut entraîner de graves erreurs, un gaspillage des ressources naturelles et une réduction du fonds d'accumulation qui est à la base du développement futur de l'économie.

Une planification scientifique exige également que l'on applique le principe d'économie et la méthode de la gestion équilibrée.

Ce principe consiste à économiser, dans l'intérêt de toute la Société, le temps de travail ainsi que les ressources matérielles et monétaires dans l'ensemble des entreprises et des établissements. Ces ressources sont le bien de la Nation et il n'est permis à personne de les gaspiller pour des usages secondaires.

La gestion équilibrée est la méthode par laquelle le principe d'économie est imposée de façon planifiée aux entreprises d'Etat. Cette méthode exige que les dépenses et les résultats de l'activité des entreprises soient mesurées en monnaie et que les frais de ces entreprises soient compensés par leurs revenus propres tout en laissant une marge de rentabilité qui alimente le fonds d'accumulation.

Au niveau des revenus individuels, une planification scientifique exige que chacun soit rémunéré selon la quantité et la qualité de son travail. Ceci exclut donc un égalitarisme injuste, qui rémunère autant celui qui est paresseux que celui qui travaille de toutes ses forces mais ceci exclut aussi toutes les différences de revenus qui ne sont pas justifiées par une différence dans la quantité et la qualité du travail fourni.

Enfin, une planification scientifique veut que les problèmes monétaires et financiers ne soient pas traités comme des problèmes à part mais soient partie intégrante du Plan de développement. En effet, c'est par l'intermédiaire de l'Etat et de son budget qu'est centralisée une grande partie des ressources monétaires et qu'elles sont redistribuées en fonction des exigences du Plan. Par conséquent, dans une économie planifiée, le budget de l'Etat devient une partie intégrante du **Plan des finances,** plan qui inclut aussi les plans de crédit et de caisse du système bancaire d'Etat.

Ces dernières exigences tiennent au rôle central de l'accumulation dans le développement économique. Il n'y a pas de développement suffisant sans une accumulation suffisante. C'est ici le lieu de remarquer qu'en raison de l'héritage du colonialisme nous partons d'un très bas taux d'accumulation par rapport au revenu national, d'un taux d'environ 3% alors que nous devons tendre vers un taux de 20 %. Dans l'étape de démarrage que constitue notre Plan Triennal, nous commencerons à élever notre taux d'accumulation mais il n'est pas encore possible de lui faire atteindre un niveau suffisant. C'est pourquoi, une partie de nos investissements seront réalisés grâce aux concours de pays amis, mais il nous faut préparer rapidement le remplacement de ces concours extérieurs par notre accumulation nationale; c'est là une de nos tâches essentielles.

L'accumulation est la base du développement économique parce que c'est elle qui alimente l'expansion des forces productives et des moyens de production. C'est pourquoi, aussi, l'essentiel de l'accumulation doit être dirigé vers le secteur productif, vers l'industrie et l'agriculture. Il y a là une discipline constante à respecter. Le colonialisme avait orienté les investissements vers l'infrastructure administrative ou somptuaire, vers les secteurs improductifs, parce qu'il ne voulait pas développer notre pays. Il nous faut maintenant renverser la vapeur et accorder la priorité au secteur productif. C'est dans cet esprit qu'est élaboré le projet de Plan Triennal.

LES OBJECTIFS DU PLAN TRIENNAL

Les objectifs fondamentaux du Plan Triennal sont l'amélioration du niveau de vie, la décolonisation économique et l'amorce de la transformation de la Guinée en un pays moderne pleinement développé susceptible de participer activement à l'essor futur de l'économie de toute l'Afrique.

Dans l'agriculture, tout en aidant les exploitations individuelles à se moderniser et à acrroître la productivité, le Plan recherchera l'extention des surfaces cultivées par la constitution d'un réseau de coopératives. En même temps seront créées des Centres Nationaux de Production Agricole et des Fermes Nationales d'Elevage qui seront des exploitations pilotes d'Etat spécialisées dans les principales cultures et hautement mécanisées. Elles fourniront une partie importante du surplus de production agricole qui permettra de constituer les réserves nécessaires, d'assurer la stabilité des prix et de financer les importations de biens d'équipement.

Dans le commerce, l'actuelle domination du secteur de la circulation sur le secteur de la production prendra fin, grâce à l'action régulatrice du Comptoir Guinéen du Commerce Extérieur et du Comptoir National du Commerce Intérieur qui s'appuieront sur les coopératives de production. Ainsi sera progressivement garantie l'indépendance de l'économie guinéenne à l'égard des fluctuations spéculatives des marchés internationaux.

1°. — LE PLAN MODERNISERA L'INFRASTRUCTURE DU PAYS

L'infrastructure du pays, c'est-à-dire ses bâtiments, ses moyens de communication, son équipement en machines de travaux publics, ses ports, ses aérodromes, doivent être non seulement remis en état mais modernisés pour les adapter au développement industriel prochain et pour permettre à la Guinée d'accéder à la vie internationale des pays libérés.

Environ 8 milliards de francs seront réservés par l'Etat à ces tâches. Grâce à ces investissements importants le pays sera doté d'émetteurs de radio puissants et de studios modernes qui feront entendre la voie de la Guinée dans toute l'Afrique et qui apporteront chaque jour aux villages les plus reculés les nouvelles indispensables sur la vie politique, économique et culturelle de la Nation. Dix salles de cinéma seront construites et des cinémas ruraux iront de village en village.

La presse pourra disposer d'une Imprimerie ultra-moderne qui permettra également de diffuser des livres en quantité de plus en plus grande et adaptés à nos nouveaux programmes d'enseignement.

Le Port de Conakry sera aménagé en prévision d'un accroissement des échanges extérieurs qui résultera des achats par la Guinée de matériel d'équipement et de l'augmentation régulière des exportations de produits agricoles et de produits miniers.

Simultanément les aérodromes seront modernisés pour l'accueil d'appareils à réaction et la création de lignes aériennes nationales.

Des hôtels seront construits par l'Etat à Conakry pour faire honneur à nos hôtes de marque de plus en plus nombreux et pour nous permettre d'accueillir les Délégations et les Congrès Internationaux qui désirent vivement prendre contact avec la Guinée Nouvelle.

Pour assurer le développement indispensable des transports, 1.300 millions seront consacrés à l'équipement de la ligne de Chemin de Fer et des Routes. L'Office National des Transports devra organiser avec soin la coordination du rail et de la route pour mettre fin à la dictature des transporteurs et pour réduire au minimum les frais de transport qui grèvent lourdement le prix des marchandises.

2°. — LE PLAN ACCROITRA RAPIDEMENT LA PRODUCTION AGRICOLE

Bien que portant une grande attention à l'industrialisation et à la modernisation de l'infrastructure, ce premier Plan Triennal sera avant tout un Plan de développement de la production agricole. Notre pays a des ressources considérables. Il a la chance de posséder des conditions climatiques variées et des productions très diverses. Il n'a pas à supporter la charge d'une monoculture comme certains pays pour le cacao ou le Mali pour l'arachide. Cette pluralité de la production sera encouragée. Le principal de l'effort portera naturellement sur les cultures déjà pratiquées et bien connues de nos paysans ; mais parallèlement 50 millions seront consacrés aux cultures expérimentales qui seront entreprises pour la canne à sucre, le poivre, le coton, les fibres textiles et l'hévéa en prévision du prochain Plan Quinquennal 1963-1968.

Pour obtenir cette augmentation massive de la production agricole il faut que chacun se pénètre dès maintenant qu'il est nécessaire d'accroître la productivité du travail. Il faut que pour un même effort soit obtenue une plus grande quantité de produits.

A l'heure actuelle, la production par famille de cultivateurs est dans la plupart des régions extrêmement basse. Par exemple, dans la région de Gueckédou, dans le village de Baladou, il a été étudié avec une famille sa production et sa consommation. Quels sont les résultats ? La production par tête est de 15.000 francs en-

« *DEVELOPPER L'ELEVAGE* »

Un beau spécimen de caprin.

viron par an. Si l'on déduit les dépenses que la famille est obligée de faire pour la production on s'aperçoit que chaque membre de la famille ne dispose que de 11.000 francs environ par an pour vivre. Par contre si on prend à Siguiri dans le village de Traguéda, une famille de 18 personnes cultivant 54 ha. et possédant 4 charrues, 8 bœufs et 14 vaches, on constate que dans cette exploitation plus grande la production par tête atteint 90.000 francs, chaque personne disposant, pour sa consommation, de 70.000 francs environ par an. Dans le deuxième cas la productivité du travail est plus de 6 fois supérieure à celle de l'exploitation de Baladou.

Il est facile de tirer les conclusions de telles comparaisons. Le Plan doit moderniser entièrement l'agriculture. Ce qui ne veut pas dire (**doit mécaniser l'agriculture**). Dans leurs projets de plan certaines régions ont fait l'erreur de mettre l'accent sur les tracteurs et sur le matériel lourd. Il faut bien prendre conscience que dans les premières années de son développement, l'agriculture réalisera les plus grands progrès par l'amélioration des méthodes de culture, par la modernisation de l'outillage, par l'emploi de semences sélectionnées et, dans certains cas, d'engrais, par l'utilisation généralisée de la charrue et de la traction attelée et non point par l'achat de machines coûteuses qui exigent pour être productives de grandes surfaces et des exploitations collectives. Dans quelques années, certainement, les coopératives de production seront amenées à mécaniser progressivement tous les travaux si elles décident de mettre les terres en commun. Mais cette mécanisation générale ne correspond pas à la situation actuelle.

La modernisation des méthodes et de l'équipement ne suffit pas. Un autre point doit être inscrit en priorité dans les actions du Plan : la libération des femmes des travaux longs et pénibles pour la préparation de l'alimentation. Dans les plus brefs délais nous mettrons à la disposition des villages de petites machines facilement transportables actionnées soit à la main, soit par de petits moteurs Diésel, soit, mieux encore, par des barrages construits par les villages. Nous importerons, puis nous fabriquerons nous-mêmes des batteuses, pileuses et concasseurs de riz, des décortiqueurs, des pressoirs et filtres d'huile de palmistes, des charrettes, des brouettes, etc...

Ainsi, non seulement les femmes se trouveront libérées de ces travaux pénibles mais elles pourront par là même, augmenter la production de l'élevage et surtout de l'élevage de la volaille que le Plan encouragera fortement.

Le travail des hommes doit aussi être mieux organisé. Pour le moment l'insuffisance d'outils, de machines et de moyens de transport aboutit à une grande perte d'énergie et à de grandes fatigues. Un équipement meilleur permettra en dehors des périodes de défrichage, de semailles et de moissons, de réaliser des travaux complémentaires qui auront pour objectif soit de transformer les produits agricoles du village, soit d'améliorer l'équipement économique ou social.

A. — **LA NOUVELLE ORGANISATION DE L'ECONOMIE AGRICOLE**

Pour atteindre les objectifs du Plan il faut profondément modifier l'organisation actuelle de l'économie agricole. La nouvelle organisation visera à aider le paysan dans le cadre de l'effort collectif, qui seul lui donnera la possibilité d'améliorer rapidement son niveau de vie et le protégera contre les survivances de l'exploitation sociale que l'on observe encore dans certaines régions.

1°. — CREATION DE COOPERATIVES AGRICOLES DE PRODUCTION (C. A. P.)

Les Coopératives Agricoles de Production constitueront la base de la nouvelle organisation. Dès le premier Plan il est prévu d'en créer près de 500 dans tout le pays. Les Coopératives Agricoles de production ne doivent pas être des groupements de producteurs spécialisés ayant pour but la seule défense de leurs intérêts professionnels.

La Coopérative, c'est au contraire le groupement des producteurs d'un village destiné à réaliser une collectivité équilibrée avec de multiples productions, une mécanisation progressivement accrue, une commercialisation régularisée et un développement matériel, social, culturel du village excluant comme l'a rappelé le deuxième Congrès du Parti « toute création d'une bourgeoisie agricole ».

Les statuts-types des C.A.P. ont été élaborés et seront publiés dans les prochains jours. Ils préciseront avant tout :

a) qu'un paysan ne peut faire partie d'une coopérative qu'après avoir donné librement son consentement ;

b) que le but de la coopérative c'est l'accroissement massif de la production agricole et la garantie de commercialisation de tous les produits ;

c) que le fonctionnement de la coopérative doit être basé sur les principes de la démocratie intérieure ;

d) que la coopérative a pour rôle d'organiser le travail de production et la répartition des tâches entre ses membres ;

e) que les produits et les revenus de la coopérative doivent à la fois assurer le développement régulier de la coopérative et l'élévation du niveau de vie des coopérateurs ;

f) que les produits et les revenus sont distribués entre les coopérateurs en fonction du travail fourni par chacun d'eux.

Les statuts-types prévoient plusieurs formes possibles de coopératives, entre lesquelles les villages auront à choisir librement.

Dans la première étape il s'agit d'abord d'élargir l'activité des coopératives villageoises existantes, d'améliorer les méthodes culturales et d'organiser l'utilisation collective de l'équipement léger. A cette étape il faut avant tout chercher à libérer les femmes des travaux les plus pénibles et donner la possibilité d'améliorer la culture traditionnelle des champs individuels.

Dans la seconde étape, les coopératives s'assigneront pour but la création de champs collectifs qui seront défrichés, labourés et récoltés par des engins mécaniques. En même temps, l'élevage collectif sera encouragé. Cette exploitation permettra de créer un fonds de réserve grâce à un prélèvement de 10 à 30 % sur la production, ce prélèvement étant rendu possible par l'augmentation rapide de la production. Le reste des gains de la coopérative sera partagé entre les coopérateurs en fonction de leur travail effectif.

Dans la troisième étape des coopératives, — qui ne pourra être réalisée qu'au-delà du Plan Triennal et toujours sur la base de la liberté de choix des coopérateurs, — tous les champs du village pourront être exploités en commun à l'exception bien entendu des tapades. A ce moment là, les progrès enregistrés dans l'organisation de la production et dans la formation technique des coopérateurs rendront possible un élevage collectif.

Ce ne sont là que les grandes lignes de la troisième étape ; elles devront être précisées lorsqu'on estimera que cette forme de coopération est souhaitable et en tenant compte des conditions, qui diffèrent d'une région à l'autre, d'un village à l'autre.

Dès le premier Plan Triennal tous les villages doivent pouvoir créer des coopératives de la première forme, c'est-à-dire des organisations qui ont essentiellement pour but l'entraide mutuelle et la protection des paysans contre toutes les formes d'exploitation commerciale ou sociale.

Par contre, si le mouvement de création des coopératives de la deuxième forme doit être amorcé sans délai, il ne saurait être accéléré sans risquer de compromettre l'avenir de toute l'organisation coopérative. Il faut que chacun se rende compte que les possibilités d'aide effective par les investissements d'Etat sont limitées. Les responsables des régions ne doivent pas laisser se créer des coopératives de la seconde forme au-delà des possibilités d'équipement mises à leur disposition et sans s'assurer qu'il existe dans la région suffisamment de cadres préparés à la gestion d'une coopérative. La création de coopératives de la seconde étape doit donc être planifiée à l'échelon de la région.

Avant toute création, les responsables de la région doivent examiner avec les futurs responsables de la coopérative la régularité de la décision de création et doivent arrêter avec eux un plan de démarrage indiquant les objectifs précis de production et les moyens d'investissements bien déterminés.

Prenons un exemple : Voici un schéma type proposé pour une C.A.P. en Haute-Guinée également valable pour la région de Youkounkoun :

Les principaux produits à inclure dans le plan de production pourraient être : le riz, les arachides, le maïs, les œufs et la volaille.

La superficie optimum des champs collectifs pourrait être fixé à 200 ha répartis comme suit :

riz . . . . 100 ha avec un rendement de 100 tonnes
arachides 50 ha avec un rendement de 50 tonnes
maïs. . . . 20 ha avec un rendement de 30 tonnes
30 ha restant affectés aux cultures secondaires.

Le poulailler pourrait comprendre 200 poules et 200 poulets ce qui donnerait une production de 20.000 œufs et de 50 kilos de poulardes.

Sur cette base, qui n'est, répétons-le qu'un schéma entre autres, on pourrait prévoir une centaine de C.A.P. en Haute-Guinée avec une superficie globale de 20.000 ha de champs collectifs.

Pour ces C.A.P. de Haute-Guinée, il serait raisonnable de prévoir comme production globale pour les principaux produits :

— 10.000 tonnes de riz,
— 5.000 tonnes d'arachides,
— 300 tonnes de maïs,
— 2 millions d'œufs,
— 5 tonnes de poulardes.

En tenant compte des changements à apporter selon les caractères propres à chaque région, le Ministère du Plan a fait une première estimation. Il est raisonnable de penser que si la création des C.A.P. est faite avec soin, les C.A.P. de la deuxième forme pourraient à la fin du Plan Triennal cultiver une superficie de 120.000 ha de nouvelles terres. Elles pourraient produire :

— 20.000 tonnes de riz,
— 50.000 tonnes de bananes,
— 17.000 tonnes de maïs,
— 5.000 tonnes d'arachides,
— 900 tonnes de palmistes,
— 10.000 tonnes de fonio,
— 2.400 tonnes de mil,
— 25.000 tonnes de pommes de terre,
— 11 millions d'œufs,
— 28 tonnes de poulardes.

Au total l'accroissement de la production nationale par ces champs collectifs atteindrait près de 5 milliards. Chaque travailleur recevrait environ 10.000 franc par an supplémentaires pour le travail fait sur les champs collectifs. Et cependant, les coopératives pourraient accumuler 30 % de réserves leur permettant en 3 ans de doubler les investissements sans être obligées de demander à l'Etat de nouveaux crédits.

Pour permettre aux régions de réaliser ce grand pas en avant et de mener à bien cette création de près de 500 coopératives, l'Etat mettra à la disposition des régions 1,250 millions environ d'équipement. Il est évident que pour obtenir une utilisation rationnelle de cet équipement, tout le matériel lourd appartiendra à la région, les C.A.P. conservant seulement en propriété les motoculteurs, les charrettes et les petites machines.

Ainsi donc, les régions recevront pour prêter aux C.A.P. pendant le Plan Triennal :
— 710 tracteurs lourds et moyens,
— 470 chars à pneus pour tracteurs,

— 710 collections complètes d'instruments de culture,
— 200 batteuses de riz,
— 200 décortiqueuses de riz,
— 160 batteuses de fonio et de mil.

L'énoncé de ces prévisions montre aux régions l'ampleur de la tâche qui les attend pour former des mécaniciens et des conducteurs de machines, pour créer des ateliers de réparation et d'entretien, pour planifier l'utilisation de ce matériel afin qu'il soit utilisé à plein rendement. Le succès du Plan est à cette condition.

Mais les C.A.P., dont l'activité principale sera orientée vers la production, auront aussi une activité commerciale. Ce sont elles qui dans les villages assureront la commercialisation de tous les produits agricoles et procureront aux paysans tous les produits de base dont ils peuvent avoir besoin. Toutefois, contrairement à bien des erreurs qui se sont produites dans le passé, l'activité commerciale des C.A.P. devra toujours rester subordonnée à l'activité productrice. On pourra, si l'occasion s'en présente, utiliser les bénéfices commerciaux éventuels de la C.A.P. pour acheter de l'équipement de production, mais en aucun cas les bénéfices de la production ne devront être orientés vers le secteur commercial.

2°. — CREATION D'UN CENTRE DE MODERNISATION RURALE (C. M. R.) PAR REGION

Pour que les objectifs de production du Plan agricole soient atteints, il faut que les C.A.P. et les paysans puissent disposer de semences, de plants et d'animaux sélectionnés. C'est pourquoi il a été décidé de créer dans chaque région sur les investissements d'Etat un Centre de Modernisation Rurale qui devra être une entreprise modèle pour la formation des paysans, la démonstration du nouveau matériel et la vulgarisation des méthodes modernes.

La superficie d'un Centre de Modernisation devra être suffisante pour satisfaire toutes les demandes des coopératives de la région en semences, plants et animaux sélectionnés. Pour que ce Centre puisse servir de modèle, il devra avoir une économie financièrement équilibrée et des productions multiples. A la différence des coopératives, chaque Centre de Modernisation aura, dès sa création, une exploitation complète de 300 à 600 ha selon les régions, avec élevage non seulement des petits animaux domestiques mais aussi des bovins.

L'Etat consacrera 750 millions environ pendant le Plan Triennal à l'équipement de ces Centres pour leur fournir le matériel suivant :

— 58 chars à pneus pour tracteurs,
— 82 tracteurs lourds et moyens,
— 137 collections complètes d'instruments de culture,
— 28 batteuses de riz,
— 28 décortiqueuses de riz,
— 28 batteuses de fonio et mil,
— 28 broyeurs,
— 60 couveuses artificielles.

3° — UNIFICATION DES SERVICES REGIONAUX D'AGRICULTURE

Il est évident que la mise en œuvre de tels moyens de production exige une transformation complète de l'organisation agricole à l'échelon de la Région. Tout le monde sait que l'organisation héritée du régime colonial aboutissait à une division des services, à une dispersion des efforts. Au moment où tout notre pays se mobilise pour accroître la productivité du travail, il est nécessaire que soit réalisée dans chaque région l'unité de direction de la production agricole afin que la compétence et le dévouement de nos techniciens de l'agriculture, de l'élevage et des Eeaux et Forêts soient pleinement reconnus et utilisés.

Dès maintenant, une première réforme importante a été décidée par le décret du 8 mars 1960 réorganisant les services de la production. Dans chaque région le responsable de la production agricole réunit désormais sous son autorité les services de l'agriculture, de l'élevage, des eaux et forêts, du conditionnement et de la S.M.D.R. Il est prévu que tous les moyens matériels et financiers actuels de ces services seront regroupés et utilisés au mieux des intérêts des collectivités publiques.

Par là, le Gouvernement s'oriente vers la mise en place à l'échelon de la région d'un organisme chargé de coordonner toute l'activité agricole et principalement celle des C.A.P. et des Centres de Modernisation. C'est à cet organisme qu'il incombera d'avoir une section spécialisée dans la planification des travaux mécaniques des C.A.P. de la région. C'est lui qui assurera la gestion, l'entretien et la répartition de tout le matériel lourd de la région. C'est également à l'échelon de la Région que cette centralisation agricole permettra de planifier le crédit aux Coopératives et aux Centres Ruraux. La question est extrêmement importante : il ne faut pas se dissimuler qu'en compensation des investissements considérables accordés par l'Etat, il faudra que les responsables des Régions et les futurs dirigeants des coopératives acceptent une discipline très stricte dans l'établissement de leurs demandes de crédit et dans la régularité des remboursements.

4° — CREATION DE CENTRES NATIONAUX DE PRODUCTION AGRICOLE (C.N.P.A.) ET DE FERMES D'ETAT POUR ELEVAGE

La nouvelle organisation agricole est donc essentiellement orientée vers l'implantation d'un puissant mouvement coopératif qui, sur la base des succès obtenus, pourra s'étendre progressivement à tout le pays.

Mais, parallèlement, sera créé un secteur d'Etat comprenant quelques Centres Nationaux de Production Agricole à haute productivité. En quelque sorte, ce seront des entreprises pilotes pour l'utilisation des méthodes les mieux adaptées aux différentes cultures, pour l'emploi des machines et pour la recherche des meilleurs semences et engrais. Ce secteur d'Etat facilitera également la régularisation des cours des principaux produits. Orienté principalement vers les cultures d'exportation, il mettra à la disposition du Comptoir Guinéen du Commerce Extérieur le surplus de production indispensable pour l'achat du matériel à l'étranger et le remboursement des crédits qui nous ont été consentis par des pays amis.

Dès le premier Plan Triennal il sera créé :

— 3 Centres Nationaux en Basse-Guinée pour la production d'ananas. Ces Centres cultiveront 700 ha et produiront 30.000 tonnes d'ananas en 1963.

— 3 Centres Nationaux en Basse-Guinée pour la production de 15.000 tonnes de bananes sur 500 ha.

— 6 Centres Nationaux en Moyenne-Guinée et en Haute-Guinée pour la production de 30.000 tonnes d'arachides.

— 1 Centre National pour la production de 200 tonnes de tabac.

— 7 fermes d' élevage au Fouta et en Haute Guinée avec laiterie, culture du maïs et de plantes fourragères.

— Enfin sera étudiée la création d'un Centre National de production Rizicole dans la Vallée du Niger sur une superficie de 7.000 ha.

Ce secteur d'Etat recevra le matériel moderne le plus perfectionné et fera en 3 ans plus de 2 milliards d'investissements sur les 7 milliards réservés à l'agriculture.

b. — LES OBJECTIFS AGRICOLES DU PLAN

Les coopératives, les Centres Nationaux de Production, les Centres de Modernisation, devront établir leur Plan de production comme le fait actuellement chaque région pour son propre Plan. Dans le cadre des prévisions à l'échelle nationale, les objectifs à atteindre en 1963 ont été fixés, avec le double souci d'accroître régulièrement les productions vivrières, pour que toute la population ait à sa disposition une alimentation mieux équilibrée et d'accroître les exportations agricoles.

C'est ainsi que pour le riz la production de 1963 devra être supérieure de 45.000 tonnes à celle de 1959. Par là seront supprimées les importations et constitués des stocks suffisants pour éviter toute pénurie pendant la période de soudure.

Pour la banane, l'augmentation devra être de 70.000 tonnes. L'Etat a décidé de prendre en charge la lutte contre la cercosporiose et d'accorder aux planteurs des crédits importants leur permettant de moderniser leurs exploitations. De plus, ils obtiendront des crédits de campagne pour les engrais et le conditionnement.

Pour le café, l'augmentation devra atteindre 4.000 tonnes grâce à l'extension des pépinières, à la fourniture de 15 millions de plants nouveaux destinés à remplacer les pieds atteints de maladie et à l'intensification de la lutte contre la trachéomycose. Des crédits s'élevant à 200 millions seront consacrés à cette action.

Pour l'ananas qui est un des grands espoirs de l'exportation guinéenne, la très faible production actuelle (5.000 tonnes) devra être portée à 36.000 tonnes, ce qui permettra d'utiliser à plein rendement, puis d'accroître, la capacité de production du pays en conserverie.

Pour les palmistes, dont le pays pourrait obtenir une production considérable, on devra enregistrer un accroissement de 15.000 tonnes obtenu à la fois par l'utilisation généralisée des engrais sur 1.000 ha de palmiers sélectionnés et l'encouragement de la cueillette.

Sera également mise en œuvre une action ayant pour objet de créer des plantations de palmiers nains dont le rendement viendra accroître la production pendant le deuxième Plan. Le crédit prévu de 100 millions permettra ainsi d'acheter des moto-concasseurs et des moto-presses en grande quantité.

Pour les arachides c'est 30.000 tonnes supplémentaires qu'on devra obtenir grâce à un crédit de 150 millions, accordé pour la plus grande part aux 6 Centres Nationaux de Production d'arachide.

Pour le tabac, le Centre National de Production devra produire 200 tonnes destinés, après mélange avec des tabacs importés, à alimenter une fabrique de cigarettes d'une capacité de 16 millions de paquets par an.

Les fruits et agrumes ainsi que les cultures vivrières seront encouragés dans tous les secteurs : public, coopératif, champs individuels, tapades, etc... D'immenses possibilités existent surtout pour les légumes dont la production intensive est indispensable pour améliorer la santé générale de la population. C'est ainsi que dans les tapades seront vulgarisées toutes les méthodes de l'horticulture moderne, qui de la Hollande à la Chine, ont fait la preuve de leur efficacité. 200 millions seront consacrés à l'achat de petit outillage (bêches, pioches, pelles, brouettes etc...) qui sera mis à la disposition de tous les paysans à très bas prix.

Pour les fruits, on devra mettre fin au gaspillage actuel. Des conserveries et des fabriques de jus de fruit seront créées pour absorber l'augmentation de la production d'oranges, de citrons et de tous les fruits tropicaux que le pays peut produitre en quantité.

Pour l'élevage, il sera élaboré un Plan de développement à long terme qui prévoira l'amélioration de la productivité de l'élevage en Base-Guinée, et son développement dans la vallée du Niger.

Cette nouvelle répartition régionale ne devra pas entraîner pendant le Plan Triennal, un accroissement du nombre total de bovins. Le rendement en viande devra doubler en trois ans par l'abattage progressif des bêtes agées de plus de huit ans.

L'amélioration de la nourriture et la sélection des bêtes qui se feront avec les conseils des fermes d'élevage et des centres de modernisation permettront d'augmenter sensiblement le rendement en lait du troupeau. A cet effet, des cultures fourragères ainsi que la fauche des prés spontanés ou ensemencés, devront être développées sur une large échelle en vue de l'augmentation des bœufs de labour et des vaches en lactation.

Un grand effort sera fait pour accroître le volume global du troupeau de bovins, de caprins et de porcins. De même la production de basse-cour devra doubler en 3 ans en utilisant les espèces sélectionnées fournies par les Centres de Modernisation.

Enfin, sur le plan de la recherche, seront poursuivis les travaux actuellement entrepris et un Laboratoire pour l'élevage sera créé avec un crédit de 100 millions. Il aura pour tâche d'améliorer la qualité du troupeau afin que, dès le début du Second Plan, une action d'envergure et d'éducation de masse puisse être entreprise pour résoudre d'une manière satisfaisante les problèmes posés par un troupeau traditionnellement trop vieux et mal alimenté.

De son côté, la Station de Sérédou, que le régime colonial avait envisagé à un moment donné de supprimer, portera sa production de quinine de 10.000 à 20.000 kilos, afin de mettre à la disposition de la population de la quinine à très bas prix.

Dans le secteur de la pêche, une augmentation massive de la production sera réalisée. Les ressources sont considérables, mais nos pêcheurs n'ont jamais pû avoir à leur disposition les chalutiers suffisamment équipés leur permettant d'aller pêcher au large. Un crédit de 500 millions permettra à l'Entreprise Nationale de Pêche qui sera créée d'acheter les bateaux nécessaires pour augmenter en 1963 la production de 16.000 tonnes. De leur côté les coopératives pourront se moderniser pour accroître de 6.000 tonnes leur production.

Enfin, dans le secteur forestier on connaît l'effort immense qui est à faire pour arrêter la destruction de la forêt par les feux de brousse et pour promouvoir, en grande partie grâce à l'investissement humain, une politique de reboisement accéléré avec le double objectif de protéger le sol contre une érosion mortelle et de fournir au pays les quantités de bois suffisantes pour alimenter la scierie tronçonneuse qui sera créée à N'Zérékoré, d'une capacité de 35.000 m^3 par an, et la scierie de Kissidougou qui sera modernisée. La création autour de chaque village de petits bois permettant une production régulière et facile de bois de chauffe sera encouragée.

Ainsi, dans son ensemble, l'agriculture bénéficiera pour ce premier Plan d'une priorité incontestable puisqu'il sera mis à sa disposition, par le Plan National près de 7 milliards de crédits d'investissement. A cet effort viendront s'ajouter les ressources mobilisées sur le plan régional et une partie des bénéfices croissants que réaliseront peu à peu les nouvelles coopératives agricoles de production.

3°. — LE PLAN JETTERA LES BASES DE L'INDUSTRIALISATION

Jusqu'à ce jour la Guinée n'a connu qu'une industrie de transformation extrêmement réduite en raison de la peur des entreprises européennes devant la concurrence pouvant être faite à leurs propres produits. Or, l'économie ne peut se développer et le pays ne peut élever son niveau social que s'il prend toutes les mesures nécessaires pour s'industrialiser progressivement. C'est la base de son indépendance économique. C'est aussi la garantie du progrès, car c'est dans l'industrie que la productivité du travail est la plus grande. C'est donc l'industrie qui permet d'augmenter rapidement l'accumulation nationale sans laquelle le pays sera voué à la stagnation.

Il est bien évident que partant de zéro il ne peut être question pendant le Plan Triennal de créer une industrie nationale, lourde, bien que nous en possédions sur notre sol les principaux éléments. L'industrie lourde exige des capitaux, des techniciens, une qualification professionnelle de main-d'œuvre dont le pays ne dispose pas encore.

POUR UNE INDUSTRIE DE TRANSFORMATION...

...afin d'accroître le revenu des masses paysannes et assurer un plein emploi des forces de travail.

Dans la première étape, on créera donc une série d'entreprises industrielles moyennes. Les unes assureront la transformation des produits agricoles sur place et donc accroîtront leur valeur d'exportation. Les autres fabriqueront avec des matières premières produites dans le pays ou éventuellement importées, quelques uns des biens de consommation que nous sommes obligés d'acheter à l'étranger à prix d'or.

Une importante série d'entreprises sont actuellement étudiées par les techniciens pour déterminer leur coût, leur rentabilité, et la ville où elles pourront être construites. Sans qu'il puisse s'agir encore d'une liste complète nous pouvons citer les entreprises suivantes :

— 1 fabrique d'outils agricoles produisant 400.000 outils par an ;

— 1 usine de constructions mécaniques légères ;

— 1 fabrique de charrettes et brouettes produisant 50.000 pièces ;

— 1 fabrique d'ustensiles de cuisine produisant 250.000 pièces ;

— 1 fabrique de meubles en bois fabriquant 60.000 meubles ;

— 1 fabrique de clous produisant 600 tonnes ;

— à Mamou, une conserverie assurant également la fabrication des jus de fruit et l'extraction d'essence d'orange ;

— à Boffa, une huilerie et une savonnerie à base d'huile de palme ;

— à Koundara, une huilerie et une savonnerie à base d'huile d'arachide ;

— à Kouroussa, à Siguiri, à Draguéda, à Damissakoura, à Kankan et à Kaba des rizeries traitant 50.000 tonnes.

— à Conakry, l'usine de bananes séchées et de farine de bananes ;

— à N'Zérékoré, 1 scierie tronçonneuse ;

— à Conakry, 2 saurisseries avec fabrication de farine de poisson ;

— à Conakry et à Mamou, 2 frigorifiques de 100 tonnes ;

— à Kindia, 1 tannerie-cordonnerie fabriquant 250.000 paires de chaussures par an ;

— au Fouta et en Haute-Guinée, 5 abattoirs avec frigos et séchoirs ;

— 1 fabrique de cigarettes ;

— 1 conserverie d'ananas ;

— 1 fabrique de tapioca ;

— 1 huilerie pour l'huile de Koura et l'huile de Mené ;

— à Coyah, l'industrie d'extraction de sel et de produits chimiques à base d'eau de mer ;

— Extension de la production d'objets en plastique.

Simultanément, et avant même l'achèvement des recherches géologiques qui vont être prochainement entreprises sur une grande échelle pour faire l'inventaire des ressources minières du pays, il sera créé des entreprises minières d'Etat pour l'or et le diamant qui donneront rapidement au pays les devises étrangères indispensables à son équipement.

Enfin, pour rendre possible ce début d'industrialisation, 800 millions seront consacrés à l'équipement énergétique. Les richesses hydro-électriques du pays sont immenses. On considère comme exploitables 12 milliards de Kw/heure et actuellement ne sont exploités que 12 millions de kw/heure. Préludant, à la construction, lors des plans ultérieurs, de grands barrages, l'action du Plan Triennal portera sur les petites chutes. Les barrages seront construits par les populations avec l'aide de techniciens. Les chutes seront équipées avec des turbines fournies par l'Etat.

Au total, les entreprises industrielles d'Etat bénéficieront de près de 5 milliards d'investissements auxquels viendront s'ajouter les investissements éventuellement projetés par les entreprises privées actuellement installées dans le Pays, ces investissements devant naturellement être décidés dans le cadre général des objectifs du Plan Triennal et de la législation guinéenne sur les Sociétés.

En même temps que sera mise en œuvre cette industrialisation, plus de 100 millions seront consacrés à la modernisation de l'artisanat en vue d'élever son niveau technique et artistique.

Dans cette action de modernisation le rôle moteur reviendra aux coopératives artisanales de production et de crédit dont le réseau devra s'étendre rapidement dans tout le pays.

4°. — LE PLAN ASSURERA LE DEVELOPPEMENT ACCELERE DE L'ENSEIGNEMENT GENERAL ET DE LA FORMATION TECHNIQUE

Ayant à faire face à des projets de développement aussi importants que ceux que nous avons cités, nous ne devons pas nous dissimuler un problème extrêmement grave : l'état arriéré de notre enseignement et le nombre réduit des techniciens guinéens sur lesquels nous pouvons compter. C'est dans ce domaine que nous devons faire les sacrifices les plus grands si nous voulons garantir notre avenir. Ce sont vraiment des sacrifices pour les prochaines années car les dépenses d'enseignement sont dans l'immédiat des dépenses improductives. Pendant les quatre, huit ou douze ans où nos enfants iront à l'école, au lycée, ou à l'Université, leur entretien coûtera cher et leur activité n'augmentera pas la production nationale. Mais les sacrifices que nous aurons faits aujourd'hui deviendront hautement productifs lorsque ces jeunes sortiront de nos lycées ou, dans cinq ou dix ans reviendront des Instituts et Universités étrangères où ils auront reçu la formation technique nécessaire pour le développement des secteurs prioritaires des Plans.

Dès le Plan Triennal, le développement de l'enseignement du premier degré sera accéléré. Nous voulons que cet enseignement soit généralisé le plus rapidement possible alors qu'en 1958 à peine 10% des enfants allaient à l'école.

Depuis l'Indépendance un effort considérable a déjà été fait spontanément par la population pour ouvrir des classes. D'ici 1963, il faudra ouvrir 900 classes nouvelles de 65 élèves. L'Etat fournira tous les matériaux nécessaires à tous les villages qui décideront de construire par eux-mêmes des classes. Mais c'est à la Région qu'il appartiendra de fournir l'équipement.

Pour que ne se renouvelle pas la situation regrettable qui, l'an dernier, ne nous a pas toujours permis de donner un maître dans les villages qui avaient construit leur école, les créations d'écoles par les villages devront être planifiées à l'échelle régionale. La formation des instituteurs sera accélérée. S'il le faut, un recensement de tous les titulaires du Brevet Elémentaire sera fait pour que ceux qui ont eu la chance d'avoir bénéficié d'un enseignement secondaire mettent leurs connaissances à la disposition des enfants. Dans ce but ils feront des stages d'initiation pédagogique, qu'ils pourront compléter au moyen de cours par correspondance.

Dans l'enseignement du deuxième degré, la situation est encore plus lamentable. Les effectifs d'élèves devront atteindre le plus rapidement possible 7 à 8 % des effectifs de l'enseignement du premier degré, proportion qui restera encore très inférieure aux 25 à 30 % réalisés dans des pays à économie développée. Dès le Plan Triennal, 4.500 nouveaux élèves entreront dans les lycées et collèges et 120 classes seront ouvertes en faisant porter l'effort sur l'enseignement technique industriel et agricole. Cet enseignement sera décentralisé pour permettre l'externat et donc réduire le coût des études. Comme l'ont décidé les Conférences Régionales de Guéckédou et de Kindia, les régions doivent accroître leur participation aux frais d'études des boursiers.

Les Centres d'Apprentissage de Conakry, Kindia et de Kankan seront étendus et modernisés ainsi que l'Ecole Nationale de Secrétariat. A Kindia sera créée une Ecole Nationale d'Agriculture avec 2 classes de 20 élèves et un cycle de 2 ans. A Tolo sera modernisée l'Ecole Pratique d'Agriculture et de Coopération avec 3 classes de 25 élèves et un cycle de 4 ans. A côté de cette école fonctionnera un Centre Pratique de coopération où, pendant des stages de 3 mois, une centaine de délégués des villages recevront la formation de base indispensable pour la création et la gestion des Coopératives de Production.

A Koba et à Kankan seront créés 2 Centres pratiques de machinisme et de mécanisation agricole pouvant recevoir chacun 50 stagiaires. Ceux-ci seront initiés à la conduite et à l'entretien du matériel lourd destiné aux régions et du matériel léger destiné aux coopératives. Dès les prochains mois, la plus grande partie des travailleurs qualifiés qui seront licenciés à Fria pourront retrouver une formation nouvelle dans ce domaine appelé à une grande extension. Enfin, à Conakry, sera créée une Ecole de Santé Publique pour 300 infirmiers, 60 sages-femmes et 60 assistantes sociales.

Le développement de l'enseignement du deuxième degré implique bien entendu qu'il soit effectué au plus tôt une étude sur la révision des programmes qui sont encore bien souvent établis sur des normes qui n'ont plus qu'un rapport lointain avec les nécessités du développement de la Guinée. Dans cette révision, il sera souhaitable de prendre toutes dispositions pour faire participer tous les élèves aux travaux utiles de la production agricole ou industrielle pendant une durée moyenne de 2 heures par jour. C'est une condition indispensable pour réaliser l'unité sociale du pays.

L'absence de tout enseignement supérieur en Guinée a créé un vide dont nous subissons aujourd'hui toutes les conséquences. Nous créerons dès 1961 à Conakry un Institut Polytechnique comportant un enseignement de 4 ans et l'admission de 350 élèves par an.

Pour l'an prochain également nous avons le très vif désir de créer une Université à Dalaba susceptible de recevoir dès la première année 100 étudiants et dont les programmes seront orientés en priorité vers la formation des professeurs d'enseignement secondaire.

Qu'il s'agisse de l'Institut Polytechnique ou de l'Université nous aurons recours à la collaboration de scientifiques de tous pays, et nous pouvons leur assurer qu'ils recevront chez nous un accueil enthousiaste.

Mais l'action du Plan Triennal dans le domaine de l'enseignement ne se bornera pas à la scolarisation. N'oublions pas que nous voulons réaliser l'éveil de tout le peuple. Nous ne pourrons y parvenir qu'en entreprenant sur une grande échelle la lutte contre l'analphabétisme avec comme objectif de liquider à 80 % l'analphabétisme des adultes. A cette fin toutes les organisations du pays seront mobilisées et tous les moyens d'information, comprenant presse, radio, etc... seront engagés. Les villages seront équipés avant la fin de 1961 pour l'écoute radiophonique collective. C'est là une action parmi d'autres, mais qui doit transformer radicalement la vie quotidienne de tous nos villages.

5°. — **LE PLAN GARANTIRA LE PROGRES SOCIAL**

Bien que le Plan fasse un très grand effort pour l'investissement dans la production, il permettra, étant donné les réserves très importantes de la production agricole, d'augmenter la consommation de chaque habitant. Il ne s'agit pas seulement des biens de consommation que l'on peut acheter chez le commerçant, mais également de la consommation sociale, c'est-à-dire des avantages qui seront mis à la disposition de toute la population, qu'il s'agisse de la Santé où il sera investi 1.600 millions environ, ou des Sports auxquels il sera réservé 200 millions.

Nous savons tous que le pays manque de médecins et que nous ne pourrons pas redresser cette situation en un jour ou en un an, ni même en trois. Mais, dès le Plan Triennal, il faudra qu'un certain nombre de villages créent leur dispensaire ou leur maternité.

Dans ce domaine, comme dans celui de la construction des écoles, l'Etat pourra apporter les matériaux. Mais le village devra construire son dispensaire et la région devra fournir l'équipement sur ses ressources propres.

Par contre, l'Etat conservera à sa charge la modernisation et l'extension des hôpitaux. Des hôpitaux frontaliers notamment seront construits pendant le Plan Triennal dans des régions actuellement démunies. Mais c'est au moment de l'élaboration du deuxième Plan, et seulement en fonction du nombre de médecins Guinéens ou étrangers qui seront disponibles, que nous pourrons reprendre des projets plus vastes de construction.

Pour le moment, il y a une action urgente parce qu'elle aura des effets immédiats sur la santé de toute la population : la lutte contre le paludisme et contre toutes les maladies endémiques plus particulièrement contre le fléau de l'onchocercose. Les résultats obtenus dans beaucoup de pays nous donnent grand espoir pour le nôtre. Nous examinerons la possibilité d'envisager une action à l'échelon de régions entières avec utilisation de moyens aériens et d'équipes spécialisées.

Sur le plan des affaires sociales nous créerons un Foyer de Protection de l'Enfance pour les enfants abandonnés ou orphelins, un Centre-Pilote expérimental de Formation Artisanale ou d'analphabétisation des aveugles, des Centres Sociaux, etc...

Enfin, l'Etat continuera comme il l'a fait depuis un an à encourager l'activité sportive. Lorsque des terrains de jeux seront construits, l'équipement sera fourni par l'Etat qui consacrera 150 millions à cette action ; 5 stades seront construits grâce à l'investissement humain et à l'organisation des jeunes ; l'Etat mettra à la disposition de cette organisation 20 millions de matériel.

III. — LES REGIONS DOIVENT ETABLIR LEUR PLAN TRIENNAL

L'Etat va donc mettre à la disposition de l'économie 30 milliards environ en trois ans pour assurer les tâches d'intérêt national. Grâce à ces crédits, l'augmentation annuelle du revenu national devra atteindre 8 % par an, le volume de la production de l'industrie étant multiplié par 8 par rapport à 1959.

Mais il faut rappeler une fois de plus que l'action de l'Etat n'est qu'une impulsion donnée à l'initiative des villages et des collectivités. Il s'agit maintenant pour chaque région, dans cette Conférence et dans les jours qui viennent, d'établir son Plan selon les mêmes principes généraux que le Plan national. Il faut reconnaître qu'un bon travail a déjà été fait : toutes les régions — ou presque toutes — ont travaillé sur les questionnaires et les éléments qui leur ont été envoyés par le Ministère. En vue de la préparation du Plan, beaucoup ont interrogé les villages, demandant à chacun de fixer les augmentations de production qu'ils pourraient atteindre en 1960-61 ; de toutes les réponses les régions ont fait la synthèse pour établir leurs propres propositions.

Mais ce travail était difficile, nous le savons ; d'autant plus difficile qu'il était effectué pour la première fois. Nous sommes particulièrement contents de pouvoir adresser nos félicitations à certaines régions dont celles de Dalaba, Kindia, Mamou et Kankan qui ont fait un travail plus complet.

Le Ministère du Plan va discuter avec chaque région, présenter des objectifs concrets à retenir. Dans ce choix un certain nombre de principes doivent être scrupuleusement observés :

1°) Il ne faut point se contenter dans l'élaboration d'un Plan régional de reprendre purement et simplement les projets FIDES de la colonisation. Ce serait là une méthode de facilité bureaucratique qui montrerait qu'on a insuffisamment compris le sens de l'indépendance ; les objectifs de l'économie guinéenne sont fondamentalement différents de ce qu'ils étaient à l'époque de la colonisation et l'avenir de chaque région doit être repensé en fonction des conditions nouvelles et dans le cadre des directives du Plan Triennal.

2°) Un projet d'investissement ne doit jamais être retenu sans qu'il soit fait une évaluation exacte et détaillée des moyens nécessaires à sa réalisation, c'est-à-dire le nombre des travailleurs nécessaires, le volume des matières premières, l'importance de l'équipement, le montant des crédits par année etc...

3°) Un projet relatif à la production doit toujours être accompagné d'une évaluation des augmentations de production que l'on espère. A défaut le choix de la région n'est pas rationnel car il existe peut être d'autres projets qui auraient été plus rentables.

4°) Il faut bien distinguer les crédits d'investissements des dépenses de fonctionnement. Les premiers sont nécessaires pour la réalisation du projet, les secondes sont à prévoir chaque année pour le personnel, l'énergie ou les matières premières utilisées.

5°) Il faut apporter une grande attention à tous les projets qui peuvent aider à la libération de la femme des tâches ménagères pénibles.

6°) Les crédits accordés par l'Etat pour la réalisation des projets d'intérêt strictement régional ne peuvent être qu'un complément aux efforts de la Région sur ses ressources propres ou par les investissements humains.

Qu'il s'agisse d'investissement humain, de la création des coopératives ou de la lutte contre l'analphabétisme, dans tous les domaines, le Plan exige de chacun beaucoup d'initiative et beaucoup de persévérance. Le Plan n'est pas une belle machine automatique, mais seulement le cadre indispensable d'un grand effort national. Les régions grâce aux éléments qu'elles ont réunis avec une rapidité et une précision dont on doit les féliciter, doivent maintenant s'atteler à l'élaboration de leurs plans régionaux définitifs.

Elles doivent surtout éviter tout bureaucratisme qui risquerait de les couper de la masse des paysans. Il faut expliquer à chaque village le Plan National et ses objectifs. Il faut lui demander de fixer lui-même dans des assemblées communes les augmentations de production qu'il prend l'engagement d'obtenir. Il faut faire l'inventaire de ses besoins en petits matériels et en semences.

Puis, à l'échelon de la région, il faut s'occuper de la mise en route des premières coopératives et de la création des Centres Ruraux de modernisation. Il faut comparer tous les projets. Il faut surtout choisir en fonction des ressources régionales. Le cas échéant, l'Etat examinera s'il est encore possible d'accorder une aide partielle sur les crédits disponibles.

C'est un travail de longue haleine qui commence et qui exige la mobilisation complète de tous.

Et c'est sur ce plan des investissements humains qu'il faut nettement changer l'optique de l'an dernier. Il appartient aux responsables du Parti, des organisations de jeunes, et de femmes, des syndicats, de canaliser ce magnifique mouvement de l'investissement humain vers des tâches productives, c'est-à-dire qui ont pour résultat d'accroître la production agricole ou l'équipement du village.

C'est à cette condition seulement que tous ceux qui auront donné de leur temps pour un travail fait en commun auront conscience d'avoir fait un travail utile. L'investissement humain n'est pour nous ni un luxe ni une distraction mais seulement la prise de conscience de tout le peuple pour développer la production et accroître le niveau de vie général de la population. Pendant de longues années encore nous devrons y avoir recours. Il faut donc dès maintenant le planifier pour donner le maximum d'efficacité aux 3 milliards prévus à ce titre dans le Plan Triennal.

L'investissement humain doit toujours rester volontaire. Mais lorsqu'une collectivité a décidé de le faire, elle doit fixer le nombre de travailleurs par équipe, le nombre de jours et le mode de travail ; les augmentations de la production qui sont obtenues doivent toujours être utilisées dans l'intérêt commun de la collectivité et jamais au profit de quelques uns seulement.

Mais n'oublions surtout pas les tâches urgentes qui s'imposent avant même le 1er juillet, c'est immédiatement que devront être décidées les mesures à prendre pour que la prochaine campagne enregistre les premiers succès du Plan Triennal de développement.

Ce succès aura des échos dans toute l'Afrique et au-delà même. Car aujourd'hui tous les regards sont tournés vers la Guinée qui est le premier pays de notre continent à s'engager dans la voie de la planification scientifique de l'économie. Notre réussite économique viendra confirmer et affermir les immenses succès politiques remportés depuis 18 mois par notre jeune République.

LA
MOBILISATION ECONOMIQUE

Discours de clôture
du Président Sékou TOURE.

Messieurs les Membres du Corps Diplomatique,

Messieurs les invités et observateurs,

Chers compagnons et camarades,

Après de longues heures de délibérations employées à la recherche d'une voie commune pour conduire les destinées de notre peuple vers un bonheur auquel légitimement il prétend, nous voici parvenus aux termes de nos travaux.

En conclusion de cette grande conférence nationale, nous avons adopté à l'unanimité des représentants et des représentantes de notre parti, une résolution qui, pour nous, doit bientôt être reconvertie en action et se traduire à travers nos efforts en une situation nouvelle qui fasse davantage de nous un peuple plus indépendant, plus souverain, plus uni et plus fort. Pour revenir sur les grandes leçons que nous avons pu tirer de nos assises, leçons qui sont toutes à l'honneur de la maturité politique des cadres de notre parti et qui illustrent la clairvoyance de nos militants et de nos responsables, la justesse de notre ligne politique, la qualité de notre engagement et de notre détermination en faveur du mieux-être de notre peuple, il n'est pas inutile d'en faire une rapide synthèse.

La première leçon et à tous égards la plus importante, c'est la confirmation éclatante du premier principe directeur de notre action qui consiste pour nous, pour le P.D.G. et pour la République de Guinée **à considérer tout en tant que moyen ayant comme finalité une plus grande satisfaction morale et matérielle du peuple de Guinée, lequel demeure la seule base d'appréciation selon laquelle nous nous définissons et selon laquelle nous déterminons nos méthodes, nos objectifs et nos principes.** Ce peuple auquel nous pensons constamment et qui est marqué de toute la somme des insuffisances que la colonisation a engendrées, est pourtant assuré, dans sa nudité, sa misère et son ignorance, de richesses en potentiel énormes étant placé au milieu de ressources naturelles considérables. Cette situation paradoxale dont nous héritons historiquement ne pourra être modifiée que dans la mesure où nous trouverons les moyens de transformer nos ressources en richesses réelles et d'employer ces richesses à des réalisations sociales qui transformeront fondamentalement les conditions de vie de notre peuple. **Ainsi, notre peuple constitue-t-il l'objet constant de notre souci et la seule justification de notre entreprise politique.** Notre foi et notre confiance dans les populations guinéennes, hommes ou femmes, jeunes ou vieux reposent sur les énormes victoires qu'elles ont déjà remportées au cours du combat de libération et d'affermissement de notre souveraineté. Sans vouloir faire de parallèle de façon négative avec la situation qui existe dans les pays frères, nous pouvons nous féliciter, non pas que la Guinée, mais que l'Afrique tout entière ait pu réaliser dans une partie d'elle-même une véritable communion, une réelle volonté de progrès et une parfaite conscience de son rôle, de ses responsabilités et de ses qualités humaines.

En effet, nous venons de très loin et nous seuls sommes à même de mesurer le chemin parcouru et de comprendre tout ce que nous avons su transcender, tout ce que nous avons su vaincre pour atteindre les résultats magnifiques qui sont aujourd'hui les nôtres.

C'est la qualité de la confiance de nos rapports de militants, l'unité de nos intérêts, l'harmonie de notre pensée qui trace un même chemin allant vers un même but qui constituent incontestablement la voie de nos victoires passées et le fondement des victoires que nous avons encore à remporter sur nous-mêmes et sur la nature.

DE L'ACTION DEMOCRATIQUE

C'est pour que ces facteurs se perfectionnent, pour que nos profondes aspirations soient rapidement et heureusement comblées que nous maintenons le caractère démocratique fondamental le plus parfait sur lequel repose notre mouvement. Démocratie par l'égalité des hommes et des femmes, démocratie dans la conception et dans les décisions, démocratie dans l'application des décisions, démocratie dans la pratique de la liberté, démocratie enfin dans les efforts pour le peuple comme dans la jouissance des fruits du labeur du peuple. Cette démocratie, en même temps mère et fille de la liberté qui caractérise les objectifs constants du P.D.G., vient à nouveau de nous permettre de dépasser tout ce qui apparaissait comme des intérêts divergents ou fractionnels pour ne considérer et assurer que les seuls intérêts de l'Afrique constitutifs de notre plate-forme commune à partir de laquelle nous assurerons le devenir africain dont dépend intimement le devenir de chaque homme et de chaque femme de notre peuple et des peuples frères.

Démocratie fondamentale parce que nous voulons tout à la fois le fond et la forme, l'apparence et la substance, le contenu et le contenant. C'est pourquoi nous nous sommes toujours refusés de confisquer, soit au niveau de notre gouvernement, soit au niveau de notre assemblée, le droit de déterminer la voie que doit prendre le peuple, le droit de décider au nom et à la place du peuple, ce que sera notre commune action. C'est ainsi qu'à tout moment nous réunissons l'ensemble des responsables de nos différents secteurs d'activités pour qu'en toute liberté chacun puisse indiquer, dans l'intérêt du pays, ce qu'il croit être la meilleure voie, la meilleure méthode, les meilleurs moyens et les meilleurs principes. La force du P. D. G. réside en ce que sa confiance dans le peuple est totale et absolue ; la force de la nation, conséquence de la qualité des rapports qui existent entre le parti et le peuple, c'est que ce dernier est devnu véritablement souverain. La nature de notre démocratie veut que les initiatives aient un caractère populaire. Ainsi, le P.D.G. inscrit la marche évolutive de la République de Guinée dans la voie la plus large, dans la voie la plus rectiligne, celle qui conduit inévitablement vers les objectifs majeurs de l'intérêt général.

En représentation géométrique, notre démocratie ne constitue pas une pyramide dont la base serait constituée par le peuple et le sommet l'autorité disposant de la souveraineté. **En représentation géométrique, notre démocratie constitue un plan en élévation continu où les mêmes droits et les mêmes pouvoirs, les mêmes responsabilités et les mêmes devoirs appartiennent à chacun.** Notre démocratie est l'expression libre et effective du peuple, l'expression de sa volonté et de ses diverses aspirations. Ceci dit, nous voyons tout de suite qu'il ne s'agit pas d'une démocratie de famille, d'une démocratie de race ou d'une couche sociale, d'une classe sociale, d'un groupe de privilégiés ou la démocratie d'intérêts particuliers. Elle est la démocratie du peuple tout entier car nous voulons demeurer avec ce peuple et, par ce peuple, nous-mêmes, parfaitement unis, parfaitement indivisibles et solidaires.

Pour nous, l'aspect ne saurait se substituer à la matière et nous entendons utiliser tous les éléments de coordination et d'harmonisation, toutes les valeurs et les capacités dynamiques dans la détermination de l'ensemble de notre orientation et en même temps dans la détermination de chaque ligne de cette orientation pour que chacun des éléments qui constituent le tout se conforme scrupuleusement à une même direction et applique en conséquence les directives et les tâches inscrites au niveau de chaque individu, de chaque secteur, de chaque couche sociale.

C'est pourquoi les liens entre les militants et les dirigeants ne sont pas des liens indirects, mais au contraire, ce sont des liens directs et je puis vous préciser que la satisfaction des dirigeants, la satisfaction des membres de notre gouvernement et la satisfaction des membres de notre Bureau Politique National, comme des responsables de notre administration est que chaque fois qu'ensemble nous nous trouvons parmi le peuple, chaque fois qu'ensemble nous établissons des contacts humains avec les hommes et les femmes, les jeunes et les vieux, nous avons la conviction d'être une partie de la volonté et des aspirations communes à l'ensemble de notre peuple.

Savoir que parmi cette masse d'hommes et de femmes fraternellement unis, il n'existe ni un clan, ni une famille, ni un secteur, ni une couche qui manifeste une quelconque opposition, telle est la nature et la qualité de la satisfaction que nous ressentons les uns et les autres et tel est aussi le caractère des rapports fraternels et confiants qui ont succédé aux rapports de subordination et de discrimination qu'avait établis le régime de l'occupation étrangère.

L'entreprise politique de la Guinée n'est pas seulement limitée à la Guinée, elle n'est pas seulement limitée à l'ensemble de l'Afrique, mais elle déborde ce cadre continental pour s'inscrire au niveau de la vie universelle. En conséquence, nous savons que pour conduire cette entreprise à bien, nous devons rester extrêmement vigilants et employer suffisamment d'intelligence et un pouvoir d'analyse constant à tous les stades évolutifs afin que l'harmonie de notre action devienne de plus en plus complète et puisse barrer la route à toute espèce d'opposition d'intérêts, à toute espèce d'antagonisme.

L'UNITE DU MILIEU SOCIAL

C'est pourquoi notre politique économique doit être constamment réfléchie et pensée en fonction des caractéristiques de notre société et en fonction du maintien et du renforcement de ce que nous pouvons appeler aujourd'hui, avec une certaine fierté, les qualités du P.D.G. et les vertus du peuple de la Guinée.

A l'analyse de la situation sociale africaine, il est clair qu'en dehors de la contradiction fondamentale qui oppose l'intérêt africain à l'intérêt impérialiste et colonialiste, l'ensemble des couches africaines, quels que soient leurs caractères propres, ont une identité d'intérêts. Nous avons donc, en nous mettant sur une même plate-forme et en suivant une même voie la possibilité de maintenir plus étroitement la communion d'idées et d'action et de parcourir ainsi plus rapidement le chemin

Organiser les artisans en coopérative de production pour que cesse l'exploitation manufacturière.

qui nous sépare de la prospérité de notre pays. Car la prospérité s'acquiert par l'unité populaire, laquelle engendre et scelle l'effort solidaire de tout un peuple. Il est clair que pour un groupe d'hommes comme pour un groupe national, l'identité d'intérêts facilite la poursuite d'un même idéal et que l'union intime des forces de production constitue la condition d'un développement dynamique au service de l'intérêt général.

Dans ses structures et dans ses conditions, la société africaine n'est pas une société comparable à d'autres sociétés et c'est pourquoi nous avons voulu avec force et conscience affirmer et développer la personnalité de l'Afrique. **En particulier, notre société conserve ses bases communes les plus étroites, un sens aigu de l'intérêt collectif et c'est là où réside indiscutablement notre plus grande chance de pouvoir à la fois aller facilement et aller bien vers les objectifs que nous nous sommes fixés.**

En effet, dans la pratique, on peut difficilement guider un peuple si ce peuple est constitué de collectivités ou de groupes d'intérêts divers qui s'excentrent et s'opposent continuellement.

Notre unité, la forme « communaucratique » de nos structures sociales et de notre pensée sociale, nous la maintiendrons et la développerons d'autant mieux que notre action correspondra à l'intérêt évident de l'ensemble du peuple. Nous savons bien, pour l'avoir d'ailleurs durement expérimenté, que, l'oppression n'a jamais été une force de construction, pas plus qu'elle ne pourrait être une force définitive quels que soient son degré de puissance et ses capacités oppressives.

Les systèmes, les régimes qui s'inscrivent à contre-courant des intérêts du peuple sont voués tôt ou tard

à être vaincus par le peuple. Quelle que soit la grandeur apparente dont se parent les régimes de contrainte, ils portent en eux les germes de leur destruction et les éléments de leur faillite. La seule véritable grandeur, la puissance vraie et la seule force qui demeurent sont celles qui augmentent les chances de vivre et elles sont basées nécessairement sur la liberté, la justice, la solidarité, par une démocratie réelle et effective vers le progrès humain le plus complet, le plus parfait.

Nous avons déjà pu apprécier la valeur et le sens de notre unité ; car aujourd'hui nous pouvons nous vanter d'avoir su déjouer tous les plans sataniques et mesquins qui ont été dirigés contre nous pour nous faire échouer dans notre entreprise. Et nous devons ici, dans une parfaite unité rendre hommage à tous ceux qui ont compris que leur honneur et leur dignité, l'honneur de leur pays comme leur honneur propre se limitent à la seule formule d'unité fraternelle des hommes et des femmes vivant sur le sol guinéen.

Camarades, nous avons souvent répété qu'il était plus facile de détruire que de construire. Si nous nous sommes réunis ici, c'est que nous voulons construire, construire dans le concret et édifier par la pensée une vie nouvelle toute de dignité et de possibilité de bonheur pour l'ensemble de notre peuple et pour chaque homme de ce peuple.

Mais alors, qu'est-ce à dire ? que notre action doit constamment aboutir au renforcement de l'équilibre interne de la société, équilibre où une juste part sera faite entre les intérêts sociaux — intérêts d'ensemble — et les intérêts humains, intérêts de l'individu. Renforcement de l'équilibre économique, renforcement de l'équilibre politique, renforcement de l'équilibre social et culturel. En vérité, c'est à une immense construction que nous nous attelons ; il vous suffit, pour en juger, de penser au sort de ces pays, pays frères par définition, où des centaines de milliards ont été investis, mais où la misère la plus profonde continue de caractériser encore la condition de leurs populations. **Il ne s'agit donc pas uniquement de capitaux, ni de moyens techniques et même de la richesse réelle du pays, il s'agit de la qualité des rapports que nous établirons, rapports sociaux, économiques, politiques et culturels, il s'agit de la vie des hommes, de la vie des femmes par rapport à une même société** et c'est pourquoi notre souci fondamental est de maintenir constamment et de renforcer continuellement le parfait équilibre qui existe au sein de notre société.

Evidemment, l'unité reste notre mot d'ordre numéro un ; c'est elle qui constitue la base de notre logique interne autant que de notre logique externe. Historiquement, le P.D.G. est placé dans la situation la plus favorable, situation de parfaite dignité qu'on ne peut pas prendre en défaut, situation d'entière loyauté que personne de bonne foi ne peut contester. Il est bien évident que, si le peuple de Guinée était divisé en différents clans, ou en différentes cellules, tous opposés les uns aux autres, comme cela se voit en différents pays, nous n'aurions pas eu une logique interne semblable à notre logique externe et nos chances seraient bien moindres. Notre dignité serait contestable et la loyauté que nous pratiquons serait alors relative.

Rappelons-nous un peu ce qui se passait au moment où plusieurs centrales syndicales existaient en Guinée et s'opposaient les unes aux autres. Lorsqu'une de ces centrales, que ce soit la C.F.T.C., la C.G.T. ou F.O. prenait une position conforme aux intérêts de la classe ouvrière, l'esprit de surenchère, les exigences d'une certaine propagande, faisaient que la logique interne de chacune de ces centrales rejetait systématiquement les solutions préconisées par la centrale concurrente au détriment des intérêts de la classe ouvrière.

Aujourd'hui, cela n'existe plus en Guinée ; que ce soit sur le plan syndical, que ce soit sur le plan de la politique ou sur le plan de la jeunesse, notre logique interne n'est plus relative, mais elle est absolue et elle est l'expression authentique et libre de la volonté de tous les militants de notre peuple et c'est pourquoi nous représentons sur le plan extérieur une force réelle dont sont malheureusement dépourvus bien des gouvernements d'autres pays où les dirigeants politiques sont obligés de compter avec la division du pays et les forces déterminées par des intérêts extérieurs qui peuvent mettre en cause leur autorité et l'autorité du pays qu'ils représentent. Cela n'existe pas en Guinée et, que nous nous trompions ou que nous remportions une victoire, ce sont des actes collectifs qui nous permettent d'avoir une même attitude dans nos efforts internes et dans nos rapports extérieurs.

LE RENFORCEMENT DE L'UNITE ET LA CONSCIENCE DU PEUPLE

Nous trouvant en matière politique et morale dans les meilleures conditions, nous ne devons à aucun prix gaspiller les vertus et les qualités d'une telle situation. Pour cela, nous devons recourir à la continuelle analyse avant d'engager en quoi que ce soit le destin de notre pays. Cette analyse nous permet en effet de toujours choisir ensemble après avoir distingué ce qui était négatif et ce qui était positifs ; choisir ensemble les voies les plus conformes à nos objectifs, établir ainsi des choix ayant une valeur de représentativité parfaite, une signification populaire et un caractère réellement démocratique. Notre révolution repose effectivement sur le peuple de Guinée et dans ce peuple, ce qui constitue la force dominante, c'est la conscience politique, conscience morale, conscience des responsabilités, conscience de la personnalité. C'est elle qui est incontestablement le moteur de notre révolution et c'est elle que nous devons constamment parfaire à chaque stade de développement auquel nous accédons. Nous avons affirmé que **sans conscience révolutionnaire, il n'y avait pas d'action révolutionnaire possible.** Nous affirmons que sans la conscience de l'intérêt général, de la liberté et de la démocratie, il ne saurait y avoir d'évolution progressiste et démocratique. Pour qu'il y ait exploitation et oppression, il ne s'agit pas seulement de l'emploi de la force matérielle et de l'exercice oppressif de l'autorité, mais il faut encore que cette force et cette autorité s'exercent dans un milieu qui n'a pas pris parfaitement conscience de son état d'exploité et d'oppressé. S'il n'en était pas ainsi, jamais nous n'aurions pu nous libérer, car notre libération nous la devons essentiellement au haut degré de conscience de notre peuple. En effet, les moyens dont disposait et dont dispose encore le régime colonial sont infiniment supérieurs aux moyens matériels dont nous disposons. Notre libération politique s'est justifiée par la qualité de notre conscience qui a dominé toutes nos activités et qui a orienté toute notre marche. C'est ainsi aussi que **notre libération économique, sociale et culturelle se justifiera par la qualité de la conscience qui**

dominera nos activités et orientera notre marche dans nos activités économiques, sociales et culturelles.

Pourquoi la colonisation a-t-elle pu durer plus de soixante années en Guinée et plus de plusieurs siècles dans d'autres pays ? Parce que la colonisation, indépendamment de ses moyens matériels et du caractère oppressif de son autorité, employait la mystification qui démoralisait le peuple, le divisait, l'engageait dans des voies de division et non d'unité, dans des voies de régression et non de progression. **Partout où persiste la mystification, il y a nécessairement politique d'exploitation et d'oppression ; partout où il y a division, il y a possibilité d'exploitation et d'oppression.** C'est ainsi que, pour nous, tout doit s'établir dans la clarté et que nos efforts doivent tendre à éduquer continuellement les masses, à élever constamment leur niveau de compréhension et d'analyse, à parfaire nos méthodes de travail et d'action. Dans ce domaine, notre parti se différencie de beaucoup d'autres formations politiques. L'ambition de notre parti, conforme à ses qualités et à ses capacités est de pouvoir figurer et servir parmi les meilleurs éléments de l'Afrique, à orienter la vie africaine vers la conscience la plus élevée, vers la vraie souveraineté populaire, vers la véritable libération sociale de l'ensemble des hommes et des femmes d'Afrique.

NATURE DE NOTRE PERSONNALITE INTERNATIONALE

Tout-à-l'heure, je disais que c'est parce que notre logique interne était positive, que notre logique externe était elle aussi positive. Nous avons affirmé hautement et avec courage que ce ne serait ni auprès de tel ou tel autre pays que nous rechercherions un appui particulier ou un particulier soutien, mais que tous nos efforts tendent à maintenir intacte la confiance de notre peuple afin que nous puissions la faire entériner par la confiance que nous font les peuples des autres pays du monde. Ceci dit, que tous ceux qui aiment la Guinée et les peuples d'Afrique, que tous ceux qui souhaitent pour l'Afrique le progrès et la liberté sachent que notre parti exprime la volonté réelle de l'ensemble de notre peuple et que, sur cette base, puisse s'établir une coopération loyale et sincère et se nouer des rapports d'amitié entre partenaires valables préoccupés d'assurer la paix et la liberté universelles.

C'est ainsi que notre politique extérieure ne peut être que la volonté unanime de notre peuple, lequel n'a choisi aucun peuple du monde contre d'autres peuples, aucun pays du monde contre d'autres pays, aucune race du monde contre d'autres races. La volonté de notre peuple, souventes fois exprimée, c'est que l'homme soit placé au niveau universel et devienne avec l'ensemble de l'humanité le puissant moteur de tout progrès réel et de toute liberté effective. **Notre politique extérieure n'est négative qu'à l'égard des phénomènes et des forces de destruction de la liberté des peuples et de la paix du monde.** Lorsque nous disons neutralisme positif, c'est que nous entendons avoir une attitude de profond respect dans l'expression authentique de chaque peuple qui a le droit d'avoir la pensée qu'il veut, la religion qu'il veut, qui a le droit d'exercer sa souveraineté comme il le veut, comme il l'entend et selon ses intérêts propres. Mais ce que nous ne voulons pas, c'est que le progrès qui devait servir à la satisfaction des peuples soit utilisé à compromettre l'exercice de la souveraineté chez les autres et à substituer aux conditions de la paix et de la coopération des conditions d'opposition et de guerre.

Notre neutralisme positif n'est pas un reploiement sur nous-mêmes ce qui nous rendrait insensibles aux divers phénomènes et aux diverses actions qui se manifestent autour de nous ; c'est au contraire une constante prise de conscience de soi et une continuelle estimation des actions et des phénomènes que se manifestent autour de nous afin d'apporter notre contribution positive à tout ce qui favorise la paix et la coopération universelle, et à joindre notre action aux diverses actions qui sont menées contre les forces de domination, d'exploitation et de guerre.

FORCES ET MOYENS DE PROGRES

Nous nous sommes prononcés tant sur le plan intérieur que sur le plan extérieur en faveur des forces de progrès, d'unité et nous sommes déterminés à être contre toutes les forces de régression et de division. La planification économique répond dans le domaine intérieur à cette position fondamentale. Pour nous, tous les moyens ne peuvent être utilisés que dans le sens du bien puisque ces moyens, nous ne voulons pas les substituer à la fin que nous avons placée dans le devenir humain. Sous ce rapport, la planification doit nous permettre de prévoir non pas un seul aspect pratique, économique et social donné, mais de prévoir tous les aspects du problème économique et ses répercussions sociales, politiques et culturelles, ses conséquences sur le milieu social, et de prévoir aussi non seulement tout ce qui peut servir la cause du peuple, mais également ce qui pourrait nuire au peuple afin de corriger à l'avance les aspects négatifs de nos pratiques et de nos activités.

La période que nous abordons n'est en réalité qu'une période transitoire en raison même de la nature des

MULTIPLIER LES SERVICES DE RECHERCHES

L'Institut des Fruits et Agrumes de Guinée.

moyens dont nous disposons ; il nous est difficile de nous emparer de tout à la fois ou de réaliser au cours d'une même période ce qui se situe dans toutes nos perspectives d'évolution et de progrès.

Nous faisons une politique du possible et nous nous refusons de faire supporter à notre peuple les conséquences d'une politique de l'impossible. **Ce n'est pas le peuple que nous voulons amener au progrès, c'est le progrès que nous entendons amener au peuple.** Prenons un exemple : si dans notre plan nous avions prévu la construction d'un immense atelier doté de puissants moyens pour l'artisanat africain et que nous ayions tenté d'obliger tous les artisans de tous les villages, de toutes les villes de Guinée à venir travailler dans cet atelier, nous aurions substitué les moyens à la fin, nous aurions en effet considéré la construction de cet atelier comme le but et les hommes comme les moyens et nous aurions oublié que tous ces artisans du bois, tous ces bijoutiers, ces orfèvres, ces tisserands, ces potiers, vivent en famille, ont des obligations et des attaches dans leur village. Le choix juste est au contraire d'étudier les moyens, si petits soient-ils, qui puissent être mis à la disposition de ces artisans dans leur contexte familial et sans les extraire de leur milieu social afin de favoriser la promotion de ces hommes à un stade élevé de l'évolution et non pas à les contraindre à abandonner leur famille, leurs villages, leur foyer et tout ce qui leur est cher.

Il ne s'agit donc pas de déséquilibrer notre société ni de l'extrapôler, il s'agit bien au contraire de maintenir ses liens d'unité, ses pratiques sociales, de développer sa morale sociale en créant ce qui lui manque et en lui apportant les moyens qui lui permettront d'améliorer ses conditions d'existence. C'est pourquoi nous avons choisi la coopération simple du travail qui nous apparaît comme le moyen le plus efficace pour assurer une évolution au niveau de chaque unité de production, de transformation, de commercialisation ou de consommation. La coopération permet en effet la mise en commun des forces de travail au niveau d'une même cellule sociale et dans le cadre de cette unité de force de travail, d'apporter les instruments de production qui permettront une augmentation de la production. C'est ainsi que tout doit être mis en œuvre pour que l'éducation coopérative des hommes et des femmes aille de l'avant, pour que l'information des problèmes coopératifs soit faite, que la propagande à la coopération soit assurée.

Quand nous disons coopération, il ne s'agit donc pas d'exproprier qui que ce soit de quoi que ce soit, cela doit être bien entendu. Nous sommes un pays, je ne dis pas sous-développé, mais je dis non-développé, il y a là une distinction à faire. Cette distinction, je veux l'illustrer par un exemple : A Saréboïdo, grand centre de la région de Youkounkoun, il y a une couche sociale, la plus pauvre de la République de Guinée. Nous avons là des frères qui ignorent ce qu'est un lit, même en bois, des sœurs qui ne possèdent qu'un seul pagne, des jeunes frères et des jeunes sœurs qui ne fréquentent pas l'école, puisque le taux de la scolarisation de cette région est l'un des plus bas de la République de Guinée. Pourtant les richesses naturelles et les possibilités de mise en valeur de ces richesses pourraient faire de ces hommes et de ces femmes des êtres heureux dotés de maisons modernes, d'écoles, d'hôpitaux ou de dispensaires. Ce pays a, dans ses conditions naturelles objectives les plus grandes possibilités pour s'assurer une rapide promotion humaine. Mais, ce pays n'est pas équipé. Il n'a pas à transformer sa nature pour qu'en un deuxième stade ou un troisième stade il aboutisse à une matière première exploitable. Les matières premières existent, il ne manque à cette contrée que les seuls moyens de les mettre en valeur. Ces caractéristiques mettent Saréboïdo en particulier et la Guinée en général dans les conditions les meilleures et leur donnent les plus grandes chances pour promouvoir une politique de coopération et la développer.

Nous sommes donc objectivement dans les conditions les meilleures pour nous construire un avenir qui ne sera pas celui d'un secteur, d'une couche ou d'une partie du peuple, mais qui sera l'avenir commun aux hommes et aux femmes de la République de Guinée. Revenons à ce village de Saréboïdo, vous y trouverez sur une population de 7.000 habitants, 200 paysans qui utilisent la charrue, moyen moderne comparé à la daba ; vous en trouverez cinq à dix qui, par les apports conjugués de leur famille, ont pu se procurer des tracteurs. Pour ceux qui utilisent encore la daba, s'ils mettent en commun par la coopération leur force de travail, notre parti, c'est-à-dire notre gouvernement mettra à leur disposition des charrues, des tracteurs, des ensembles de transformation, mais il ne sera pas question d'exproprier ceux qui, par leur apport ont pu acquérir charrues et tracteurs. Ceux-là continueront dans la liberté à produire pour eux et pour leur famille comme ils le faisaient naguère ; la coopération ne sera donc pas basée sur la force ou la contrainte, sur l'arbitraire et l'injustice ; son contenu sera fait de persuasion, d'adhésion libre et volontaire, d'exemple dans l'intérêt que le travailleur trouvera dans le cadre coopératif.

Ceci dit, les transporteurs, les commerçants, les tailleurs, auront, eux aussi, la faculté de mettre leurs moyens en commun par la voie coopérative afin d'augmenter leur production et l'efficacité de leurs instruments de travail. Par exemple, prenons le cas d'un transporteur qui possède deux ou trois camions, il est dans l'incapacité de se doter d'un garage qui puisse à tout moment effectuer les réparations rapides de son matériel. Supposons qu'à Kankan par exemple, les dix ou quinze transporteurs qui réunissent à eux tous une trentaine de camions mettent ces camions en commun dans le cadre coopératif ; il leur sera possible à ce moment-là d'avoir leur propre garage et d'effectuer dans les meilleurs conditions les réparations et l'entretien de leur matériel. J'ajoute une fois encore que puisque nous entendons développer la coopérative, le gouvernement apportera son aide à toutes les entreprises coopératives qui en auront effectivement besoin. Voilà donc des méthodes basées sur la liberté individuelle et la liberté collective, sur l'intérêt général et l'intérêt particulier ; des méthodes qui affranchiront de toute pratique d'exploitation et d'oppression, en même temps qu'elles favoriseront le développement et la prospérité de l'ensemble national. L'établissement de rapports libres entre les individus doit permettre sur le plan de la production de mettre en commun nos moyens et nos forces de travail afin de développer rapidement notre pays. Nous aurons donc à prendre, compte tenu des réalités de chaque jour, dans chaque village et dans chaque région, les décisions qui tendront à servir les populations de ces régions et les populations de ces villages. Si le parti est l'instrument de notre peuple, l'Etat est le moyen mis entre les mains du peuple pour assurer sa rapide évolutoin. Tout ce dont l'Etat disposera en tant qu'accumulation de capital et de moyens financiers, tout ce que l'Etat obtiendra comme aide extérieure ou comme prêt sera la propriété du peuple de Guinée et contribuera exclusivement au bonheur du peuple guinéen tout entier.

LA MOBILISATION ECONOMIQUE

Renonçant aux moyens faciles, notre plan triennal de développement économique repose sur une base nouvelle et toute différente de celles sur lesquelles reposaient naguère les différents budgets d'équipement de la période coloniale. Après avoir fait le bilan de nos différents moyens et avoir établi nos diverses possibilités, notre plan triennal représente la somme de toutes les actions de la nation, qu'elles relèvent du secteur privé ou du secteur public, qu'elles émanent de personnes morales ou de personnes physiques. **A travers notre plan triennal, nous voulons que toutes ces activités se mobilisent dans le combat que nous avons engagé contre la misère, contre l'ignorance, contre la maladie. Celà suppose l'emploi pour des fins déterminées de toutes les forces de production existantes comme de tous les moyens et de tous les instruments de production que nous détenons.** Que ce soit au niveau des villages, que ce soit au niveau des régions ou au niveau de l'Etat, notre plan triennal prévoit l'utilisation de tous nos moyens, la mise en œuvre de toutes nos possibilités, l'exploitation de toutes nos ressources pour des objectifs sociaux et humains. Nous nous rendons compte, lorsque nous étudions ce plan, qu'en pratiquant dans le domaine économique une politique du possible, nous détenons quand même suffisamment de moyens et de possibilités pour pouvoir modifier radicalement, sur le plan collectif, les conditions de vie de nos populations.

Nous sommes encore loin cependant des choix les plus décisifs qui feront définitivement disparaître le non-développement de notre pays. Les plans ultérieurs aborderont, nous l'epérons, ce secteur et nous opérerons des choix décisifs qui donneront à notre développement économique une qualité dynamique grâce à l'industrialisation, à l'électrification et à la modernisation, considérées en tant qu'instruments modernes de production. A cet égard, il existe un problème que nous inscrirons également dans le plan, c'est celui de la réalisation du Konkouré qui pour l'instant ne peut être envisagé, faute de moyens. Mais sur ce point, nous sommes extrêmement confiants, confiants en nous-mêmes, confiants dans l'esprit de solidarité qui existe entre de nombreux pays du monde et la République de Guinée. C'est pourquoi nous disons à tous les pays amis qui veulent nous aider, qu'ils soient à l'Est ou à l'Ouest, au Sud ou au Nord, la Guinée entend coopérer loyalement avec tous ceux qui veulent sincèrement l'aider. Si nous considérons tout prétexte de refus à la coopération comme une volonté de maintenir l'Afrique dans la misère et l'ignorance, par contre, nous considérons tous les peuples qui manifestent une volonté réelle de progrès pour l'Afrique comme des peuples amis sur lesquels nous pouvons compter pour obtenir les moyens techniques qui nous font défaut, les capitaux qui nous manquent et l'ensemble des moyens dont nous sommes privés et qui sont indispensables au développement de notre pays et, corollairement, à la diminution de la misère à travers le monde.

A ces pays, à ces gouvernements, à ces nations qui sont prêts à étudier concrètement les conditions d'aider l'Afrique à accéder à son émancipation économique et sociale, nous faisons savoir que nous sommes prêts à

tout moment à engager avec eux les études sérieuses pour que leur aide et leur coopération, en s'inscrivant dans nos objectifs de promotion humaine puissent être discutées et définies.

Dans ce combat contre la misère, nous nous présentons non seulement comme des partenaires loyaux, mais encore comme des partenaires qui représentent à la fois une part importante de cette misère et une totale volonté de la vaincre.

Camarades, dans nos perspectives de développement économique, nous faisons appel aux hommes et aux femmes de Guinée pour redoubler d'efforts, pour rationaliser l'utilisation de leurs énergies, nous faisons appel à nos fonctionnaires pour que soit améliorée la qualité de la gestion des deniers de l'Etat, et perfectionnée leur conscience de travail ; nous faisons appel aux commerçants et aux sociétés pour qu'en reconvertissant leurs activités, celles-ci soient intimement liées à l'ensemble des activités de la nation. Nous faisons appel à nos coopératives pour que, dans un climat de saine émulation, soient parfaitement utilisés les instruments de production que l'Etat va leur prêter, pour que la coopération du travail ait pour premier résultat une répartition équitable afin que les producteurs puissent apprécier entièrement tous les bienfaits de l'action collective et se débarrassent des pratiques nocives de l'individualisme. Nous faisons appel à nos frères militaires engagés non pas comme des forces de guerre, ni comme des forces répressives, mais engagés comme des forces de production qui, avec la charrue, avec le tracteur, avec le marteau ou la truelle accélèreront l'édification d'une nation puissante et prospère. Nous faisons enfin appel à tous les peuples pour qu'ils nous accordent leur compréhension, leur amitié et leur coopération. Nous affirmons que le haut degré de notre conscience politique, l'exacte appréciation de nos responsabilités et la qualité de nos valeurs morales nous permettent de faire honneur à tous les liens de solidarité qui s'établissent entre notre peuple et les peuples qui nous accorderont leur coopération.

Cette conférence nationale dont nous apprécions toute l'importance les uns et les autres démontre que nous avons parfaitement eu raison de poser au niveau des comités de quartiers et de villages, ainsi qu'au niveau des sections les préliminaires de cette conférence. Le Bureau Politique du P.D.G. remercie en particulier les délégués qui se sont montrés à la hauteur, non pas des exigences techniques mais des exigences politiques de cette conférence, c'est par eux, qu'ensemble, nous avons pu faire les choix les plus décisifs et tracer les lignes les plus justes de notre action économique.

A tous, nous vous demandons de continuer à parfaire ce plan ; non pas à le parfaire dans ses données techniques, mais surtout à le parfaire au niveau de ses possibilités matérielles et humaines en étudiant objectivement les capacités et les caractéristiques du milieu social, en recherchant inlassablement tout ce qui pourra concourir à aider nos masses paysannes et ouvrières, tout ce qui pourra élever chacun au niveau de ses responsabilités nationales et enfin tout ce qui pourra parfaire un développement économique et social harmonieux de notre pays.

En réalité le travail ne fait que commencer et à partir de maintenant, chacun de nous doit être à la fois commerçant, paysan, artisan. Chacun de nous doit être instituteur, ministre, député, afin d'être en même temps un élément et un tout capable à tout instant et en tout lieu de représenter réellement la Guinée. La seule attitude compatible avec nos exigences actuelles c'est celle qui fera de vous un instrument national dont toutes les actions et toutes les pensées seront dirigées vers l'intérêt de la nation.

Camarades, en votre nom, vous me permettrez de remercier les représentants des pays amis qui ont bien voulu, pendant près d'une semaine suspendre les activités les plus importantes qui leur sont confiées pour nous assurer de leur présence la plus effective, et celà malgré que tout ce qui nous caractérise ne soit pas nécessairement conforme à leur idéal, à leur méthode, à leur pensée. Pour nous, leur présence ici, est le témoignage le plus évident de l'attention qu'ils portent à notre évolution et aussi la marque de leur volonté de mieux nous comprendre afin que l'amitié qui nous lie à léurs pays puisse se renforcer et se développer de façon durable et solide.

Nous les remercions donc non seulement d'être venus en acceptant les fatigues du voyage mais aussi cette chaleur de la ville de Kankan dont nous-mêmes, originaires, avons eu à souffrir. Qu'ils soient assurés, en témoignage de la reconnaissance que nous leur exprimons, que notre volonté de progrès est une volonté de concourir, au perfectionnement, de la société, et, qu'elle concerne, par là même, tous les peuples, et tous les pays épris de progrès, de liberté et de paix.

Il est certain qu'à l'extérieur on jugera notre plan comme bien ambitieux et qu'on le trouvera disproportionné par rapport aux moyens dont nous disposons, mais répondant à l'avance à toutes les critiques qui pourront être faites, je me permets, au nom du P.D.G., de donner rendez-vous à tous les « critiqueurs » dans trois années d'ici.

En mettant fin aux travaux de la conférence, nous informons les représentants des sections et les chefs de service que demain, dans la matinée, nous aurons une nouvelle réunion. La commission administrative en effet est arrivée à un point sur lequel le gouvernement ne veut prendre aucune décision qui ne soit le reflet réel de la volonté de nos délégués. En concluant, nous nous tournons résolument avec enthousiasme et confiance vers l'avenir de l'Afrique, vers l'avenir d'une Afrique libre, indépendante et unie, vers l'avenir du monde qui est en train de se chercher et d'ouvrir la voie de la coopération pacifique entre les nations et les peuples. Nous nous mettons résolument à l'avant-garde de ce magnifique élan de confiance et d'enthousiasme qui entend détruire toute forme d'exploitation et toute méthode d'oppression.

Vive la République de Guinée,

Vive le P.D.G.,

Vive la démocratie et le progrès pour toute l'humanité.

Comme un ruisseau suit son cours la révo lution guinéenne suivra la route qu'elle s'est tracée pour le bonheur et la grandeur de l'Afrique.

LE BUDGET

DU PLAN

1960 - 1963

Décret N° 217/ PRG du 9 Août 1960.

BUDGET DU PLAN TRIENNAL

(1960 - 1963)

(en millions de Francs Guinéens)

TITRE I. — **INFRASTRUCTURE ET TRANSPORTS**	**14.161**	**(36,39 %)**
TITRE II. — **PRODUCTION**	**18.390**	**(47,26 %)**
TITRE III. — **SERVICES SOCIAUX**	**6.211**	**(15,96 %)**
TITRE IV. — **FONDS DE RESERVE**	**150**	**(0,38 %)**
	38.912	**(99,99 %)**

IMPUTATION		INDICATIONS	CREDITS en millions	OBSERVATIONS
Chap.	Art.			
		TITRE I. — **INFRASTRUCTURE.**		
		CHAPITRE PREMIER		
		Infrastructure administrative.		
I	1	Palais Présidence	**200**	
	2	Ouverture nouvelles Ambassades	**300**	
	3	Camps militaires	**200**	
	4	Développement services de sécurité	**470**	
	5	Studio — Récepteurs dans les villages pour écoute collective	**300**	
	6	Grand émetteur de 100 Kw à Conakry	**1.250**	
	6 bis	Emetteur (réserve) 50 KW	**167**	
	7	Imprimerie Nationale	**484**	
	8	Développement services cinéma	**87**	Section prises de vues et laboratoires 10 salles· Projection ambulante. Cinémathèque.
	9	Institut Nationale de Recherches	**53**	Documentation.
	10	Services photographiques	**17**	Laboratoire Conakry et 2 chefs-lieux de région.

IMPUTATION		INDICATIONS	CREDITS en millions	OBSERVATIONS
Chap.	Art.			
I	11	Equipement Agence Guinéenne de Presse ..	19	Récepteur radio — télé-imprimeur.
	12	Equipement statistique	100	
	13	Tourisme (construction et équipement)	100	Petits hôtels — Cars — Matériel de propagande.
	14	Dépôt hydrocarbure dans les régions	570	Un dépôt dans chaque chef-lieu de région.
	15	Equipement hydraulique	300	Equipement hydraulique 11 villes. 20 petits barrages, assainissement de 2 villes.
	16	Réseau d'observations et de transmission météorologique	40	
	17	Equipement Entreprise Nationale du Bâtiment	212	Prêt à rembourser.
	18	3 hôtels de 100 chambres	900	Chaque hôtel devra comporter 2 grands appartements.
	19	Centres d'accueil dans les Régions	125	1 centre d'accueil dans chaque chef-lieu de région.
	20	Justice de Paix dans les Régions	75	
	21	1 centre pénitentiaire	25	
	22	Nouveaux postes de douane	100	

IMPUTATION		INDICATIONS	CREDITS en millions	OBSERVATIONS
Chap.	Art.			
I	23	Installation services financiers dans les Régions.	250	
	24	Aménagement sections topo Kankan et Mamou	20	
	25	Résidence et bureaux régionaux	20	
	26	Transfert chef-lieu Région Koundara	100	
	27	Bureau P.T.T.	250	
	28	Ecole d'Administration	10	
		Total du chapitre Ier	6.744	
		CHAPITRE II. **Bases aéronautiques et portuaires**		
2	1	Aérodrome de Conakry	540	Allongement et réfection piste.
	2	Equipement bases aéronautiques dans les Régions	230	
	3	Construction d'un port de pêche à Conakry..	150	
	4	Grosses réparations au grand port	36	
	5	Travaux nouveaux quais	32	
	6	Construction grands magasins au port	125	

IMPUTATION Chap.	IMPUTATION Art.	INDICATIONS	CREDITS en millions	OBSERVATIONS
2	7	Equipement service aconage	**209**	
		Total du chapitre 2	**1.322**	
		CHAPITRE III. **Infrastructure routière**		
3	1	Equipement services T.P.	**600**	
	2	Equipement des Régions	**P.M.**	
	3	Amélioration du réseau routier	**525**	
	4	Création 10 centres de contrôle de la route..	**30**	
		Total du chapitre 3	**1.155**	
		CHAPITRE IV. **Stades et terrains de sport**		
4	1	Construction d'un grand stade à Conakry....	**390**	25.000 places.
	2	Construction stades et terrains dans les Régions	**100**	
		Total du chapitre 4	**490**	
		CHAPITRE V. **Transports.**		
5	1	Création lignes aériennes guinéennes	**500**	Avions, pièces rechange, atelier réparations.

IMPUTATION		INDICATIONS	CREDITS en millions	OBSERVATIONS
Chap.	Art.			
5	2	Navigation maritime	2.000	
	3	Etude voie ferrée jusqu'à Mamou et pose 15 kilomètres rail	175	
	4	Achat 100 wagons	270	
	5	Achat locomotives	280	
	6	Achat auto-rails	400	
	7	Equipement Office des transports routiers	200	
	8	Renouvellement parc automobile	300	
	9	Construction gare Conakry	100	
		Total chapitre 5	4.225	
		CHAPITRE VI. **Postes et Télécommunications.**		
6	1	Extension téléphonique Conakry	200	
	2	Central téléphonique Kankan	25	
		Total du chapitre 6	225	
		TITRE II. — PRODUCTION.		
		CHAPITRE VII. **Agriculture et Elevage.**		

IMPUTATION		INDICATIONS	CREDITS en millions	OBSERVATIONS
Chap.	Art.			
7	1	**Riz** : 1 centre national pour mise en valeur de 7.000 hectares	**3.675**	20.000 tonnes en 1963.
	1 bis	**Riz** : Centre de Koba	**75**	
	2	**Riz** : Aide aux régions et aux coopératives	**425**	Prêt à rembourser.
	3	**Banane** : 3 centres nationaux de production	**300**	12.000 tonnes.
	4	**Banane** : Aide aux coopératives	**570**	20.000 tonnes — 300 millions de prêt à rembourser.
	5	**Café** : Extension pépinières, fournitures de 15 millions de plants, lutte contre la trachéomycose	**200**	
	6	**Ananas** : 3 centres nationaux de production	**920**	30.000 tonnes.
	7	**Ananas** : Aide aux coopératives	**30**	6.000 tonnes — Prêt à rembourser.
	8	**Palmier à huile et palmiste**	**100**	
	9	**Cocotier** : 1 centre national	**50**	
	10	**Maïs** : Equipement des centres nationaux d'élevage	**80**	36.000 tonnes.
	11	**Arachides** : 6 centres nationaux de production.	**150**	25.000 tonnes.
	12	**Arachides** : Aide aux coopératives	**60**	5.000 tonnes — Prêt à rembourser.

IMPUTATION		INDICATIONS	CREDITS en millions	OBSERVATIONS
Chap.	Art.			
7	13	**Quinine :** (Augmentation production)	**50**	Station de Sérédou.
	14	**Tabac :** 1 centre national de production	**50**	200 tonnes.
	15	**Forêt :** Protection et reboisement	**500**	
	16	**Cultures expérimentales**	**50**	Cannes à sucre, poivre, coton, fibre textile, hévéa, etc...
	17	**Laboratoire :** (pour conditionnement des produits)	**25**	
	18	**Elevage :** 7 fermes d'Etat avec cultures fourragères	**500**	
	19	**Elevage :** Aide aux coopératives	**200**	Prêt à rembourser.
	20	**Elevage :** Laboratoire	**100**	
	21	Centres de modernisation	**750**	Voir annexe.
	22	Equipement général des coopératives	**1.250**	
		Total du chapitre 7	**10.110**	
		CHAPITRE VIII. — **Industrie.**		
8	1	Equipement énergétique	**1.000**	

IMPUTATION		INDICATIONS	CREDITS en millions	OBSERVATIONS
Chap.	Art.			
8	2	Recherches géologiques	**800**	Avec construction d'un laboratoire de chimie, minéralogie et pétrographie.
	3	Exploitation minière or et diamant	**500**	
	4	Cimenterie	**600**	
	5	Scierie tronçonneuse à N'Zérékoré, rénovation scierie Kissidougou et acquisition scierie Dounet	**550**	N'Zérékoré : 450 millions Kissidougou 50 — Dounet 50 millions.
	6	Tannerie-cordonnerie à Kindia	**856**	500.000 paires de chaussures.
	7	Pêche : Entreprise d Etat	**600**	16.000 tonnes.
	8	Pêche : aide aux coopératives	**50**	3.000 tonnes — Prêt à rembourser.
	9	Frigorifiques 100 tonnes (Conakry et Mamou)	**570**	
	10	2 saurisseries avec farine de poisson	**50**	
	11	5 abattoirs complets avec frigo	**280**	
	12	Conserverie jus de fruit — Extraction essence d'orange (Mamou)	**380**	
	13	Conserverie jus d'aranas	**100**	

IMPUTATION		INDICATIONS	CREDITS en millions	OBSERVATIONS
Chap.	Art.			
8	14	Fabrique d'outils agricoles	**140**	400.000 pièces.
	15	Fabrique de charrettes et brouettes	**21**	50.000 pièces.
	16	Fabrique d'ustensiles de cuisine	**49**	250·000 pièces.
	17	Fabrique de meubles en bois	**170**	60.000 pièces.
	18	Fabrique de clous	**14**	600 tonnes.
	19	Fabrique de cigarettes	**40**	16 millions de paquets.
	20	Fabrique de tapioca, huile de Koura, huile de mené, etc.	**100**	
	21	Verrerie	**75**	
	22	Rizeries	**300**	
	23	Bananes séchées et farine de banane	**70**	500 tonnes.
	24	Usine de copra avec sacherie	**75**	
	25	Huilerie palme (Boffa)	**120**	4.000 tonnes.
	26	Huilerie arachides (Koundara)	**120**	4.000 tonnes.

IMPUTATION		INDICATIONS	CREDITS en millions	OBSERVATIONS
Chap.	Art.			
8	27	Savonnerie à base huile de palme (Boffa)	100	
	28	Savonnerie à base huile arachide (Koundara).	100	
	29	Extension de la SAP	100	
	30	Extraction du sel et de produits chimiques à base d'eau de mer	100	
	31	Aide à l'artisanat	100	
	32	Traitement de miel	150	
		Total du chapitre 8	8.280	
		TITRE III. — SERVICES SOCIAUX		
		CHAPITRE IX.		
		Habitat et Jeunesse.		
9	1	Amélioration de l'habitat (fonds de roulement pour Entreprise Nationale du Bâtiment)....	600	Prêt à rembourser.
	2	1 foyer de protection de l'enfance et de l'orientation sociale (100 enfants)	25	
	3	Création centre de pionniers (J.R.D.A.)	25	
	4	Equipement sportif	100	
	5	Inspections régionales du Travail	15	

IMPUTATION Chap.	Art.	INDICATIONS	CREDITS en millions	OBSERVATIONS
9	6	Achèvement Bourse du Travail	6	
		Total du chapitre 9	771	
		CHAPITRE X. - **Enseignement.**		
10	1	1er **Degré**	900	Construction et équipement 900 classes et 900 logements.
	2	2e **Degré**	900	Construction et équipement classes et logements.
	3	Lycée et enseignement technique	200	Extension et équipement de 3 centres d'apprentisage (Conakry-Kindia-Kankan) et extension école de Secrétariat.
	4	Enseignement agricole	200	Ecole d'agriculture à Kindia (2 classes de 20 élèves). Ecole pratique d'agriculture et de coopération à Tolo (3 classes de 25 élèves). 2 centres pratiques de machine et de mécanisation agricole (100 stagiaires à Koba et Kankan). 1 centre pratique de coopération à Tolo (100 stagiaires).
	5	Institut polytechnique	1.100	Enseignement de 4 ans. Admission 350 élèves par an.

IMPUTATION Chap.	Art.	INDICATIONS	CREDITS en millions	OBSERVATIONS
9	6	Université à Dalaba	**150**	100 étudiants environ orientés en priorité sur la formation de professeurs.
	7	Lutte contre l'analphabétisme	**150**	
10	8	Ecole de la Santé Publique	**80**	Formation de 300 infirmières — 60 sage-femmes — 60 assistantes sociales.
		Total du chapitre 10	**3.680**	
		CHAPITRE XI. **Santé Publique.**		
11	1	Achèvement travaux hôpital Donka	**100**	
	2	Réparations hôpital Ballay	**60**	
	3	Construction d'un pavillon annexe à l'hôpital Ballay	**15**	
	4	**Boké** : Dispensaire et bloc opératoire	**15**	
	5	**Gaoual** : Maternité et bloc opératoire	**10**	
	6	**Koundara** : Hôpital complet avec pavillon d'hospitalisation	**30**	
	7	**Siguiri** : Bloc opératoire avec pavillon d'hospitalisation	**10**	

IMPUTATION		INDICATIONS	CREDITS en millions	OBSERVATIONS
Chap.	Art.			
11	8	**Kankan** : Hôpital complet	**250**	
	9	**Beyla** : Hôpital avec pavillon d'hospitalisation.	**10**	
	10	**N'Zérékoré** : bloc opératoire	**10**	
	11	**Macenta** : achèvement hôpital	**10**	
	12	**Gueckédou** : achèvement hôpital	**10**	
	13	**Kissidougou** : achèvement hôpital	**10**	
	14	**Labé** : achèvement hôpital	**15**	
	15	**Mamou** : hôpital psychiatrique et hôpital général	**40**	20 millions par hôpital.
	16	**Fria** : hôpital complet avec pavillon d'hospitalisation	**40**	
	17	**Kindia** : agrandissement maternité	**13**	
	18	Equipement hôpital et maternité Dalaba-Kindia	**6**	3 millions par centre.
	19	**Faranah** : achèvement hôpital	**15**	
	20	Aménagement dans les formations sanitaires.	**30**	Kouroussa — Dabola — Dinguiraye et Tougué.
	21	Dispensaire-maternité à la ferme d'Etat	**15**	

IMPUTATION Chap.	Art.	INDICATIONS	CREDITS en millions	OBSERVATIONS
11	22	Maternité et dispensaires frontaliers	66	6 millions pour chacun des centres ci-dessous : Héramakonon, Koyamah, Iles de Loos, Sansalé, Sareboïdo, Termesse, Koumbia, Yomou, Lola, Sirana, N'Zo.
	23	Centre de protection maternelle et infantile	75	
	24	Lutte contre la parasitose intestinale	50	
	25	Lutte contre la tuberculose (dépistage systématique et vaccination B.C.G.)	30	
	26	Construction 2 sanatoriums	125	
	27	Lutte contre l'onchocercose et les grandes endémies	170	Construction hypnoserie — prophylaxie et chimiothérapie de l'onchocercose. Lutte contre la lèpre, la trypanosomiase, les treponématoses, le trachôme, le paludisme.
	28	Création d'un laboratoire de recherche et de formation pour les grandes endémies	70	
	29	Inspection médicale des écoles	50	
	30	Réforme pharmaceutique	150	
	31	Purification des cours d'eau	P.M.	

IMPUTATION		INDICATIONS	CREDITS en millions	OBSERVATIONS
Chap.	Art.			
11	32	Création d'un laboratoire de recherche (chimie, pharmacie, médecine et chirurgie expérimentale)	50	
	33	Bloc logements personnel hôpital Donka	50	
	34	Equipement des formations sanitaires	160	
		Total du chapitre 11	1.760	
		TITRE IV. — **FONDS DE RESERVE.**		
12	1	Fonds de réserve	150	
		Total du chapitre 12	150	

RÉCAPITULATION

TITRE PREMIER. — INFRASTRUCTURE ET TRANSPORTS.

Chapitre Ier.	— Infrastructure administrative	6.744
— 2.	— Bases aéronautiques et portuaires	1·322
— 3.	— Infrastructure routière	1.155
— 4.	— Stades et terrains de sport	490
— 5.	— Transports	4.225
— 6.	— Postes et Télécommunications	225
	Total du Titre Ier	14.161

TITRE II. — PRODUCTION.

Chapitre 7.	— Agriculture et Elevage	10.110
— 8·	— Industrie	8.280
	Total du Titro II	18.390

TITRE III. — SERVICES SOCIAUX.

Chapitre 9.	— Habitat et Jeunesse	771
— 10.	— Enregistrement	3.680
— 11.	— Santé publique	1·760
	Total du Titre III	6.211

TITRE IV. — FONDS DE RESERVE.

Chapitre 12.	— Fonds de réserve	150

ANNEXE

PRODUCTION DES CENTRES DE MODERNISATION

Production de chaque centre de la Basse-Guinée :

Riz sélectionné	200 T.
Pépinières palmistes et banane	20 ha.
Maïs	30 T.
Autres cultures	250 ha.
Poulailler de diffusion	45.000 poul.

Elevage (150 têtes) : 40.000 litres de lait et 40 sujets sélectionnés.

Production de chaque centre de la Guinée Forestière :

Riz sélectionné	80 T.
Pépinières caféiers et palmistes	10 ha.
Maïs sélectionné	70 T.
Autres cultures	150 ha.
Poulailler de diffusion	37.000 poul.

Elevage (120 têtes), 32.000 litres de lait et 30 sujets sélectionnés.

Production de chaque centre de Haute-Guinée :

Riz sélectionné	200 T.
Arachides	100 T.
Maïs	40 T.
Autres cultures	170 ha.

Elevage (150 têtes) : 40.000 litres de lait et 40 sujets sélectionnés.

Production de chaque centre du Fouta-Djallon :

Fonio sélectionné	150 T.
Mil sélectionné	23 T.
Pomme de terre	1.000 T.
Maïs sélectionné	50 T.
Pépinières agrumes	5 ha.
Poulailler de diffusion	57.000 poul.

Elevage (300 têtes) 80.000 litres de lait et 40 sujets sélectionnés.

LA VOLONTÉ
DE
VAINCRE

LE LANCEMENT DU PLAN

La planification utilisée comme un moyen de développement économique serait sans signification sociale si elle n'était pas politiquement déterminée.

En s'inscrivant dans les perspectives révolutionnaires de la ligne politique du P.D.G., la planification devient un des éléments de la révolution guinéenne qui, loin d'en modifier l'objet, concourt au contraire à la réaliser pleinement.

Cette dépendance logique du « fait économique » doit être constamment réaffirmée si on veut éviter que la bataille économique substitue insensiblement son déterminisme particulier aux principes politiques de la révolution guinéenne.

En aucun cas l'orientation politique ne doit être subordonnée à l'action de ses différents éléments qu'ils soient de nature sociale ou économique, financière ou culturelle.

La révolution guinéenne qui est essentiellement une révolution politique, comporte à la fois l'étude, la définition et la direction politique des activités dans tous les secteurs en les subordonnant, quant à leur nature et à leur objet, à ses principes fondamentaux et à ses fins propres.

Dès que l'on cesse de considérer la détermination politique comme prépondérante, on ouvre la voie à tous les désaccords, à toutes les confusions qui finissent par substituer les moyens à la fin.

L'économie politique n'est pas l'adaptation de l'action politique à l'action économique ; c'est, au contraire, l'emploi des activités économiques à des fins politiques.

Si l'on admet, et il faut bien l'admettre, que la révolution économique conduite par le P.D.G. est une révolution sociale démocratiquement déterminée, on ne peut pas considérer le « fait économique » autrement que comme une affaire sociale déjà politiquement orientée.
Par ailleurs, c'est bien la qualité sociale de la révolution qui lui confère sa nature populaire, tout comme le cadre dans lequel elle se développe, lui imprime un caractère national. En réalité, si la nature de la révolution guinéenne est essentiellement populaire, son caractère national n'est qu'une conséquence de son évolution historique.

La Conférence de Kankan a fourni l'occasion de réexaminer les principes politiques de la révolution et d'en mieux préciser l'orientation tout en mettant en lumière les rapports étroits existants entre la définition politique et l'action économique prescrite à notre peuple, à son Parti et à son Gouvernement.

Quatre mois à peine après la réunion de cette importante Conférence Nationale des Cadres du P.D.G. et l'établissement du premier plan de développement économique et social de la République de Guinée, les espérances qui furent exprimées se réalisent de plus en plus et les perspectives ouvertes à la Nation Guinéenne sur le plan économique et social par une planification étroitement harmonisée avec l'ensemble de nos possibilités réelles et les légitimes aspirations populaires, vont en se précisant de plus en plus.

Transcendant les difficultés matérielles très réelles et les insuffisances de toutes natures qui caractérisent les conditions économiques et sociales héritées de la domination coloniale, la volonté des populations guinéennes a créé les conditions les plus favorables à un parfait démarrage de notre plan de développement économique et social.

Cette volonté qui s'est partout manifestée est une éclatante démonstration du haut niveau de conscience politique de l'ensemble des masses populaires de la Nation et du sens élevé que chaque citoyen a de ses responsabilités nationales.

Elle est aussi un exemple concret de la justesse des principes fondamentaux du Parti Démocratique de Guinée qui, par l'exercice constant d'une totale démocratie, fait du peuple de Guinée le seul véritable détenteur de la souveraineté nationale et le centre d'intérêt constant des diverses activités de la Nation.

L'unité du peuple de Guinée s'est une fois de plus manifestée à travers les réactions positives qui ont marqué le démarrage du Plan Triennal et en tête desquelles s'inscrit la détermination populaire de réaliser, avant terme, l'ensemble des objectifs du Plan.

Nos paysans, parfaitement conscients des répercussions sociales heureuses auxquelles aboutira un accroissement quantitatif et qualitatif de la production, se sont courageusement mobilisés pour étendre les surfaces cultivées, diversifier la production et participer activement aux travaux collectifs de l'investissement humain, malgré le surcroît de travail qu'ils se sont déjà imposé. Dans de nombreux villages, l'organisation coopérative, s'adaptant aux impératifs du plan, a perfectionné ses méthodes de fonctionnement et renforcé la structure de la coopération. Dans de nombreux villages également, les paysans ont construit des magasins de stockage et des magasins de vente. Déjà les chiffres statistiques reflètent l'effort partout déployé, dans les campagnes, par les paysans, les éleveurs, les artisans. Pourtant personne n'ignore la médiocrité des moyens matériels de nos camarades paysans, éleveurs et artisans qui représentaient la couche sociale la plus déshéritée et la plus exploitée du régime colonial.

Les travailleurs de Guinée, groupés au sein de la C.N. T.G. et qui se sont toujours trouvés à la tête du combat révolutionnaire du P.D.G., ont, eux aussi, décidé d'apporter une active contribution à la lutte commune de libération économique et de promotion sociale inscrite au programme de notre grand Parti. C'est ainsi qu'à l'occasion du démarrage du Plan Triennal, ils ont décidé unanimement de porter la semaine de travail des services publics de 42 à 45 heures et d'améliorer parallèlement le rendement des services de l'Etat. A l'exemple des ouvriers et employés des Chemins de Fer de Guinée, les Services du Port, les P.T.T. et l'ensemble des services techniques de la Nation, dont les déficits budgétaires constituaient chroniquement une très importante charge pour les finances de l'Etat, sont parvenus à dépasser leurs anciennes difficultés de trésorerie en assainissant leur gestion financière, par de nombreuses réformes d'organisation et un rendement constamment accru. Chacun de ces services, rivalisant d'initiatives et de désintéressement, témoigne d'une qualité de conscience professionnelle et patriotique qui se développe continuellement, substituant, ainsi, à l'ancien esprit d'irresponsabilité le sens précis de la responsabilité nationale du fonctionnaire guinéen. Naguère taxés d'incapacité par la puissance coloniale, nos ouvriers et employés nationaux font quotidiennement la démonstration qu'en dépit d'un manque de formation appropriée, ils sont en mesure d'assurer d'une manière souvent supérieure, toutes les responsabilités de direction, de décision et d'exécution des services de l'Etat.

Intimement liées à l'action révolutionnaire de notre peuple, les femmes guinéennes qui ont su parfaitement interprèter la profonde signification sociale de notre lutte de libération économique, participent de plus en plus concrètement au développement de l'économie de la Nation. Présentes aux côtés de leurs frères et de leurs époux, elles apportent leur contribution active aux travaux d'investissement humain et au fonctionnement dynamique des divers secteurs d'activités des villages et de la campagne.

Elargissant leurs responsabilités sociales au niveau de la lutte de libération économique de la Nation, les femmes guinéennes parfaitement averties de ce que représentent pour l'avenir des jeunes générations un scolarisation annuellement doublée, le développement croissant des services de santé (dispensaires, maternités, hôpitaux, centres de protection infantile, antennes mobiles de dépistage, etc...) se mobilisent chaque jour davantage pour que soit assuré le victorieux aboutissement de notre programme planifié de développement économique et social.

Les jeunes, par leurs constantes manifestations d'enthousiasme et de confiance, se sont étroitement intégrés à la lutte nationale de la République de Guinée. Bien qu'encore imparfaite, la réforme de l'enseignement a eu sur nos jeunes écoliers et étudiants les plus heureuses répercussions et, non sans fierté, nous les voyons participer pendant la présente période des vacances scolaires à toutes les entreprises collectives des villes et des villages, à toutes les activités sociales de la Nation. Pour les années à venir, tous les étudiants et élèves passeront obligatoirement les vacances dans le pays où ils fourniront au moins 45 à 60 jours de travail pratique dans un des secteurs d'activité.

Les élèves infirmiers, sages-femmes, les étudiants en médecine, pharmacie et chirurgie, seront mis à la disposition du Département de la Santé Publique qui les répartira entre les Régions Administratives; les étudiants techniciens de la Coopération, de l'Agriculture, de l'Elevage, des Eaux et Forêts, rejoindront les directions régionales de la production alors que les étudiants en Droit ou en Lettres contribueront au fonctionnement de nos services judiciaires ou administratifs. D'autres jeunes des écoles nationales ou titulaires de bourses extérieures suivront des cours de formation militaire ou sportive, alors que dans certains centres et dans certains milieux ouvriers ou paysans, des jeunes étudiants seront chargés des cours d'adultes, etc... etc.

Déjà les progrès réalisés dans les domaines sportif, culturel, artistique et scolaire par la jeunesse guinéenne démontrent que la nouvelle mentalité qui s'est créée parmi elle nous permet de lui accorder notre plus entière confiance et d'ores et déjà, nous sommes persuadés qu'elle constituera, dans le développement de la révolution guinéenne, l'élément lucide et dynamique qui en accélèrera l'heureux aboutissement.

En face de ces nombreuses manifestations positives de la détermination unanime du peuple de Guinée, il n'est pas surprenant de voir la profonde impression que la jeune Nation guinéenne fait sur ses hôtes étrangers et de recueillir de toutes les parties du monde leur témoignage de sympathie, leurs encouragements, les marques de leur confiance et de leur respect pour le peuple de Guinée.

Nous avons toujours affirmé que ce ne serait ni par l'argutie, ni par la polémique ou les stériles discussions que nous répondrions aux mensonges et aux grossières falsifications par lesquelles les ennemis de l'indépendance et de l'émancipation africaine espèrent détourner l'impétueux courant de libération qui anime les peuples africains. Nous entendons uniquement répondre devant l'histoire, par des faits concrets et des actes positifs, sans nous laisser détourner un seul instant de nos objectifs par les manœuvres ou les sataniques tactiques de la réaction colonialiste.

Nous pouvons être fiers de constater, jour après jour, que les résultats positifs de la révolution guinéenne imposent de plus en plus le respect, la confiance et une meilleure compréhension en faveur de l'action courageuse de notre peuple.

Le Bureau Politique National du Parti Démocratique de Guinée, expression fidèle de la volonté de notre peuple, voit chaque jour se consolider les conditions d'un total et décisif triomphe de l'action menée par notre grand Parti et se renforcer les rapports d'entière confiance qui unissent étroitement toutes les couches sociales de la Nation, courageusement mobilisées au service des intérêts supérieurs du pays.

A travers l'action populaire de plus en plus déterminante de la Guinée, le Bureau Politique National accueille le témoignage de la justesse de la ligne politique définie par les instances du Parti Démocratique de Guinée et voit se concrétiser les espérances que l'ensemble des masses laborieuses a placées en lui.

Nous sommes convaincus que la révolution guinéenne qui s'est établie au niveau de la lutte générale des peuples africains ouvre à l'avenir de notre Continent les plus larges perspectives de bonheur et de liberté. Nous savons dès maintenant que le peuple de Guinée, parfaitement conscient de l'enjeu que représente pour sa révolution, l'aboutissement victorieux de son programme économique et social, est prêt à en activer le développement afin d'apporter aux autres peuples frères d'Afrique la preuve des innombrables possibilités et capacités que détiennent les populations africaines ayant reconquis leur totale liberté.

Nous savons aussi que par la qualité des résultats que nous entendons obtenir dans notre lutte de libération économique et sociale, nous porterons un coup fatal aux forces colonialistes et impérialistes qui ont conservé le criminel espoir de faire de l'Afrique le champ d'activité de leurs entreprises d'exploitation et d'oppression.

Dans le cadre de la réalisation de notre premier plan de développement économique et social qui a suscité un immense espoir à travers toute la République, nous devons affirmer que si le rôle du Pouvoir Exécutif est important, le rôle primordial revient avant tout au peuple de Guinée tout entier, c'est-à-dire au P.D.G. qui a la faculté de mobilisation, d'organisation et d'orientation de l'action des masses populaires pour une large diffusion des mots d'ordre et une rapide réalisation de nos objectifs.

Ainsi, trois mois à peine, après l'historique Conférence de Kankan, nous parviennent les témoignages les plus concrets de l'inébranlable volonté de notre peuple de triompher rapidement de la bataille économique qui doit renforcer et compléter notre indépendance politique, assurer notre rapide évolution sociale et contribuer à l'épanouissement de la personnalité africaine du peuple de Guinée.

Débordant le cadre guinéen, l'action économique et sociale que nous entreprenons aura d'autant plus de rayonnement qu'elle comblera mieux les plus légitimes et constantes espérances de l'ensemble des peuples d'Afrique ; il est extrêmement significatif que chaque homme, chaque femme, chaque jeune de Guinée attribue à son action quotidienne une portée qui se situe au niveau de la lutte que l'Afrique mène pour sa totale Dignité, son entière liberté et son propre bonheur.

Refusant la discussion abstraite des idées, les stériles polémiques des théories et les conflits de doctrines, notre peuple entend, par un effort continu dirigé par une conscience toujours plus aiguë, construire concrètement son bonheur et apporter ainsi, à l'édification du destin africain, une contribution décisive.

Si l'on tient compte de tous les importants facteurs positifs qui ont marqué le lancement de notre premier plan de développement économique et social, notre confiance en l'avenir, notre confiance en nous-même, la confiance réciproque qui nous unit les uns aux autres dans nos rapports sociaux est considérablement renforcée. C'est ainsi que nos espérances cèdent le pas aux certitudes : certitude de vaincre nos difficultés présentes et à venir, certitude de triompher rapidement de nos carences et de nos insuffisances, certitude d'accélérer l'évolution historique des peuples africains, certitude de détruire à jamais les inhumaines pratiques de l'exploitation et de l'oppression, certitude d'accéder à une vie de progrès, de démocratie, de justice et de paix.

Chaque jour, marqué par de nouvelles et tangibles preuves de notre commune détermination, voit s'élargir continuellement nos perspectives de progrès et nous assure des conditions toujours plus favorables pour atteindre rapidement les objectifs politiques, économiques et sociaux que nous nous sommes fixés.

Conakry, le 28 Août 1960.

Sékou TOURÉ.

TABLE DES MATIÈRES

RAPPORT D'INFORMATION ET D'ORIENTATION

présenté par le Président Sékou TOURE

BILAN ET PERSPECTIVES DE L'ECONOMIE GUINEENNE

présenté par L. L. BEAVOGUI, Ministre de l'Economie Nationale.

LES PRINCIPES POLITIQUES DU PLAN

exposé par le Président Sékou TOURE.

LES STRUCTURES DU PLAN TRIENNAL

Rapport présenté par KEITA N'Famara, ministre du Plan.

LA MOBILISATION ECONOMIQUE

LA VOLONTE DE VAINCRE

Structures éditoriales du groupe L'Harmattan

L'Harmattan Italie
Via degli Artisti, 15
10124 Torino
harmattan.italia@gmail.com

L'Harmattan Hongrie
Kossuth l. u. 14-16.
1053 Budapest
harmattan@harmattan.hu

L'Harmattan Sénégal
10 VDN en face Mermoz
BP 45034 Dakar-Fann
senharmattan@gmail.com

L'Harmattan Cameroun
TSINGA/FECAFOOT
BP 11486 Yaoundé
inkoukam@gmail.com

L'Harmattan Burkina Faso
Achille Somé – tengnule@hotmail.fr

L'Harmattan Guinée
Almamya, rue KA 028 OKB Agency
BP 3470 Conakry
harmattanguinee@yahoo.fr

L'Harmattan RDC
185, avenue Nyangwe
Commune de Lingwala – Kinshasa
matangilamusadila@yahoo.fr

L'Harmattan Congo
67, boulevard Denis-Sassou-N'Guesso
BP 2874 Brazzaville
harmattan.congo@yahoo.fr

L'Harmattan Mali
ACI 2000 - Immeuble Mgr Jean Marie Cisse
Bureau 10
BP 145 Bamako-Mali
mali@harmattan.fr

L'Harmattan Togo
Djidjole – Lomé
Maison Amela
face EPP BATOME
ddamela@aol.com

L'Harmattan Côte d'Ivoire
Résidence Karl – Cité des Arts
Abidjan-Cocody
03 BP 1588 Abidjan
espace_harmattan.ci@hotmail.fr

Nos librairies en France

Librairie internationale
16, rue des Écoles
75005 Paris
librairie.internationale@harmattan.fr
01 40 46 79 11
www.librairieharmattan.com

Librairie des savoirs
21, rue des Écoles
75005 Paris
librairie.sh@harmattan.fr
01 46 34 13 71
www.librairieharmattansh.com

Librairie Le Lucernaire
53, rue Notre-Dame-des-Champs
75006 Paris
librairie@lucernaire.fr
01 42 22 67 13